CB120840

Bittergirl

Annabel Griffiths
Alison Lawrence
Mary Francis Moore

Bittergirl

Esqueça o ex
e dê a volta por cima

Tradução
Alice Xavier

BestSeller

CIP-BRASIL. CATALOGAÇÃO NA FONTE
SINDICATO NACIONAL DOS EDITORES DE LIVROS, RJ.

Griffiths, Annabel
G868b Bittergirl / Anna Griffths, Alison Lawrence e Mary Francis; tradução: Alice Xavier. — Rio de Janeiro: Best*Seller*, 2010.

Tradução de: Bittergirl: getting over getting dumped
ISBN 978-85-7684-106-7

1. Relações homem-mulher. 2. Separação (Psicologia). I. Lawrence, Alison, 1959-. II. Moore, Mary Francis. III. Título.

08-1728 CDD: 306.872
CDU: 392.6

Texto revisado segundo o novo Acordo Ortográfico da Língua Portuguesa.

Título original
BITTERGIRL: GETTING OVER GETTING DUMPED
Copyright © 2005 Annabel Griffhits, Alison Lawrence and Mary Francis Moore.
Copyright de tradução © 2008 by EDITORA BEST SELLER

Capa: Sense Design
Editoração eletrônica: FA Editoração

Todos os direitos reservados. Proibida a reprodução, no todo ou em parte, sem autorização prévia por escrito da editora, sejam quais forem os meios empregados.

Direitos exclusivos de publicação em língua portuguesa para o Brasil adquiridos pela
EDITORA BEST SELLER LTDA.
Rua Argentina, 171, São Cristóvão
Rio de Janeiro, RJ — 20921-380
que se reserva a propriedade literária desta tradução.

Impresso no Brasil

ISBN 978-85-7684-106-7

PEDIDOS PELO REEMBOLSO POSTAL
Caixa Postal 23.052
Rio de Janeiro, RJ – 20922-970

Ao Guarda Florestal, ao Mago e ao Covarde.
Um brinde ao "viveram felizes para sempre"... sem vocês.

Agradecimentos

Agradecemos à fabulosa Jackie Joiner e a todos na Bukowski Agency; a Nicole de Montbrun; a Andréa Crozier e a todos do Penguin Group (Canadá); e a Karen Alliston.

A Emma Healey, Brendan Wall, Timothy Fitzsimmons e Brian Young; e aos Moore, aos Griffith, e aos Lawrence, por todo o seu amor e apoio.

A nossos bitterboys, que estiveram conosco durante cinco anos de desenvolvimento e apresentações de *Bittergirl*, a peça. Michael Waller, John Patrick Robichaud, Stephen Reich e David Macniven. E também a Shauna Japp e Melinda Little, nossas bittergirls substitutas.

A todos os que nos ajudaram com a produção da peça. Sem vocês nada teria acontecido e sem espetáculo não haveria livro. Nós já agradecemos antes a vocês, mas nunca teremos agradecido o suficiente.

E, finalmente, agradecemos a todas as bittergirls, que compartilharam conosco suas histórias. Elas são a prova viva e hilariante de que as bittergirls são o máximo.

sumário

O MANIFESTO DA BITTERGIRL

Cada uma tem sua história.
Algumas têm muitas histórias.
Mas sempre haverá uma:
A que chamamos o término dos términos.
E cada qual acha que o seu doeu mais.
"Ninguém sofreu como eu sofri", dizemos todas.
Curtimos a dor, por meio dela criamos laços.
E se alguém nos roubar a glória,
Se a história de alguém
Ultrapassar em dor e mágoa nosso relato,
Nós a ignoramos.
Não a ignorem.
Todas fizemos por merecer nossas cicatrizes.
Quando toda esperança estiver perdida,
E você achar que não haverá amanhã,
Quando andar na treva e se afogar na tristeza,
Lembre-se de que a dor de ontem
Será o riso da piada de amanhã.
Nós rimos e seguimos adiante
No que fazemos. É assim que avançamos.
Nós temos nossas histórias. Qual é a sua?

um

bem-vinda ao clube

QUERIDA, VOCÊ LEVOU UM FORA. Precisou de uma hora para pegar um táxi e agora está sozinha no corredor de seu edifício. Estava toda arrumada para uma noite maravilhosa naquele restaurante chique que vocês dois estavam morrendo de vontade de conhecer e agora sua maquiagem está toda borrada e sua meia, com um enorme fio puxado. Foi a última vez que pagou tanto por um par de meias arrastão. Não está conseguindo encontrar as chaves. Meu Deus! Quando saiu correndo para o banheiro, será que você arrastou mesmo a toalha da mesa com tudo que estava sobre ela? Você nunca pensou que pudesse se engasgar com uma ostra, mas agora duvida que vá conseguir voltar a comê-las. Como vai tirar a mancha de vinho do *twinset* de caxemira? Onde *está* o maldito chaveiro? Será que os vizinhos conseguem escutar você soluçando? Será que eles sabiam que ele estava indo embora? Com que cara você vai chegar no trabalho amanhã? Como é que o pimenteiro foi parar na sua bolsa? Você é cleptomaníaca? Que legal. Agora, além de solteira, é uma ladra. Como vai conseguir viver daqui para a frente?

Todo término tem um lado trágico. Bittergirls de vários cantos do mundo nos confidenciaram algumas coisas que gostariam de ter pensado antes na noite em que levaram o fora.

> "Dinheiro para o táxi! Ele tinha me levado para jantar fora e então saí só com uma bolsinha e nenhum dinheiro — tinha apenas camisinhas. Não é mesmo uma ironia?"
>
> "Rímel à prova d'água — por que diabos não passei um rímel à prova d'água?"
>
> "Uma bebida. Depois que tudo começou, nenhum garçom chegava perto de nós — de repente eu tinha virado leprosa —, todos eles sabiam. Eu estava desesperada por mais um uísque..."
>
> "Agora, ao entrar no restaurante, já vou tratar de descobrir a saída mais próxima — achei que estava fazendo uma retirada elegante e memorável e acabei entrando no guarda-volume... precisei voltar e repetir toda a cena. Estragou o efeito."

A ele bastou uma fração de segundo para dizer "Eu te amo, só não estou apaixonado por você" e, naquele momento, sua vida se transformou num verdadeiro circo com direito a show de bizarrices, confusão, palhaçada e até fundo musical, bem desafinado, tocando dentro de sua cabeça. Amiga, você acabou de ser iniciada: seja bem-vinda ao clube.

Procure enfrentar a realidade. De um jeito ou de outro, ele foi embora. Talvez você soubesse que esse momento ia chegar. Nunca mais vai precisar ficar pensando se está tudo bem. Nem precisará ficar pisando em ovos, na tentativa de fazer o namoro funcionar. Nunca mais vai acordar de manhã e se perguntar se aquele será o dia em que ele irá embora. Ou, quem sabe, você foi atropelada por um caminhão. Não tinha a menor ideia do que aconteceria, nenhuma pista. Seja como for, provavelmente você ainda está respirando. Tudo bem, talvez a respiração esteja um pouco ofegante, e seu peito, dolorido de tanto soluçar, mas do ponto em que a situação chegou só se sai indo para cima. Falando sério — talvez pelo caminho afora haja retrocessos, mas seu destino final é para o alto. E você pode contar com as bittergirls.

Para uma bittergirl às voltas com o pós-término, nenhuma reação e nenhuma ação parecem insensatas. Estamos aqui para lhe dizer que, sejam quais forem suas emoções, querida, fique à vontade. Nós já passamos por isso e estamos aqui para dividir tudo com você. Pelo menos, agora já era, e aquele momento nunca mais vai acontecer de novo. Você se lembra do filme *Feitiço do Tempo*? Pois bem, a menos que você insista em reviver "O Incidente", ele já passou; acabou-se. Nunca mais você estará de novo naquele lugar, naquele momento, naquele dia, com aquele cara. Mesmo que reencarnasse, não veria aquilo acontecer de novo do mesmo jeito.

Queridinha, console-se em saber que o Instituto de Pesquisas Avançadas em Relações Desfeitas descobriu que, em média, até completar 32 anos a mulher norte-americana terá sido largada 18 vezes. E isso, só até os 32. Desde que você começou a ler esta frase, 427 mulheres em restaurantes pelo mundo afora acabam de ser abandonadas e estão pegando um lenço de papel.

Nós já fomos dispensadas em restaurantes, em veleiros, na cama, em festas de casamento, durante sessões de terapia, em aviões e em enterros. No conjunto, fomos descartadas 57 vezes. Isso significa que somos fracassadas? Não. Isso nos qualifica para escrever este livro.

O FESTIVAL DA DOR DE COTOVELO

A situação de quem leva um fora é dolorosa, grotesca e desamparada. Lançadas à condição catastrófica, mulheres inteligentes e articuladas choram de fazer escorrer o nariz e o rímel. Até a mulher mais extraordinária é levada a se questionar. "Talvez se meu rosto fosse oval ele não tivesse me dado o fora." Levar o fora nos deixa pelo avesso. Você costumava discutir política mundial na tevê, em rede nacional; agora, mal consegue programar de novo sua secretária eletrônica sem se desmanchar em lágrimas. Você correu maratonas; foi a mulher que correu com os lobos — e agora mal consegue se levantar da cama. O que sente é pessoal. Seus sentimentos são fatos. Neste exato momento é a única verdade que você conhece.

Todo mundo já levou um fora algum dia. Não há como escapar. Se você está arrasada porque foi largada pelo Arthur com dois filhos pequenos e as prestações da casa própria ou porque foi largada pelo Joãozinho, que saiu correndo pelo playground com a Audrey, sua melhor coleguinha da 2ª série, fique sabendo que o abandono mobiliza uma enxurrada de comportamentos imprevisíveis.

As consequências da separação se transformam numa luta física cotidiana.

Não importa o quanto durma, continua cansada. Não importa o quanto coma, continua faminta. Ou então passa dias sem comer e ainda não sente fome. Você dorme chorando e acorda chorando. Fica em dúvida se passou ou não a noite inteira chorando. Um dia parece um ano. Simplesmente preencher as horas já é uma batalha desumana. Os intervalos de tempo se estendem à sua frente como estradas infinitas, calçadas de cacos de vidro, que você é obrigada a percorrer. Tome cuidado! Não vá estragar o esmalte das unhas dos pés!

Você se sente como quem se quebra e se decompõe em fragmentos de si mesma e ninguém percebe nada. Pior ainda: o mundo inteiro continua a viver a seu lado como se nada tivesse acontecido. Como eles podem ignorar? Seus pais continuam brigando por causa do barulho da lava-louça, o motorista do táxi reclama da conjuntura econômica. Você não se importa de que jeito está o mundo. Como poderia importar, quando seu universo pessoal foi despedaçado? Seu chefe lhe pede para terminar aquele relatório, seus vizinhos lhe convidam para a festa da inauguração da casa, seu mecânico deseja um bom-dia — e tudo o que você quer é gritar:

— De que diabos estão falando? Não veem que meu mundo está vindo abaixo?

Você reza para cair no sono e parar de pensar num jeito de passar o dia. Sonha com ele e procura tocá-lo ao despertar, e só então percebe que está sozinha na cama.

Você sai caminhando para encontrar os amigos e fazer um lanche no domingo e, de repente, começa a chover. O domingo chuvoso conjura imagens dele e de lençóis amassados. Então você precisa parar porque se sente sufocada. Tenta continuar caminhando, mas tem a sensação de que tiraram o ar de seus pulmões e suas pernas são feitas de chumbo. Firma-se num poste enquanto tenta colocar um pé diante do outro. Nunca pensou que pudesse ficar pesada de tanta tristeza. A pura exaustão de carregar o peso de perdê-lo é mais do que você pode suportar em certos dias. Sentir falta dele é como sentir saudades de casa, estando dentro dela. A sensação de raiva e rejeição é substituída pelo cansaço. Você está paralisada pelo desgosto.

Enquanto vai tentando viver o dia, sente como se cada um de seus atos fossem falsos. Uma fina camada de verniz reveste tudo o que você faz. Seu rosto parece estar a ponto de rachar por causa de todos os sorrisos falsos que você deu. Seus olhos parecem mortos. Eles enxergam o concreto da calçada à sua frente, mas não o azul do céu lá no alto ou as flores de primavera. Você era uma pessoa bem-humorada, mas agora sua veia espirituosa secou e você não encontra nada para dizer. Tem medo de abrir a boca porque não sabe o que vai sair dela. Quando fala, sua voz tem um som metálico. Seu riso — se ainda consegue rir — parece estridente e vazio. Você olha em franca curiosidade para os parentes, os amigos, as pessoas na rua e se pergunta: "Quem roubou minha vida?"

Você sai de casa somente para se afastar dos fantasmas da vida antiga, mas onde quer que vá acaba atormentada pelas lembranças dele. Pouco importa perder o carro ou a casa no condomínio; o que você está chorando é a perda de confiança: a confiança de que alguém lhe amou. Você imaginou ir para o Equador ajudar na construção de orfanatos; mas não aguenta o sol na pele. Andou pensando em arranjar um gato — isso porque você sofre de alergia.

Seu centro de gravidade mudou, e pelo visto você não consegue reencontrar o equilíbrio. Aliás, não há mistério — você, que costumava desfilar por aí em cima de um salto 15, agora calça pantufas que a tia Agnes esqueceu em seu guarda-roupa no Natal seis anos atrás. Como os três primeiros meses da gravidez, mas sem a esfuziante promessa de uma vida nova — náusea interminável, fadiga paralisante, o sofá e o controle remoto como seus melhores amigos. Gravidez? Quem dera ter tanta sorte. As lágrimas correm pelo seu rosto enquanto você pensa: "E se ninguém nunca mais quiser fazer sexo comigo?"

Por favor, diga-nos que substituiu aquele rímel vagabundo por algum produto à prova d'água.

Quer você esteja namorando há cinco meses, morando junto há quatro anos ou casada e mãe de três filhos, levar o fora significa sofrimento. Rejeição é rejeição e machuca, seja você uma adolescente ou uma avó. Mas como as bittergirls estão aqui para lhe dizer, a diferença está em o que você faz com aquela dor. O clube das bittergirls recomenda: assuma a dor, assuma a amargura. As bittergirls estão aqui para acolher você no grupo, independentemente da duração do seu relacionamento ou do grau de sofrimento que ele causou. Como diz o manifesto das bittergirls: "Todas merecemos nossas cicatrizes." E elas são nossas condecorações.

Conselhos que você não pediu

Há muitos livros no mercado que lhe informam onde foi que você errou, como trazê-lo de volta, como ser amada pelo próximo homem, como se casar antes dos 35... Não, não é nada disso. As bittergirls sabem que você não precisa se sentir pior do que já se sente. Não precisa ouvir que algo está errado em você. Não há nada de errado. Você só levou um fora. Supermodelos levam foras. Estrelas de rock levam foras. Princesas levam foras. Não estamos aqui para resgatar a relação. A única relação que conta é aquela que você tem consigo mesma.

Sempre haverá gente bem-intencionada e sem noção que irá lhe oferecer conselhos que não pediu. Alguns dirão o que você deve fazer; outros dirão que foi melhor assim. O que eles *não vão dizer* é o que vai ser mais difícil: não falar mais da sagrada trindade "ele e eu", "dele e meu", "nós". Saber que seu programa de fim de semana consiste em ver filmes de locadora e comer pipoca de micro-ondas. Que seu plano quinquenal, depois da certeza de conhecer o caminho, o futuro, o itinerário, subitamente foi alterado sem você ter voz ativa na questão. Juntos vocês dois vinham percorrendo uma estrada e agora você está sozinha e chegando a uma curva além da qual não consegue ver nada. Ainda bem que a limusine das bittergirls acaba de chegar, plenamente equipada com *air bags* e champanhe.

conselhos burros (que dão vontade de estrangular)

"Talvez você devesse ter mentido e dito que também não queria filhos."

"Ora, você deve mostrar que as necessidades dele estão em primeiro lugar."

"Reservei o salão de festas. E funcionou: uma semana depois ele me pediu em casamento."

"Você sabe o que eu fiz? Disse a ele que queria ter um filho antes dos 28 anos."

"Você precisa visualizar o que deseja."

"Talvez se você fizesse outra faculdade..."

"Deixei o cabelo crescer — isso mudou tudo."

"Todo sábado nós gostamos de fazer fondue para os amigos. Vocês deviam experimentar."

"Larguei o emprego e viajo de trailer para todo lado para ficar perto dele, enquanto ele trabalha."

"Eu o inscrevi num grupo de apoio masculino."

"Vocês já pensaram em fazer suingue?"

"Fiz uma plástica nos seios."

Precisamos lhe avisar — tem gente que vai ficar com pena de você.

frases feitas (que dão vontade de socar alguém)

"Oi, gata, por onde anda seu gatão?"

"Olha, você está muito bem... EM VISTA DO ACONTECIDO."

"Puxa vida, meu anjo..."

"Como vai? Eu soube; fiquei com tanta pena... Vocês dois eram o casal perfeito."

"E aí, qual é a dele?"

"Gente, eu achava vocês assim, tipo, o máximo, né?"

"Ele não sabe o que está perdendo! Agora, me conta TUDO."

"Vocês dois eram demais, uma dupla! Que terrível para você... Quantos anos tem agora, 30?"

"Veja só: se para vocês não deu certo, para quem vai dar?"

"Puxa, fiquei arrasada, simplesmente arrasada. Acabou com meu sonho de 'felizes pra sempre'."

"Lembre-se de que tudo acontece por alguma razão."

Levante a cabeça e ignore essa gente. Muitos outros estarão presentes para apoiar você. Principalmente as bittergirls.

Lá se foi sua essência

Veja bem, a questão não é ter sido abandonada por ele, não se trata disso. A questão é ele ter levado uma parte de você ao partir. Aquela Essência. Saber que ele anda por aí com sua Essência sem estar consciente do fato.

As bittergirls recomendam: querida, recupere sua Essência!

Afinal de contas, houve uma época, num país muito distante, em que você realmente teve uma vida anterior a ele. Você se recorda? Lembra-se da época em que podia decidir na sexta-feira à tarde se iria passar o fim de semana na serra ou acampar com as amigas? Quando podia andar pela casa cantando músicas da Madonna, com pantufas fofinhas de cabeça de alce? Quando um banho à luz de velas, uma taça de vinho Merlot e uma boa revista eram a sua ideia de uma noite perfeita? Lembra-se de quando podia, às quatro da madrugada, entrar em casa de quatro, no maior pileque, sem se preocupar em não o acordar? Quando não precisava entrar em casa na pontinha dos pés e esconder as sacolas de compras antes que ele notasse sua presença? Lembra-se de quando não precisava pedir ao cabeleireiro que preenchesse a nota da tintura de cabelos como de tinta de parede?

Tudo isso, talvez lembranças distantes, são, contudo, elementos do seu passado; estão no seu DNA. E mesmo que, no presente, você ache que toda a sua estrutura genética gire em torno do seu término, não é bem assim, e as bittergirls estão aqui para lhe recordar esse fato. Pense na questão. Em sua vida, até hoje, você sobreviveu a muitos acontecimentos — e vai sobreviver a esse também. Talvez não supere de imediato. Mas, para conseguir superar, você primeiro precisa se acostumar à situação.

fatos a que você sobreviveu

1. Usar calças brancas no primeiro dia da menstruação.
2. A primeira vez que se cortou ao raspar os pelos.
3. Esquecer a letra do Hino Nacional nos jogos de decisão de campeonato de futebol.
4. Sua saia grudar nas meias de náilon naquela entrevista de trabalho.
5. Seu primeiro enterro.
6. Seu pai pegar você transando no chão da sala com o namoradinho da escola.
7. Partir o coração de alguém.
8. Vomitar na roupa, na festa do diretório acadêmico, nos tempos de faculdade.
9. A devolução por falta de fundos de seu primeiro cheque de pagamento do aluguel.
10. Contar aos pais que seu melhor amigo amassou o carro novo deles.
11. Pedir ao cara que lhe passou gonorreia o dinheiro para comprar antibiótico.
12. O divórcio de seus pais.
13. Ser a última escolhida para o time, em qualquer esporte.
14. Precisar pedir dinheiro emprestado a seus pais, depois da terceira profissão que não decolou nos últimos cinco anos.

15. Ler um elogio à sua amiga mais íntima.
16. Deixar cair o top ao se exercitar na esteira da academia.
17. Ficar sem gasolina numa tempestade.
18. Estar na farmácia comprando camisinha quando a mãe do seu namorado entra na fila atrás de você.
19. Perder sua primeira eleição.
20. Deixar de receber aquela promoção e depois saber que seu assistente foi promovido.
21. Ser traída por uma amiga.
22. Descobrir que mandou para All, em vez de Al, em sua lista de endereços, um e-mail com sua primeira tentativa de escrever poemas.
23. Ter um choque anafilático durante um show, interrompido até que o socorro médico chegasse a você na arquibancada.
24. Tingir os cabelos na véspera do baile de formatura e a cor sair diferente.
25. No casamento de sua irmã, descobrir (durante a festa) que o vestido que está usando é transparente.

Agora, poderíamos lhe dizer que você passará pela separação de modo fácil e indolor. Poderíamos prometer ajudá-la a conseguir que ele volte. Poderíamos afirmar que há um jeito sensacional de resolver todos os seus problemas. Poderíamos lhe garantir que nunca mais se sentirá tão ferida de novo. Mas, na realidade, desse ponto em diante, o único jeito de evitar sentir algo além de dor é se enfiar debaixo de uma pedra. E que vida seria essa?

Então, o que uma mulher deve fazer?

Pois bem: deve se tornar uma bittergirl, naturalmente! E você talvez pergunte o que é uma bittergirl.

Nas trincheiras infernais da desilusão amorosa estão muitas bittergirls novatas. Nós estamos aqui para ajudar você a se recompor, sacudir a poeira, ajeitar o uniforme e mandá-la de volta ao mundo munida de táticas de guerrilha, força implacável e autoestima impenetrável.

Uma bittergirl aprende a dar a volta por cima em seus próprios termos e a se apossar novamente do mundo com senso de humor, uma atitude petulante e um time de amigas a seu lado. Uma bittergirl é atrevida, porém sedutora em seu jeitinho singular e desempenha um papel pleno em nossa sociedade.

As bittergirls estão em toda parte. Você vai ver uma delas num barzinho dando boas risadas com o círculo de amigos. Vai trocar um olhar significativo com outra numa loja de ferragens, enquanto escolhe brocas novas para sua furadeira elétrica. Até a moça do caixa do mercadinho lhe dará um solidário toque na mão, ao devolver o troco.

O movimento subterrâneo das bittergirls infiltrou-se nos altos escalões do governo. Controla nossos bancos e estruturas empresariais. Estendeu ramificações pelo mundo todo, por meio das artes, das organizações de saúde, dos sistemas educacionais, da ajuda humanitária, dos mercados exportadores, do setor médico, da agricultura, do turismo, da pesquisa científica e do mundo dos esportes.

Quer você tenha 16 ou 93 anos, seja casada, divorciada, solteira ou morando junto, esteja namorando a sério ou criando filhos a sério, quer seja uma avó ou uma neta, uma vez bittergirl, sempre bittergirl. E como qualquer uma delas pode atestar, as bittergirls são o máximo.

Você também não gostaria de ser uma bittergirl?

Aderir ao clube das bittergirls não quer dizer construir uma sede social, dançar em torno de um cogumelo mágico ou encomendar um anel decodificador secreto. Significa ser receptiva à possibilidade de que tudo vá melhorar, a vida irá em frente e você não se deixará definir por esse rompimento. Para começo de conversa, não se trata de apurar de quem é a culpa. Não se trata de culpar a si mesma, ele ou qualquer outro envolvido. Ser uma bittergirl não é superar um homem só para arranjar outro.

A bittergirl logo descobre que durante um certo tempo poderá se entristecer e mergulhar na autocomiseração. Poderá ficar com raiva e vingativa por um período, poderá ser má, despeitada e insuportável por um tempo. Mas depois de tudo isso terá de ir adiante e se erguer. E é isso que fará.

Transformar-se em uma bittergirl é um processo evolutivo. Você simplesmente não acorda um dia de vestido longo e tiara nos cabelos, segurando um martíni e anunciando ao mundo que é uma bittergirl. Há ritos de passagem que é preciso vivenciar. Então, acordará um dia e, não importa o que esteja usando, você simplesmente será uma delas. Mais tarde talvez, por uma fração de segundo, você tenha a sensação de ter ido embora do hotel e esquecido algo. E então terá certeza: não, você já tem absolutamente tudo de que necessita. Talvez esteja num coquetel, se sentindo sedutora, contando sua história enquanto joga a cabeleira sobre o ombro. As pessoas rirão enquanto você vai relembrando os melhores momentos: "E aí Ele..."

Acredite se quiser, haverá fatos risíveis nessa dor de cotovelo e há uma luz no fim do túnel. Portanto, enxugue os olhos, afaste o cabelo do rosto, dê uma boa olhada no espelho e visualize a vida mais fabulosa que conseguir imaginar. Guarde essa imagem em seu banco de memória. Você está criando sua própria Declaração de Independência. Está a ponto de dar o primeiro passo da jornada da bittergirl, que vai ser a melhor de sua vida.

tarefa para a bittergirl

Devagar se vai ao longe Vamos com calma no primeiro capítulo. Seu exercício para hoje é sair da cama, assoar o nariz, lavar o rosto e escovar os dentes.

dois

pense em um fora, qualquer fora

Como era ele? Como você descreveria o rosto, as roupas, a voz dele? Não, não estamos falando do homem que ele foi durante o tempo em que estavam juntos. Estamos falando daquela cobra peçonhenta, falsa e baixa que ele foi no dia em que abandonou você.

Desafiamos você a dividir conosco seu sofrimento. Duvidamos que compartilhe as histórias de horror. As bittergirls, já testemunharam todo tipo de situação: términos que lhe deixariam boquiaberta, foras que deixariam mais apertado ainda seu já maltratado coraçãozinho, rompimentos que fariam você ranger os dentes de incredulidade. Não há nada que a gente não tenha visto.

O Instituto de Pesquisas Avançadas de Relações Desfeitas reuniu uma quantidade de foras perpetrados contra nós e nosso séquito de bittergirls. O instituto avaliou que, infelizmente, existe uma certa quantidade de estilos consagrados ao longo do tempo em matéria de foras dolorosos praticados universalmente contra desavisadas mundo afora. Dê uma olhada nessas modalidades traiçoeiras e veja se alguma delas soa familiar. E você pergunta: quem neste mundo iria cometer esses crimes hediondos contra inocentes bittergirls? Pois bem, vamos conhecer esses homens maus, por vezes apelidados *Os Criminosos*.

O Covarde

Pois é, vocês tiveram aquela conversa. Ele não está feliz e não consegue dizer exatamente por quê. Ainda ama você; só precisa achar explicação para certos detalhes. Por meses você tentou conversar, perguntou se havia algum problema e ele lhe garantia que estava tudo bem.

Vocês tiveram aquela conversa na cama, sentados no chão da sala, no carro voltando para casa depois do casamento de sua irmã, enquanto você fazia um bolo para o aniversário de 60 anos da mãe dele. Durante meses você andou pisando em ovos, com medo de fazer algo que ameaçasse o equilíbrio dele. Você fez tudo o que era fisicamente possível para tornar a vida dele mais feliz, mais fácil. Você cuidou da faxina, conseguiu uma promoção no emprego para evitar que ele se preocupasse com as finanças, fez ginástica duas vezes por dia para ficar bonita para ele.

Você era a fortaleza dele nesses tempos tão terríveis.

Então, um dia, ele admite que examinou todas as outras áreas da vida dele que poderiam fazê-lo infeliz e não encontrou nada. Talvez o problema *seja* você. Seus maneirismos, seu ser, sua essência. Mas ele te admira imensamente. Você é tão forte; ele, porém, ainda não consegue se decidir. Sugere que vivam um dia de cada vez.

E é nesse momento que você, empenhada em facilitar a vida dele, se vê obrigada a tomar a iniciativa e fazer o trabalho pesado. Você precisa dar o fora em si mesma.

Nós lhe apresentamos *O COVARDE.*

Qual é o atrativo do *Covarde*? Você quer sentir ódio por ele, algo que nem a duras penas consegue. Quando fecha os olhos inchados de tanto chorar, só consegue ver o rosto dele olhando para você com tanta saudade, os olhos repletos de dor e de amor por você. Ele gostaria que isso não estivesse acontecendo; preferia ser ele o abandonado. Essa é a atitude mais difícil que já tomou na vida. Mais olhares saudosos.

O Covarde quer ser querido, *O Covarde* se considera um cavalheiro, acha que o fato de não falar sobre os próprios sentimentos faz dele um homem mais forte, mais digno. Assim, você se transforma numa bruxa histérica tentando arrancar dele alguma emoção, enquanto ele envia uma lista por e-mail, em ordem alfabética, dos objetos que pertencem a cada um.

Coração pesado e ombros cansados, ele vai empacotando as coisas. A cada livro que puxa da estante ou a cada CD que coloca na caixa, dá um suspiro. Aquilo foi uma lágrima? Ele sabe que vai ser apontado como o vilão dessa história toda. Sentindo-se tão mal por causa dele, VOCÊ acaba por ajudá-LO a fazer as malas. Você até ajuda a fazer a mudança. "Você é tão forte", ele diz enquanto sai pela porta afora. E, ora vejam, não é que você acabou de romper consigo mesma?

A atração do *Covarde* é insidiosa e potente. Se você não tomar cuidado, ainda sentirá os efeitos do *Covarde* anos depois de ele ter saído de sua vida. Este é um término prolongado e vagaroso, que desfaz seu coração puxando um fio de cada vez. É um fora que se eterniza.

Quando os demais ouvem dizer que vocês terminaram o namoro, ficam chocados. "Mas vocês eram o par perfeito!" Agora, você não só deu o fora em si mesma, como ainda se transformou na porta-voz oficial do rompimento. Quando encontra as mesmas pessoas, o *Covarde* se limita a ser encantador — o trabalho todo já foi feito por você.

Enquanto o *Covarde* começa uma nova vida — voltar para a casa dos pais, deixar o cabelo crescer, largar o emprego ou reunir de novo sua banda de rock dos anos 1980 — você é obrigada a lidar com as consequências. Em suas tentativas de fazer a relação funcionar, você se transformou na supermulher, trabalhando com o dobro da dedicação, dormindo a metade do tempo necessário, tentando viver uma vida suficientemente intensa por vocês dois. Agora que se acabaram os meses da tentativa e você rompeu consigo mesma, finalmente pode parar e respirar.

Tome cuidado — é nesse aspecto que os poderes dele são mais letais.

Como na verdade ele nunca terminou com você, nunca disse exatamente qual era o problema, tornou tudo tão perfeito (até a lista de pertences de cada um, em ordem alfabética), você se vê às voltas com as perguntas: "E se tivéssemos feito aquela viagem à Índia?" "E se eu não tivesse cortado o cabelo?" Você passa noites em claro, atormentada pelas dúvidas: "Eu deveria ter trabalhado com mais afinco. Eu não deveria ter tocado no assunto. Talvez ele ache que eu não o amava a ponto de lutar mais por ele." Você põe a culpa em si mesma porque — encararemos a questão — até agora foi você quem fez o trabalho todo; logo, pode perfeitamente se punir também por isso. "Foi porque eu não consigo esquiar, falar francês, parar de roer as unhas, ter um orgasmo rápido o suficiente."

Se deixar, no próximo relacionamento que tiver será perseguida por ele, que ficará pairando a seu redor como um fantasma. Se ele deixou você sem dar uma explicação decente, por que o próximo namorado não faria o mesmo? O fantasma do *Covarde* é mais letal que ele próprio em carne e osso. Quando você esbarrar nele numa festa, ele virá cumprimentá-la como uma amiga que não vê há muito tempo, talvez acabe por convidá-la para almoçar. Ele não guardou cicatrizes porque largou você como quem troca de roupa, enquanto você saiu por aí com toda a carga de angústia e apatia dele.

A melhor qualidade do *Covarde* é o pavor de provocar mudanças; logo, enquanto você prossegue com sua vida ele ainda será a mesma sombra de homem buscando algo que possuía no começo. No prazo de um ano provavelmente tomará um porre com o melhor amigo e confessará que cometeu o maior erro da vida dele... Ah, aquilo foi uma lágrima?

O Mago

Vocês estão voltando para casa depois da aula de cerâmica de quarta-feira à noite. Ele parece profundamente comovido pela escultura harmoniosa que fez e você está admirando o par de tigelas que modelou com a ajuda dele. Você as imagina perfeitamente pousadas nos armários abertos da cozinha dos sonhos que irá construir com ele. Naturalmente, ele irá desenhá-la, já que é tão criativo! Enquanto vocês vão caminhando à margem do lago, com a água cintilando na suave luz da lua, seu coração se enche de orgulho pela alegria de estar de braço dado com esse artista, esse transbordante poder criativo.

Ele para de caminhar e olha intensamente bem no fundo de seus olhos. A força do olhar dele deixa você de pernas bambas.

Você recorda outra vez a paixão do primeiro beijo. Inclina-se para mergulhar no calor dos lábios dele, que diz: "Não consigo fazer isso." Mas como não, você diz, ele é tão bom na modelagem da argila. Se não gosta da escultura, na semana que vem ele irá conseguir fazer outra. "Não. Isso aqui. Você. Eu. Não me sinto mais inspirado, perdi minha magia." Você não consegue dizer nada. Ficou muda de espanto. Você diz a ele que irá ajudá-lo a achar a magia. Será que a esqueceu no torno de oleiro? Você fará o que for preciso. Mas os olhos dele já estão buscando algum outro lugar, muito, muito distante, um lugar que você simplesmente não consegue alcançar, por mais que se esforce.

Conheça o *MAGO*.

Ah, o feitiço do *Mago*. Ele avistou você na exposição de arte do amigo, no outro lado da sala lotada, e a escolheu. Ficou devorando você com o olhar. Uma nuvem de encantamento pairou no ar, que durante algum tempo foi o projeto, a pintura, o soneto dele. Que maravilha aquecer-se à luz de semelhante talento. Então, quando o bloqueio artístico o dominou, de repente ele precisava ficar inspirado novamente. Inspirado novamente? E não era você a inspiração dele? O relacionamento de vocês não era cheio de música, de risos e de luz? Ele não lhe dizia que você era uma pintura de Botticelli com quadris mais estreitos? Você está aturdida. De repente sua prosa poética se acabou e tudo o que você consegue é perguntar: "Por que, por que, por quê...?" Naturalmente ele não conseguiu ouvir sua pergunta, pois já ia longe em busca da próxima musa, do próximo sucesso, da próxima obsessão.

"Não se apaixone por um sonhador, ele vai te deixar na fossa." Você já não ouviu essas palavras antes em algum lugar? Ai, meu Deus — de pintura renascentista sua vida acabou virando música caipira.

O *Mago* precisa estar constantemente inspirado. Se sua veia criativa não for abastecida pela relação, ele vai procurar sangue fresco na próxima esquina. E já que está indo para lá, provavelmente precisará pegar emprestado uns trocados com você. Sabe como é, ele sempre anda um pouco mal de grana. É um problema que vem trabalhando com o terapeuta. Ele não tinha intenção de magoar você; na verdade, ainda gosta de você imensamente, mas sem sua musa ele não é nada. Infelizmente, a musa que você outrora abrigava no corpo entrou de licença ou saiu da cidade e não há nada que você possa fazer.

Ele precisava que você alimentasse aquele fogo criativo e lhe trouxesse inspiração. Ele sugou de você toda a criatividade, a energia e as economias, na busca por sua próxima grande realização artística. Sem se dar conta do fato, você derramou sua alma dentro dos sonhos dele, mas isso não bastou para mantê-lo inspirado. Ele deixou você vazia.

Ah, o *Mago* é o *enfant terrible* dos rompimentos. A luz do *Mago* é difícil de se extinguir. Durante algum tempo, não haverá ninguém cuja atenção consiga se comparar à dele. Mas, lembrem-se garotas: vocês querem se relacionar com um homem, e não com um vampiro.

O Solista

Vocês acabaram de chegar da Coreia, onde foram juntos dar aulas de inglês ou foram voluntários em um grupo de proteção ambiental na floresta tropical da Costa Rica ou talvez tenham se conhecido numa reunião da diretoria e nunca saíram dos limites da cidade. Mas, em algum momento de sua aventura conjunta, ele ficou com aquele olhar perdido e disse algo vago sobre o chamado do Oeste, o desejo de praticar mergulho na

Grande Barreira de Coral ou a necessidade de se conectar de novo com o filho que você nem sabia que ele tinha. E antes que você consiga dizer "Me mande um postal", ele já terá desaparecido. Sumiu. Só deixou para trás o cordão com a folhinha de maconha, além de um vidrinho vazio de patchuli. Nada de baixarias nem bate-boca. Ele apenas precisou ir embora; é a natureza dele. Se você não teria conseguido deter Indiana Jones, como iria conseguir detê-lo?

Foi inesquecível a noite em que se conheceram. Ele enfeitiçou você com a história de como domou um cavalo selvagem em Montana, como construiu sozinho na floresta uma cabana com painéis de energia solar, como aprendeu francês vivendo um ano entre a população da África ocidental. No momento em que ele acariciou seu rosto com os dedos calejados você se derreteu nas mãos dele. De repente, seu mundo explodiu em Technicolor, enquanto ele lhe preparava comidas exóticas, ensinava a dançar o tango e recitava trechos de Anaïs Nin. Enquanto fazia tatuagens de henna na parte de dentro de sua coxa. Por que motivo ele terá ido embora? Você não tinha espírito suficiente de aventura? Não aguentava comida picante? Suas histórias da colônia de férias não se comparavam com a peregrinação dele pelos Pirineus? Ele parecia tão interessado em você.

Conheça o *SOLISTA*

Ah, a atração do *Solista*. O mais irônico no caso do *Solista* é que as características que no começo lhe pareceram atraentes são as mesmas que no fim o tornaram destrutivo para você. Ele a hipnotizou com a história de como fez a travessia solitária dos Himalaias. Ele fez um mês de silêncio num retiro budista e atravessou de moto as Montanhas Rochosas. Enquanto contava essas histórias inacreditáveis, ele cobria você de atenção. Caminhando com você ao longo de uma praia ou acordando depois de uma noite de sexo tântrico, ele sorria preguiçoso e dizia: "Estou tendo um daqueles momentos." Você achava que ele queria dizer um momento de vocês. Mas, não, amiga: com o *Solista* nada é nunca sobre vocês. Os momentos dele são só dele. Ele vive somente para si e ninguém mais.

No mundo do *Solista*, não há ramificações. Vocês tinham combinado um jantar romântico em sua casa. Você passou o dia cozinhando lagosta fresca. Ele nunca deu as caras. Encontrou um vagabundo que morava na rua e tocava bongô, os dois ficaram tocando juntos e acabaram indo jantar uma sopa, no abrigo de mendigos. E como você poderia odiá-lo por causa disso? Ele é tão solidário...

Quando olha você nos olhos, o *Solista* não está vendo o futuro de vocês: está vendo o próprio reflexo. O *Solista* vive intensamente. Escuta cada palavra que você diz. Está presente. Mas quando se ausenta, você não fica nem sequer nos pensamentos dele. Ele refinou à perfeição a arte do desapego e, querida, isso inclui você.

Quando ele diz adeus está falando sério. O que não quer dizer que não voltará a vê-lo. Se tropeçar com ele, o *Solista* provavelmente se lembrará de você como uma de suas grandes aventuras amorosas. Provavelmente vai contar a história como se ele fosse a vítima e você tivesse partido o coração dele. A narrativa se focalizará nele como o personagem principal e nos bons momentos que vocês passaram. A história estará tão distante do que você recorda que provavelmente se perguntará se ele de fato está falando da relação de vocês. Dentro de uns cinco ou seis anos ele vai aparecer na sua porta porque, viajando de carona pela Tailândia, viu uma flor cuja tonalidade lhe recordou a cor de seus cabelos. Ele teve um daqueles momentos.

O Homen-teflon

Você está sentada no carro dele, no escritório que você tem em casa, ou na sala de reuniões da empresa onde ele trabalha. Ele tem se esforçado muito, anda ocupado construindo a carreira e tem recebido seu apoio. Você também está progredindo na profissão, mas consegue equilibrar tudo: trabalhar, limpar, cozinhar, manter a forma física e, principalmente, cultivar um bom relacionamento. A carreira dele está em plena ascensão. Ele é motivado, ambicioso e focalizado: todas as qualidades pelas quais você o admira.

O carro está no estacionamento, com o freio de mão puxado. A copiadora está zumbindo, cuspindo fora as páginas daquele importante relatório. A sala de reuniões ecoa o som da voz dele, que lhe diz:

— Não sei explicar, é só uma sensação que tenho.

— Então explique essa sensação — você pede, confusa.

Ele se ilumina como se uma lâmpada acabasse de acender dentro de sua cabeça.

— Perdi o ânimo, a paixão acabou. Não consigo amar você e meu trabalho ao mesmo tempo. Minha energia está se esgotando.

Surpresa por um minuto, você não consegue dizer nada. É incompreensível; e não é uma razão, você não vai deixar que ele faça isso.

— Não. Diga que não me ama mais, que não me acha mais atraente, que não sou a pessoa com quem você gostaria de estar, diga algo a que eu consiga me agarrar.

Então, como quem tivesse acabado de fechar um contrato, vender um roteiro, encerrar um balanço, terminar um relatório trimestral, ele se oferece para deixar você em casa, levá-la para a casa da melhor amiga ou ir pernoitar num hotel.

Você acaba de ser dispensada. Por motivos absolutamente ininteligíveis. Você só consegue perguntar "por quê?", enquanto se precipita da alegria para o desespero no lapso de tempo que ele usa para ligar seu celular.

Ou talvez vocês tenham saído para jantar, só os dois em seu restaurante favorito no sábado à noite. A iluminação é suave, a comida, suculenta, o vinho tinto lhe aquece o paladar. Ou vocês saíram para dar uma longa caminhada. Você está curtindo o silêncio, se fartando de sol e se aquecendo com o calor das mãos dele nas suas. Em torno de vocês, crianças estão rindo e brincando e você imagina que uma delas é sua filha.

Ele olha para você do outro lado da mesa/do banco do jardim/de qualquer droga de lugar onde estejam. Os olhos dele ficam nublados, com um olhar dolorido e tem início a queda livre.

— Não sei como fazer isso. É muito, é cedo demais, eu me sinto preso...

As palavras caem da boca dele e você se agarra no banco do carro, no banco do jardim, enterrando as unhas na palma da mão.

Dentro de você os soluços começam a borbulhar. Suas mãos estão tremendo. Ele lhe pergunta se está se sentindo bem. Você tenta dar um sorriso franco com os lábios trêmulos:

— Eu estou legal.

Ele vê que você não está. Sua maquiagem está escorrendo, as pessoas ficam olhando. Você toma um gole de vinho ou encara o sol para não ver nada e não chorar. Ele se levanta para ir embora, querendo evitar uma cena e você grita:

— NÃO, NÃO VÁ EMBORA, NÃO ME DEIXE!

Mas ele já se foi. Não parou para pedir a conta, nem verificar se você tem dinheiro suficiente para chegar em casa.

Deixou-a com a despesa e os bolsos vazios. E lá ficou você com o coração na mão, em público. Você levou o fora e vinte desconhecidos viram tudo. Opa, você acaba de escorregar para fora da vida dele: e não ficou grudado o menor sinal da lambança para nosso herói antiaderente precisar limpar.

Nós lhe apresentamos o *HOMEM-TEFLON*.

Ele tem uma aura, um brilho a seu redor. É motivado, é bem-sucedido, só deseja da vida o melhor, o que, pelo visto, incluía você. Tinha imensa admiração pelo modo como você lidava com tudo, como tudo se harmonizava sob suas mãos eficientes.

Mas o *Teflon* gosta de admirar isso a distância. Ele é um bom observador: gosta de viver rodeado do que é bonito, mas também gosta de poder bater em retirada quando e como lhe der vontade. No restaurante da vida ele é o gastrônomo clássico: quer a melhor comida e está disposto a pagar pelo privilégio, mas não quer acabar lavando a louça. O *Teflon* precisa ser bem-sucedido. Ele precisa ser motivado. Sua autoestima vem das opiniões que os outros têm sobre ele. Tem necessidade de ser o melhor naquilo que faz. Vive em função de críticas elogiosas, de notas altas, de bons dividendos e da inveja alheia. Para o *Homem-teflon* o auge da felicidade é ver os outros desejarem ser ele. Não lhe agrada ficar sozinho. Precisa de outras pessoas em torno para lhe alimentar o impulso e você era só a companheira batalhadora e fabulosa de que necessitava. Precisava de você para encher a bola dele, desafiá-lo e ser boa de cama. Ele é um consumidor. Na busca pela próxima grande realização ele a exauriu completamente. Mas, quando fica evidente que você pode alcançar o mesmo grau de êxito ele se livra de você mais depressa que Martha Stewart se desfaz de ações de empresas.

O *Homem-teflon* precisa levar a vida numa velocidade vertiginosa, continuamente em busca da próxima oportunidade. Ele não consegue ficar tranquilo em casa e ao mesmo tempo ser agressivo nas reuniões da diretoria da empresa. Deixar você foi mais um sacrifício que ele fez em favor do jogo de que participa. E quando você percebe o que está acontecendo, quer saber o motivo. Mas nesse momento ele já foi embora e se no dia seguinte você examinar a agenda eletrônica verá que sumiram dali seu nome, seu telefone e todos os futuros compromisso de vocês — tudo foi apagado da memória.

O Guarda Florestal

Ele acaba de voltar, depois de se ausentar numa viagem de negócios, de pesquisas ou de lazer para jogar golfe com a turma dele. Vocês curtiram um tranquilo jantar em família, na casa recém-reformada; ele passou uns momentos com as crianças e pôs a garotada para dormir. Vocês estão na cama. Você está tocando nele, apenas tocando nele, e de repente ele fica tenso, simplesmente tenso, e diz:

— Eu preciso ir.

Ir aonde? À cozinha, ao banheiro? Ir comer, ir fazer pipi, ir à França? Ir para onde?

— Quero ser guarda florestal.

Ele quer ser guarda florestal. Professor universitário, quarentão, sofre de asma e tem horror às armas de fogo. Você pergunta:

— De onde saiu essa ideia?

— De mim mesmo. Do fato de você não apoiar minhas escolhas, meu... Aliás, o que você pensou de mim? Acha que sonhei com isso agora?

Você fica tonta. Você o mima e promete apoiá-lo: nas opções, em tudo o que ele queira fazer. Parece estranho ele mudar de profissão a essa altura do casamento, da vida em família, mas vocês conseguirão dar um jeito. Você fará por ele tudo o que for necessário.

— Já nem sei mais quem sou. Esta vida e os filhos estão me esmagando. Preciso de um tempo sozinho, a sós comigo mesmo.

Ele precisa ficar sozinho. Os filhos e você o estão esmagando, espremendo dele a energia vital. Você lhe diz que quanto mais amor sente por ele e pelas crianças, mais genuína se torna. Ele responde que quanto mais amor sente por você e pelas crianças, menos se torna ele próprio.

Ele abandona você e sai em busca do próprio espaço, em busca de si mesmo. Você foi deixada para trás com os filhos e as prestações da casa, chorando no chuveiro, com o sabonete se dissolvendo entre as mãos; e você se pergunta: "Como foi que cheguei a este ponto?"

Apresentamos *O GUARDA FLORESTAL*.

O *Guarda Florestal*. O homem antes conhecido como seu marido, seu parceiro, seu namorado. Qualquer opção que não seja esse estranho parado na sua frente dizendo que quer cair fora. Você olha para o rosto dele, buscando sinais reconhecíveis. Será que ele está em algum lugar ali dentro? É a mesma pessoa que acordou a seu lado hoje de manhã, não é? Você o olha nos olhos buscando alguma centelha. Mas não há nada ali, só a sombra de um homem que você ama e que lhe diz, numa voz desconhecida, que você está espremendo de dentro dele a energia vital.

É claro que ele queria a esposa, a casa, os filhos, o pacote inteiro, mas epa! Agora mudou de ideia. Agora quer ser policial, guarda de zoológico, repórter da CNN — o que for, menos o homem com quem você divide a cama e as contas.

O *Guarda Florestal* é menos perigoso que o *Covarde* e não tem o encanto do *Mago*. Ele está indeciso e confuso, mas mesmo assim é difícil de esquecer. A súbita declaração de infelicidade que fez é tão chocante que você entra em parafuso, enquanto questiona sua vida inteira de casal até aquele ponto.

O *Guarda Florestal* é um homem em crise. Não precisa ser a crise da meia-idade; basta provocar uma mudança de vida. O *Guarda Florestal* nunca entendeu de todo a filosofia de aguentar firme quando a situação se complica. Ele está em busca de uma solução imediata. Rapidamente expressa sua infelicidade, vai embora, cria uma vida nova e esquece que você algum dia fez parte da vida dele. Enquanto isso você continua perplexa, chumbada no mesmo lugar da cozinha. Tudo aconteceu tão depressa. Enquanto você continua perplexa, ele já está tirando a carteira de motociclista.

O *Guarda Florestal* deixou você atolada até os joelhos na vida que os dois criaram juntos. Agora ele está num avião rumo a Belize, onde vai fotografar a natureza e você precisa descobrir um jeito de transferir o seguro do carro e deixar as crianças na escola antes das nove da manhã.

Ele é um homem em fuga. O pior é que não entende que está fugindo de si mesmo. A essa altura o *Guarda Florestal* é incapaz de enxergar o efeito causado por seus atos. Está empenhado em se salvar e em dar aquele último chute no balde que ainda faltava dar. Quanto a você, já deixou de ser problema dele.

Você sabe que a infelicidade do *Guarda Florestal* vem de dentro: entretanto, para ele, a culpa é sua. A vida que vocês levam juntos acabou por confiná-lo. "Eu me sinto preso. Preciso ficar sozinho. Em algum lugar, qualquer lugar que não aqui. Você está me esmagando. Não posso contar com você para me apoiar." Caíram em ouvidos surdos as súplicas que você fez para tentarem endireitar a situação. Ele já saiu pela porta afora.

O Desaparecido

Tudo parece estar no melhor dos mundos. Ele conhece seus amigos e você conhece alguns amigos dele. Nos fins de semana vocês passam a noite juntos, na casa um do outro, porque durante a semana é mais complicado. Ele tem uma escova de dente em seu apartamento e você fez amizade com os colegas de apartamento dele. Por vezes, quando vocês estão deitados na cama, ele parece estar com a cabeça em um outro lugar. Nem sempre telefona quando promete e você nem tem certeza de onde ele está, mas tudo isso é parte do mistério e do clima instigante que mantêm você interessada. Vocês combinaram um encontro romântico para o sábado à noite. Este enredo pode se desenrolar de uma entre duas formas.

1. É quinta-feira. Você chega em casa depois de tomar uns drinques com as colegas de escritório e vai conferir as mensagens da secretária eletrônica. Há um recado dele. "Oi, você me desculpa por ter de fazer isso. Sei que não está em casa agora, mas é que eu resolvi ir para fora no fim de semana e por isso estou saindo agora de manhã. Sabe, esse lance não está dando certo. Acho você fantástica, só que eu não estou pronto para um compromisso sério. No momento não tenho condição de investir muito no

relacionamento. Se cuide, viu? Ligo pra você depois. Foi mal."

Você aperta a tecla do replay e torna a ouvir a mensagem para ver se é dele, se o número é de fato o do telefone dele.

2. É sábado. Vocês não se falam desde quinta-feira, quando ele prometeu telefonar no sábado à tarde. Não respondeu a nenhuma das quatro mensagens que você enviou. Sentada na sala de estar, você está usando seu minivestido preto de alcinhas, escolhido especialmente para a ocasião. À meia-noite, ainda com o mesmo vestido, enrolada num xale afegão, junto à mesinha de centro onde se vê uma caixa de pizza agora vazia, ao lado de uma garrafa vazia de Chardonnay, você continua sentada assistindo reprises de *O barco do amor* e esperando um telefonema dele. Um pouco tonta, resolve ir até a geladeira. Um copinho a mais não vai fazer mal nenhum. Você parou no tempo. Será que a irmã dele foi diagnosticada de câncer terminal? Será que a ex-namorada está grávida? Será que o cachorro dele morreu? Será que ele se casou em segredo? Será que ele é gay? Sentada ao lado do telefone, com a escova de dente dele na mão, você fica esperando que ele ligue.

Apresentando *O DESAPARECIDO*.

Ah, que emocionante é o *Desaparecido*. Ele faz lembrar um espião; o homem é cheio de mistérios. É o James Bond dos términos de namoro. Ele é bonito, interessante e ligeiramente inalcançável. Neste minuto ele ama você; no minuto seguinte, já se amarrou em outro rabo de saia. Você provavelmente nunca vai ter notícias do outro rabo, nem da próxima missão internacional do *Desaparecido* porque ele larga você via e-mail ou telefone. Em alguns casos, você nunca mais ficou sabendo dele, depois daquele beijo de boa-noite na porta de sua casa. Quando lhe prometeu "Ligo para você no sábado", quis dizer algum sábado de 2020. Que cachorro.

O *Desaparecido* não gosta de conflitos emocionais. Fará o que for para evitar confrontação; por isso ele não mostra a cara na hora de terminar com você. Os motivos do *Desaparecido* são premeditados. Ele sabia que ia lhe dar o fora e sabia como o faria. Você, por outro lado, é a vítima desavisada, forçada a seguir em frente sabendo que nunca mais irá vê-lo. Tampouco saberá algum dia por que razão o relacionamento não deu certo.

Não pergunte por que, nem tente encontrá-lo. Essas são apenas as primeiras perguntas de uma longa lista que você fará a si mesma e que jamais serão respondidas numa vida com o *Desaparecido.* Algum dia você talvez leia uma notícia sobre ele no jornal e diga "Eu namorei esse cara", mas provavelmente só poderá provar o que diz se tiver guardado a mensagem de despedida que ele deixou. Além disso, tudo aconteceu muito depressa: ele tinha muitas questões importantes para atender.

O Gatilho

Você está no casamento de amigos, no *bar mitzvah* de seu primo, na festa de Natal de seu escritório, na festa de despedida de seu irmão que foi convocado. Está cercada de amigos e familiares. A atmosfera é carregada de boa vontade, de amor, de ligações afetuosas. As pessoas dão risada, contam histórias embaraçosas, fazem discurso. Você dança, chora de alegria, se despenca de rir quando seu tio canta "Sozinho" no videoquê. Seja qual for a ocasião, é o bastante para disparar nele uma reação tão inesperada que deixa você tonta.

Enquanto vocês estão voltando para o quarto do hotel, ele diz:

— É amor demais. Não dou conta disso. Não consigo lhe dar o que precisa. Você merece alguém melhor que eu.

O evento o levou a perceber: a família dele não é tão unida quanto a sua, ele não é judeu, não consegue corresponder a suas expectativas, nunca vai conseguir ser aprovado por sua mãe; ele tem esqueletos no armário, aos 3 anos ele tirava meleca do nariz, tem questões pendentes.

Você tenta convencê-lo de que nenhuma dessas questões importa se vocês realmente se amam. Ele declara que talvez o amor dele nunca seja bastante para você. Ele viu o amor de que você necessita, viu como você é capaz de brilhar.

Ele paga a conta do hotel e larga você ali sozinha, bebendo vodca e comendo pastilhas de chocolate do frigobar, com o edredom puxado até o queixo, na cama de massagem tamanho família, com raiva de seus pais, de seus amigos, da irmã dele, do escritório dele, porque o deixaram com a sensação de não ter mérito suficiente.

Queremos apresentar *O GATILHO.*

O Gatilho — ah, que carisma enganador ele possui. Pode ter 40 anos de idade ou mesmo 25. Por fora parece adulto, mas por dentro não passa de um bebê crescido, um poço de insegurança. Como você iria saber? Ele usa muito bem o disfarce.

O Gatilho é o consumado pessimista secreto. É o tipo do cara que não corre atrás de ônibus. E adianta correr? De qualquer jeito, ele vai perder. Detesta aparar a grama: afinal, ela vai crescer de novo. O que você interpreta como uma atitude descansada é a máscara de algo mais profundo. Provavelmente o *Gatilho* chorou na primeira vez em que vocês foram para a cama. Ele chamava seu irmão de "Campeão" e encomendou a árvore genealógica de sua família para dar de aniversário a seu pai. Puxa, quantas horas você passou imaginando cartões de Natal assinados por vocês dois... Ficava sonhando acordada com você, o *Gatilho* e a filharada jogando tênis na casa de campo.

Não havia como você sondar as profundezas das inseguranças ocultas do *Gatilho*. Por mais que tentasse, jamais conseguiria entender a percepção distorcida de que ele jamais estaria à sua altura.

Enquanto você está passando o fim de semana na casa de seus pais, cuidando do coração partido, chega uma carta do *Gatilho* para eles, explicando que espera não terminar como o vilão da história e que talvez possam continuar amigos. Você proíbe seus pais de fazê-lo. Durante horas se esforça por lembrar se alguma vez disse algo que o fizesse se sentir mal. Será que foi por que os pais dele eram divorciados? Por que ele não foi circuncidado? Por que você era mais alta que ele?

Enquanto você se chafurda no remorso por causa do *Gatilho*, ele vai chorar por uma nova namorada, ficar inchado de comoção diante do chihuahua dela, mas convencido de não ser digno da afeição nem mesmo do cachorrinho.

O Verme

Lá vai você certa tarde, fazendo o de sempre, tentando encaixar todos os compromissos, deixando os filhos na escolinha de hóquei e buscando o cachorro no veterinário, armando na cabeça esquemas do tipo "se eu passar no mercado quando for para casa, posso comprar algo de preparo rápido para o jantar; mas se encomendar uma pizza, consigo apanhar meu terninho na lavanderia para a reunião da diretoria amanhã". Nisto, seu celular começa a tocar. É sua melhor amiga, dizendo para você abrir o jornal na página 13, na coluna social — e lá está uma foto de seu marido com o braço em torno de uma mulher. Ela é jovem, loura e muito bonita, está usando pouca roupa e eles estão num bar. O quê? O artigo fala de como conquistar os homens disponíveis? Disponíveis? Mas na noite de sexta-feira ele não tinha ido jogar pôquer?

Ou então é um homem, uma voz que você nunca ouviu antes, ele está chorando, aos soluços e lhe pede que, por favor, faça algo sobre a situação — que situação? "Seu marido está acabando com meu casamento — peça a ele, por favor, que termine o caso com minha mulher... nós temos três filhos pequenos e eu não consigo viver sem ela..." a voz dele se dissolve num pranto desesperado, seguido de um clique e um sinal de linha desocupada.

Ou ainda: telefonam da agência de turismo; querem confirmar a viagem para as Bahamas na semana que vem. Para duas pessoas. Para um luxuoso balneário romântico. Não conseguiram a suíte matrimonial — serve um apartamento de luxo? Você se programou para deixar as crianças na casa de seus pais na semana que vem, porque seu marido está indo de avião a Pittsburg, onde será o principal palestrante da Convenção de Fabricantes de Telhas e Lajotas.

Este é o término nuclear. É um míssil balístico, a tempestade de fogo que destrói tudo ao passar. Este é o homem em que você confiou, a quem amou, com quem está criando uma família, o homem de quem nunca duvidou porque nunca teve razão para tanto. Vocês se conheceram na universidade, ele se apaixonou por você. Você era diferente das outras garotas, não era superficial, não era fútil. Ele queria você porque você era real e jamais lhe abandonaria. Ele não flertava com outras mulheres ou, caso flertasse, não significava nada, porque ele sempre declarou: para que procurar sashimi na rua, quando se tem sushi dentro de casa? Pois sim, ele tem dado umas escapadas para buscar peixe cru.

Queremos apresentar *O Verme*.

O *Verme* é legendário; também é uma legião. Todo mundo tem alguma história de um *Verme* que conheceu e amou ou que conheceu e viu dar o fora em alguém que amava. O *Verme* foi anteriormente o Melhor Sujeito do Planeta, o marido amoroso e leal que merecia a confiança geral. O que naturalmente é a maior vantagem do *Verme* em sua condição de canalha: quem iria suspeitar dele? Ele é um cara genial.

E pelo visto ele conseguiu enganar você de forma tão completa que jamais levantou suspeita. Porque para o *Verme* tudo tem uma lógica, tudo é compreensível. Quando ele amava você, amava tanto quanto era capaz. A questão é que você nunca pediu a ele que definisse os termos da relação. É claro que ele queria estar com você sempre, mas também queria estar com outras mulheres. Ele nunca lhe enganou. Era tudo verdadeiro. Verdadeiro naquela fração específica de tempo. Ele usava aquela frase brincalhona sobre procurar sashimi na rua — mas você nunca lhe perguntou se ele gostava de comer sushi no almoço. E se ele queria uma mulher de verdade em casa, o que ele realmente queria enquanto estava no trabalho, se divertindo ou viajando, era uma linda garota pendurada no braço.

Não adianta discutir com o *Verme*. Ele não considera errado seu modo de agir. Para ele não houve erro, quem cometeu um erro foi você, ao não entender que ele tem certas necessidades e que você não consegue satisfazê-las. Ele não fez nada de errado; com certeza não tinha intenção de magoá-la. Porque tudo gira em torno dele, querida. Ele só está fazendo o que precisa fazer e quem é você para se intrometer? A devoção de que lhe dedicou com tanto empenho quando estava com você agora se voltou para outra direção, que é da porta para fora.

O Porta Giratória

Você o conhece. Você o amou. Ele amou você, depois lhe deu um fora, então voltou a amar, para em seguida lhe dar outro fora. E de novo. E mais uma vez. E outra vez.

Seus amigos chegaram a tal ponto que já não deixam que você fale seu nome na presença deles. Você já esgotou o apoio e a solidariedade dos amigos. Cada vez que o recebe de volta você promete a eles que "desta vez será diferente", e cada vez que ele dá o fora em você os amigos são os primeiros a quem você chama para que venham juntar os pedaços. Eles colocam você de pé, lhe enxugam as lágrimas, cancelam seus compromissos para aquele dia e fazem você prometer que não atenderá os telefonemas dele. E você não atende, porque ele fica sem telefonar por um dia, uma semana, um mês, um ano.

Então, um dia você chega em casa depois da primeira noitada realmente agradável em que não mencionou sequer uma vez o nome dele; você dançou ao som de "I will survive", talvez até tenha azarado alguém, e adivinha o quê? Como uma aranha, ele sentiu um formigamento e entendeu que você talvez estivesse conseguindo esquecê-lo. Talvez você até veja o nome dele na tela do celular, mas por que não atender? Tudo bem, você está ficando mais forte e nem imaginaria recebê-lo de volta, pois não é nenhum capacho. Além disso, seria renegada pelos amigos e familiares.

Você atende o telefone.

Ele tem saudades de você. A voz rouca de emoção. O que ele estava pensando? Sem você, ele não era nada. Seu mundo está vazio. Ele só precisava entender isso; agora ele sabe. Desta vez realmente entendeu. Vocês não podem simplesmente jogar fora toda a história que construíram juntos. Vocês dois não conseguem ficar com outras pessoas. São vocês contra o mundo. Você é Bonnie e ele é Clyde. Ninguém entende o que vocês possuem. Seus amigos só estão com inveja da paixão, da intensidade que vocês compartilham. Será que ele pode dar uma passadinha na sua casa?

E antes que você consiga dizer "nunca mais" ele está de volta. A escova de dente dele pendurada no lugar de praxe e o café da marca predileta dele orgulhosamente empoleirado na prateleira. O assento do vaso sanitário agora fica sempre levantado.

Você faz segredo sobre ele. Inventa desculpas para não encontrar sua irmã para jantar, mente para a melhor amiga sobre a razão de ter perdido a festa de aniversário dela. Procura não lanchar no seu lugar predileto para ninguém surpreender vocês. Sente-se como se estivesse enganando o resto de sua vida. Mas não pode tornar público o fato de terem voltado até ter certeza de que dessa vez vai dar certo.

Quando finalmente comunica à família e aos amigos que você está feliz, eles não parecem surpresos. Por que estariam? Já viram esse mesmo padrão de comportamento antes. Você precisa deles, você chora no ombro deles, fala sem parar sobre ele, monopolizando a vida alheia com sua dor de cotovelo, depois some da face da terra. Quando reaparece como programado, é de braço dado com o *Porta Giratória*. Por que seria diferente desta vez? Você entra na defensiva, você o defende, desta vez *é* diferente. Seus amigos estão apenas criticando — eles não entendem.

E num piscar de olhos acontece novamente. Você encontra o número de telefone no bolso dele, ele tem aquele olhar distante, ele fala em se tornar um paramédico no Afeganistão. E lá está você de novo. No chão. Toda enrolada. Pegando o telefone.

Apresentamos *O PORTA GIRATÓRIA*.

Ah, a alegre monotonia do *Porta Giratória*. Seus poderes são um mistério. Não há nada particularmente notável na figura dele. Ele não inventa novas desculpas, não tenta novos truques. Porque tentaria, quando os velhos truques sempre funcionam tão bem? Num minuto ele ama você e no minuto seguinte não consegue suportá-la. Talvez seja o jeito mulherengo dele, talvez ele tenha uma relação difícil com os animais domésticos, talvez precise ficar sozinho para compor um poema rimado sobre os peixes — o que for. O que ele faz, que transforma mulheres fortes e capacitadas em capachos? Capachos sem o mínimo de discernimento?

Ele não é o mais bonito, o mais engraçado nem o mais inteligente. Ele é apenas um cara que acha difícil assumir um compromisso. Ele ama você, ele não ama você... O *Porta Giratória* induziu você a achar que é o liga-desliga que constitui a matéria dos grandes romances. Não é, meu bem. É apenas um disco arranhado.

Sua relação com o *Porta Giratória* poderia ter terminado há muitos anos, porém ele surge do nada quando a mãe dele fica doente e ele "precisa de sua força" ou ele "precisa voltar ao tempo em que era mais feliz". Ele suga de você toda a energia, enquanto passa por seja lá o que for. Ou então, você mora em São Francisco e ele mora em Montreal. O *Porta Giratória* não quer viver na mesma cidade onde você vive. Ele não quer ver você na sexta-feira à noite. Ele só quer telefonar para você no final do dia para se queixar do chefe dele, falar sobre os velhos tempos, talvez convidá-la para tomarem um drinque na próxima vez em que passar pela cidade com a banda. E você recebeu o bilhete que ele lhe escreveu no jogo americano de um restaurante em Duluth? Pois é, ele estava justamente se lembrando dos velhos tempos. Vocês tiveram alguns momentos muito traumáticos não é? Depois houve aquela noite em que ele estava tomando uma bebida depois do trabalho, num bar perto da sua casa e se lembrou de que foi seu aniversário na semana passada. Ele nunca esqueceu de seu aniversário por mais de um mês, não é? Bom, ele acabou de lembrar de telefonar e que tal, será que ele pode ir aí? E você deixa ele vir. Agora você está forte, que mal poderia fazer? Então, num instante ele desaparece de novo.

Sim, você acha que pode mudá-lo. Que pode amá-lo o bastante para compensar toda a mágoa ou desilusão que ele tenha tido algum dia. Se você não desistir dele, talvez ele pare de desistir de você.

Amor, no segundo em que você parar de permitir que entre, parar de atender os telefonemas dele e de permitir que limpe os pés em você, ele encontrará outra pessoa com quem girar. É assim que ele é. Diga-se, em defesa dele, que o *Porta Giratória* só gira se você deixar. Ele pode aparecer na sua porta, mas você não precisa deixá-lo entrar.

Então, agora você já conhece os Criminosos. Agora, amiga, não se torture se você conheceu e amou mais de um tipo desses homens deploráveis. As bittergirls não se interessam em lamentar ou reviver o passado. Nós estamos superando todos esses crápulas e indo adiante no que deve ser uma vida ainda mais fabulosa. Afinal, se ele lhe disser que perdeu a magia, provavelmente não passava de um impostor. Ele quer ser um *Guarda Florestal*? Será que não percebe que quando atira, não é ele quem faz bang-bang? O *Solista* precisa ficar sozinho? Oba, que transa sensacional ele vai ter consigo mesmo. Mas nada disso é problema seu, porque aventuras deslumbrantes lhe aguardam nessa jornada das bittergirls. Prepare o coração, respire fundo e aguente firme para o próximo e maravilhoso capítulo de sua própria trajetória à "bittergirldom". Pegue seu lugar na fila. Chegou a hora da chamada.

tarefas para a bittergirl

1. Dê a ele um novo nome Talvez você ache o nome *Verme* insuficiente como descrição adequada, para ele. Talvez prefira chamá-lo de Verme Loiro ou o Mago da Varinha Curta. Seja criativa; quem sabe você tem um homem que o Instituto de Pesquisas Avançadas em Relações Desfeitas ainda não catalogou. Descreva-o em detalhes e mande para nós.

2. O fim de semana perdido Apague o dia do término das páginas de sua agenda, caderneta de compromissos ou calendário... qualquer programação visível com que se depare na rotina diária. Recorte por completo a anotação ou cole por cima algo de seu agrado, em lugar das palavras "19h, encontro com fulano no Biffi's

Bistro." Na página de seu livrinho preto de compromissos você tinha desenhado um machado para simbolizar O Incidente? Cole por cima um adesivo cintilante de margaridas da Gerber que você "descolou" da coleção de adesivos de sua sobrinha. A página tem marcas de lágrimas? Não se preocupe. Ali vai ficar ótimo, de peito nu, o gatão de fevereiro do calendário do Corpo de Bombeiros. Tudo isso faz parte do processo de reciclagem de seus dias.

3. A graça da piada É nessa altura que a bittergirl começa a rir. Não, falando sério, é possível fazê-lo. Se tiver forças para suportar, faça uma reconstituição mental do rompimento. Reveja cada um dos tristes e humilhantes segundos. Qual foi o detalhe que deixou sua melhor amiga engasgada de horror? Pegue a circunstância e transforme-a numa atrevida frase hilariante. Não importa o quanto é doloroso dizê-la em voz alta — sempre haverá algo chocantemente engraçado na maneira como ele terminou com você. A graça está ali — você poderá encontrá-la.

"Ele me deu o fora no jantar em que o apresentei a meus pais."

"E aí, depois de terminar comigo, ele me disse:

— Espero que a gente ainda possa transar."

"Enquanto ele estava literalmente deixando a mim e às crianças, virou-se para mim e perguntou:

— Você lavou minha camisa do time?"

4. A doce recompensa Agora, trate de se recompensar com uma taça de Chardonnay gelado ou um reconfortante cálice de Merlot. Aplique uma máscara facial e coloque rodelas de pepino ou compressas de chá gelado sobre esses olhos inchados. Passe uma escova nos cabelos ou pelo menos polvilhe as raízes com talco (que disfarça a oleosidade, para você receber o entregador de pizza). Aplique um pouco de brilho de lábios e repita consigo: "Eu estou sensacional" ou "Pelo menos, eu não sou A Covarde".

três

a lista de presença

SABEMOS QUE VOCÊ É SENSACIONAL. Sabemos que em todos os relacionamentos se esforça por ouvir atentamente. Sabemos que é capaz de escolher um modelito qualquer numa arara de liquidação de loja popular e montar uma produção que parece criada pelo estilista mais famoso. Saboreamos refeições deliciosas que preparou de improviso, quando a despensa parecia nua. Vimos você dar um jeito no vírus que contaminava nosso computador. Vimos você calcular nosso Imposto de Renda enquanto chorávamos na espreguiçadeira de seu escritório. Sabemos que você é uma pessoa incrível.

Contudo, no dias seguintes ao Incidente, enquanto se afunda na dor de cotovelo, *em quem você se transformou*? Em alguém que você nunca viu? No Instituto de Pesquisas Avançadas em Relações Desfeitas nós já vimos de tudo.

A PARALÍTICA

Assim que ele saiu, você foi direto se meter sob as cobertas e mal parou para agarrar de passagem uma caixa de minibarras de chocolate. Desligou-se completamente do mundo. Para todos os efeitos, poderia ter despencado dos confins do universo (teria sido preferível, naturalmente). As cortinas estão fechadas. Por mais que se esforce, você não consegue sair da cama. Não quer atender aos telefonemas. Nas três últimas semanas, ligou para o emprego dizendo que está doente. Eles estão começando a achar que você está com alguma doença crônica. Você disse a eles que sim e que a doença se chama dor de cotovelo.

Dentro de você há um poço sem fundo do qual jorram novas lágrimas a intervalos regulares. Quando você acha que já não consegue mais chorar, algo lhe comove e mais uma caixa de lenços de papel encontra um fim prematuro.

Seu pijama está cheirando a suor, mas você já não se importa em lavar a roupa. O cabelo, de tão engordurado, dá para fazer *dreadlocks.* Desde que possa contar com o controle remoto, o micro-ondas e a placa térmica em cima do criado-mudo você acha que vai conseguir sobreviver. No pé da cama está crescendo uma pilha de embalagens vazias de pipoca e de barras de chocolate. Você, que era uma verdadeira *gourmet,* agora faz da comida congelada seu prato forte.

Entre as encomendas de CDs duplos da coleção *100 Love Songs* e a compra de todos os produtos anunciados na tevê, você estourou todos os cartões de crédito. Caso se desse o trabalho de abrir a correspondência, poderia estar informada disso tudo. O carteiro começou a usar sua lata de lixo para colocar as cartas, pois não consegue mais enfiar nenhum aviso de cobrança em sua caixa de correspondência.

A caixa postal de seu telefone está cheia, por isso você nem sabe que a empresa telefônica está ameaçando cortar a linha. Pouco lhe importa que a companhia de água corte o fornecimento: afinal, você não anda tomando banho mesmo. Seus amigos não conseguem falar com você por telefone, e-mail ou fax. Você não responde nem mesmo quando eles chamam do lado de fora da janela de seu quarto. Não compareceu ao aniversário de sua mãe, ao *bar mitzvah* de seu primo, ao *vernissage* de seu irmão. Você simplesmente parou de funcionar.

Está arrasada. Quando ele saiu pela porta não só roubou seu coração como ainda levou consigo toda a sua alegria de viver.

papo de bittergirl

Querida, a gente conhece o quadro. Você se sente como se estivesse sondando as profundezas da alma e não consegue ver claro. Mas, pelo ângulo positivo, este é o ponto mais baixo que irá atingir. Pode parecer um esforço monumental, mas executar uma tarefa por dia para se ligar de novo à realidade irá fazer milagres. Seja deixar que sua melhor amiga entre pela janela e coloque uma toalha molhada em seu rosto marcado de lágrimas, seja ligar a secretária eletrônica e ouvir uma mensagem por dia, fazer uma tarefa de cada vez irá ligar você de novo com a vida que existe do lado de fora da porta de sua casa.

Leila sabe do que estamos falando. Seu homem foi embora certo dia de manhã, levando nas mãos o que guardava na gaveta e o coração dela. Ela não saiu da cama durante alguns dias. Queremos informar com satisfação que ela agora já saiu de dentro do pijama e está de volta à terra dos vivos.

A Pesquisadora

Você está procurando ajuda, procurando respostas, procurando algo para acalmar sua alma ferida. Ele não deu resposta quando você perguntou por quê; então você está em missão para encontrar algo, o que for, que lhe ajude a entender o acontecido.

Você tentou ioga, meditação, chi gong e tai chi. Fez um retiro de silêncio, mas só tinha vontade de gritar. Passou por doze religiões numa semana. Adaptou uma parte da Ave Maria para repeti-la como mantra quando rezar à noite. "Ave Maria, cheia de graça, bendita sejas entre as mulheres. Mas sabeis algo sobre os homens? Orai por mim, agora, na hora da morte de meu coração. Juro sacrificar todas as minhas posses terrenas se o trouxeres de volta para mim."

Você consultou um tarólogo e passou por uma leitura das mãos, um estudo da aura, um realinhamento de chacras. Sua análise grafológica estava perfeitamente sintonizada com a leitura das folhas de chá e o mapa de numerologia que mandou fazer.

Você lê o horóscopo dele todos os dias e compara com o seu, na esperança de que os astros dos dois se alinhem. Recorta os signos ascendentes e descendentes dele para ter certeza de que não perdeu nenhum detalhe.

Comprou dez exemplares do baralho dos anjos para deixar um em cada cômodo da casa. Faz ao I Ching perguntas do gênero: "Será que ele volta?"; "Por que ele foi embora?"; "Como posso fazê-lo se apaixonar de novo por mim?"

Enviou aos amigos e familiares dele um questionário pedindo que opinem sobre como ele define a felicidade.

Vasculhou as revistas de misticismo e conhece cada curso de orientação espiritual que está sendo oferecido no raio de 160 quilômetros. Completou todos os exercícios de seus livros de autoajuda que visem a cultivar a paz no coração. Não vai a parte alguma sem seu diário. Tentou magia negra, afirmações proféticas, pedras mágicas, óleos essenciais e um novo preparado da fitoterapia que supostamente invoca os espíritos dos bem-amados.

Ele destruiu por completo seu sistema de crenças e você está lutando por encontrar algo que o coloque no lugar. Você acreditava em um "nós", "nosso" e "ele". E agora só lhe restaram perguntas.

papo de bittergirl

É uma pesquisa que não tem fim: a busca por algum tipo de resposta ao caso. Como lhe lembraremos repetidamente, nunca há uma resposta clara das causas do ocorrido. Entretanto, na qualidade de pesquisadora, você pelo menos está conseguindo se expor a uma infinidade de costumes e tradições espirituais, ainda que algumas delas sejam um pouco mirabolantes. Veja o caso de Lisa, que se tornou uma dedicada praticante da ioga, enquanto buscava respostas para o fim do romance com Fraser. A prática lhe trouxe um pouco de paz à alma, além de lhe aumentar a flexibilidade, com o que pensou que poderia ganhar de volta o namorado. Na altura em que percebeu que o plano não funcionaria, já tinha se transformado em professora de ioga e estava ajudando outras pessoas a encontrarem a paz interior e o equilíbrio em suas vidas.

bittergirls históricas

Hera, esposa de Zeus

Rainha Elizabeth I

Rainha Elizabeth II

Maria Stuart, rainha da Escócia

Ana Bolena

Rainha Maria I, a Sanguinária

Princesa Diana

Cleópatra

Clitemnestra

Medeia

Lizzie Borden

Dorothy Parker

Sylvia Plath

Maria Callas

A Superbittergirl

Superbittergirl! Você é a super-heroína dos namoros acabados. Ninguém jamais vê sua fragilidade. No minuto em que ele pronuncia as palavras "O problema não é você, sou eu", você suspende a ponte levadiça e ninguém consegue chegar perto de seu castelo. Não haverá lágrimas, nem tentativas patéticas de fazê-lo voltar, nenhuma perda de dignidade a qualquer custo. No momento em que a porta se fecha atrás do detestável rabo dele, você parte para a ação. Respira fundo, muda a mensagem da secretária eletrônica e começa o que considera um processo de cura. Seu objetivo imediato é melhorar. Em tudo. Poucos dias depois de levar um pé na bunda, você consegue conquistar a conta do cliente importante, obter o papel excepcional, ganhar três processos seguidos e realizar cirurgias nunca vistas.

Você decorou de novo a casa, organizou o armário do corredor, trocou os azulejos do banheiro, limpou o entulho das gavetas e promoveu um bazar no quintal cuja renda destinou a fins beneficentes. Ao mesmo tempo está presidindo o Conselho Diretor da sociedade de patrimônio histórico local, lendo para os deficientes visuais e alimentando os desabrigados, enquanto treina para o Iron Man. Seu tema musical agora é "Sou uma rocha, sou uma ilha". A foto dele em sua escrivaninha no trabalho foi substituída por fotos de Joana D'Arc e da Mulher-maravilha.

Quando alguém questiona o término (o que acontecerá, afinal vocês eram um casal perfeito!), você segura a mão da pessoa e garante que foi melhor assim, você está ótima, há tanto para fazer todos os dias que mal tem tempo de respirar.

papo de bittergirl

Queridinha, você é candidata preferencial a uma Crise da Bittergirl. Vai continuar nessa velocidade vertiginosa, recusando-se a reconhecer sua tristeza e decepção, até o dia em que seu suéter favorito encolher na lavagem, você queimar a torrada ou machucar o dedão ao tropeçar. Então sua armadura cuidadosamente construída se derreterá antes que você consiga dizer "Ativar os poderes de bittergirl!" A luta para ser a melhor em todas as frentes não vai abolir o fato de que ele terminou com você. Afinal, você ainda é mais você e provavelmente vai ficar exausta daquela droga de triatletismo. Portanto, dê a si mesma um tempo e um necessário intervalo de repouso.

Rita não se achava digna dele. Se ele era tão fantástico, como poderia amá-la? Então imaginou que iria se tornar a melhor de tudo em sua própria vida. Até um dia perceber que mesmo ela sendo uma especialista em tudo isso, ele ainda não a amava. Aproveite a moral da história dessa bittergirl.

A MODERADA

Também conhecida como "o capacho". A Moderada é prima em primeiro grau da Superbittergirl. Você não está em velocidade desenfreada e de fato, ao vê-la, a maioria das pessoas comenta "Puxa, como você está lidando bem com tudo isso — você é tão moderada!" Não aceita que falem mal dele: ele está passando por um período difícil, ele não sabe o que quer, ele só precisa entender certos aspectos. Não é que esteja buscando um jeito de desculpá-lo; provavelmente você está sendo sincera. É possível que ele esteja passando por um período difícil neste exato instante, sofrendo de menopausa masculina ou questionando a própria sexualidade... No entanto, em vez de ficar zangada com a forma como isso destruiu seu mundo, você é apenas infinitamente, insuportavelmente MODERADA.

"Um relacionamento envolve duas pessoas", dirá você, a rainha da moderação, "e terminar envolve duas pessoas." "Sou tão culpada quanto ele", dirá você calmamente, enquanto empacota e despacha os objetos que ele deixou em sua casa para o novo apartamento de solteiro dele. Se perguntam como você anda, responde sorrindo: "Ótima — melhor do que ele, eu acho... você o viu ultimamente? Não parece muito bem."

Depois de vinte anos de casados, Frank anunciou que estava deixando Norah pela amante dele de longa data. Quando ele avisou que queria a casa de fim de semana para o primeiro feriadão do ano, Norah foi para lá na semana anterior, deu uma faxina geral e abasteceu as prateleiras, inclusive renovando a medicação contra epilepsia que Frank tomava. Norah, Norah, assim também não dá.

papo de bittergirl

A Moderada vai acabar tendo um monumental colapso de BG, que poderá se espalhar por diferentes áreas de sua vida. Ela poderá ter um ataque de fúria no trânsito, de um momento para o outro. Poderá sair atirando a esmo no local de trabalho por não gostar do jeito como três pessoas olharam o gráfico que apresentou na reunião da equipe. Está colocando panos quentes na raiva sentida pela separação e se negando a reconhecer o quanto foi injustiçada. Tudo irá explodir em algum lugar, e você pode apostar seu último centavo que será uma tremenda explosão e totalmente desproporcional.

bittergirls famosas

Patsy Cline

Zelda Fitzgerald

Anjelica Huston

Debbie Reynolds

Cynthia Lennon

Loni Anderson

Mia Farrow

Ellen DeGeneres

Carly Simon

Ivana Trump

Nancy Sinatra

Minnie Driver

Sadie Frost

Roseanna Barr

Lisa "Left Eye" Lopez

Halle Berry

Elizabeth Hurley

A Chorona

Desde o momento em que deram o fora em você, e foi provavelmente um fora em público, você não tem conseguido segurar a enxurrada. Você chora ao ver um casal trocar beijos de despedida no Kiss N' Ride.

Você abre o berreiro ao ouvir uma música na sala de espera do consultório do quiroprático. Fica soluçando na praça da alimentação quando lhe servem arroz grudento, em vez de seus bolinhos prediletos. Quando a loja não tem os scarpins Steve Madden no seu tamanho. Quando vê a primeira estrela do crepúsculo. Quando assiste a *Bambi.*

Em meio à apresentação que está fazendo para o maior cliente de sua agência, vira-se para o diretor de criação e pede: "Pode me substituir por 30 segundos enquanto eu dou uma choradinha?" Você abre as frases observando: "Provavelmente vou chorar quando lhe contar isto...", quer esteja falando da separação ou do boletim meteorológico de longo prazo ou do presente que deu a sua cunhada no aniversário dela. Não há limites para sua capacidade de derramar lágrimas de amargura.

papo de bittergirl

Uma coisa é bancar Holly Hunter em *Nos bastidores da notícia [Broadcast News]*, mas ela tinha o decoro de fechar as cortinas, desligar o telefone e chorar às ocultas. É claro que todo mundo chora, e alguns de nós mais que os outros, porém há limites. É legal quando alguém segura sua mão enquanto você chora, mas quem conseguirá seguir você para todo lado pelas 24 horas do dia? Você não para nunca. Uma coisa é chorar na frente da melhor amiga ou da mãe; outra coisa bem diferente é chorar na frente do gerente do banco. É compreensível você cair no choro ou ficar de olhos marejados no casamento de seu primo ou assistindo à sessão coruja, quando estão passando *Um romance do outro mundo*. Mas não se recomenda estragar a festa de aniversário de 40 anos do marido da melhor amiga ou a celebração do final de campeonato com seus soluços convulsivos. Haverá muitos momentos nesta separação em que o centro dos acontecimentos não é você. E por mais que seja saudável liberar uma parte de suas emoções, há tempo e lugar para tudo. Você já está se sentindo péssima — não precisa acrescentar ao quadro olhos vermelhos, rosto inchado e nariz escorrendo. Não dá para usar óculos escuros todos os dias e todas as horas. Eles não combinam com um exame ginecológico ou uma entrevista com a professora de seu filho. Se você tem necessidade de uma choradeira pública, faça uma sessão de massagem ou participe de uma oficina de terapia grupal do grito primal e solte a voz.

Mártir Superocupada

Sua agenda se parece com isso?

7h30 hora de acordar.
8h preparar lanche para escola, café da manhã do filho, café para você.
8h30 levar o filho para a escola.
9h correr para a academia.
11h sair correndo da academia, pegar o carro e voar para a reunião das 11h15 com a mulher de quem espera obter um contrato.
12h voltar de carro para a escola — dia de trabalho voluntário na biblioteca.
14h de novo em casa! ouvir os recados, preparar o jantar para filho e babá.
15h vestir-se para trabalhar, sair correndo com um sanduíche de creme de amendoim na mão.
15h30 trabalhar até 21h.
21h30 casa, pagar babá, colocá-la num táxi.
22h ajeitar casa, lavar louça do jantar, dar uma olhada no filho.
22h30 responder recados da secretária eletrônica, preparar burocracia de amanhã, conferir agenda, arrumar mochila escolar do filho, conferir dever de casa, botar a mesa do café para amanhã.
23h colocar na lareira suéter azul que tricotou para ele, regar com fluido de isqueiro, riscar fósforo.
23h45 servir uma dose de uísque puro.
00h entrar no banho e chorar.
00h30 sabonete derreteu em sua mão. Batida na porta do banheiro: "Mamãe, eu quero água."

00h35 colocar filho na cama; você encharcada, toalha caindo.

00h45 desmaiar na própria cama.

7h acordar toda dura. O cabelo molhado secou embaraçado. Saliva ressecada nos cantos da boca...

Querida, meu bem — você já reparou que está virando a Mártir Superocupada? Não tem tempo para sentir emoções, precisa chegar cedo na reunião. Uma de suas rodas quebrou o raio, mas você não pode parar para consertar. A Superocupada não está na mesma missão de super-heroína da Superbittergirl. A missão da Superocupada é altruísta. Ela precisa ter certeza de que ninguém a seu redor está sofrendo as consequências funestas de sua separação. E as bittergirls detestam generalizar, mas a Superocupada geralmente é mãe. Ela precisa garantir que os filhos não só estão passando bem, mas ainda por cima desabrochando. Não basta botar comida na mesa toda noite; a comida também precisa incluir cada um dos cinco grupos alimentares básicos e ainda por cima ser uma das melhores refeições que eles já comeram.

Conhecemos uma Superocupada que agendou sua recuperação do fora para o fim de semana que as crianças fossem passar com o pai. A Superocupada vai deixar em suspenso seu sonho para garantir a realização de todos os sonhos alheios. Se não tomar cuidado, a Superocupada se transformará na Ultrabittergirl. Ou deixará todos a seu redor paralisados porque nunca serão capazes de alcançar o nível de perfeição que ela espera deles. Ou, quando os filhos deixarem a perfeita casa dela para cair no mundo, ela ficará sem um objetivo em que se concentrar, porque sempre se concentrou na prole e nunca em si mesma.

papo de bittergirl

Puxa, Superocupada, deixe de lado o celular, a espátula de confeitar, o horário das aulas de teclado. Trate de lidar com uma parte da raiva e do medo e da decepção que está sentindo. Não passe pelo processo da separação como se esta fosse uma apresentação de slides em PowerPoint. Às vezes, as pessoas que lhe cercam não precisam que a vida seja perfeita, só precisam que ela seja explorada. O fato de ele ter alterado os planos que você traçou para os próximos dez anos não significa que você precise impor um novo plano a seus filhos. Deixe que eles compartilhem de sua jornada. Aquele homem já lhe tomou a essência e possivelmente a fé no futuro, mas não deixe que leve consigo aquela você que todos conhecem e amam. Alimente os sonhos que sempre teve e não os exclua da agenda de sua vida. Depois convide as BGs para jantar em sua casa — dizem que você é a melhor cozinheira das redondezas.

bittergirls na ficção

Miss Piggy

Telma e Louise

Cathy, de *O morro dos ventos uivantes*

Blanche Dubois, de *Um bonde chamado Desejo*

Amanda Wingfield, de *Algemas de cristal*

a personagem de Glenn Close em *Atração fatal*

a personagem de Glenn Close em *Ligações perigosas*

Nora Desmond, de *Crepúsculo dos deuses*

Joan Crawford em *Alma em suplício* [*Mildred Pierce*]

a madrasta má de *Branca de Neve*

Selma e Patty Bouvier, de *Os Simpsons*

a Lucy, de *Peanuts*

A Zangada

No momento em que ele terminou com você, uma bola de raiva surgiu em seu lugar. Grrr!, você está com raiva do mundo. Você se levanta e, de punho cerrado, ameaça a tudo e a todos. Até o valentão do bairro iria se encolher de medo se você cruzasse o caminho dele. Cada vez em que pensa nele, atiça o fogo de sua fúria. Mas por não poder vingar-se, você desconta no guarda da esquina, no seu assistente executivo, no seu contador, no seu pai.

Deixa mensagens furiosas na secretária eletrônica dele, ameaçando sabotar sua vida. Encomenda amostras grátis de fraldas para serem entregues no escritório dele. Renova a assinatura da revista que ele não lê e liga para o corretor na bolsa de valores mandando vender todas as ações valiosas que ele possui. Nas conversas informais, usa tantos palavrões para falar dele que o ouvinte de passagem vai pensar que você está sofrendo do mal de Tourette.*

Você fala mal dele tão abertamente que já lhe ofereceram a chance de apresentar um esquete no clube de comédia local. Seus melhores amigos têm medo de telefonar porque sempre que tentam argumentar, você os agride. Quando uma criança

* Patologia que leva o indivíduo a usar a uma linguagem obscena.(*N. da T.*)

faz pirraça na fila do banco você grita para a mãe: "Vá fazer um curso de educação infantil!"

O caixa do mercadinho anuncia em voz baixa o total de sua despesa, para não a ofender. Semana passada, testemunharam sua ira quando a meiga Katie se enganou no preço da berinjela. O entregador de pizza pede pelo telefone o número de seu cartão de crédito. Quando traz a encomenda, toca a campainha do apartamento, deixa a pizza dentro do saguão e corre de volta para o carro, para a eventualidade de que a pizza não esteja tão fininha quanto você gosta. Você quer ver alguém pagar por seu sofrimento e de modo algum baixará a guarda de sua raiva por um momento que seja. Ele causou esse desastre e ele provocou esse caos no mundo. É problema dele. Devia ter pensado na repercussão.

papo de bittergirl

Veja bem, todas nós já chamamos o ex de f.d.p. e todas nos revoltamos contra o mundo. A raiva é uma parte integral do processo de cura. Lembre-se de que você está um pouco fora de si neste momento. Essa imensa bola de fúria que ocupou sua alma está respirando fogo em cima de muita gente que você ama e também em cima de todos os espectadores inocentes. A raiva é positiva, mas você poderá perfeitamente canalizá-la para uma história de sucesso.

A Escapista

Ele terminou com você ontem e hoje você já foi embora da cidade. Aceitou um trabalho como voluntária para levar suprimentos a um país do Terceiro Mundo. Empolgou-se com a possibilidade de trabalhar numa linha marítima que faz viagens pelo oceano Pacífico. Mergulhou numa nova vida como se fosse a vida que estava destinada o tempo todo. E ele? Ele quem? Você faz novos amigos, cria novos passatempos, mergulha neste novo ambiente, apagando convenientemente todas as conexões que tinha com ele.

Quando as pessoas de sua antiga vida tentam fazer contato, você evita os telefonemas delas. Mantém-se afastada de tudo que possa lembrar dele ou dos anos que passaram juntos. É como se alguém tivesse invadido seu cérebro e roubado o chip de memória em que ele estava.

Já que ele deixou sua vida, você também quer fugir para o lugar mais distante possível. Se ele pode fugir, por que você não pode?

papo de bittergirl

Se você está fugindo do país ou mesmo da cidade onde aconteceu o Incidente, é possível que esteja na modalidade da fuga. Todos nós precisamos de um pouco de negação, de fuga do mundo. Mas a realidade da situação sempre voltará para assombrá-la, seja na próxima semana ou dentro de alguns anos. A certa altura, sendo o mundo tão pequeno, virá o momento em que já não conseguirá fugir de si própria. Aí perceberá o quanto seus amigos são importantes, o quanto sua casa pode ser acolhedora e como a vida que costumava viver tem a oferecer muitas dádivas valiosas (com exceção dele, é claro).

A Promíscua

Ele terminou com você na mesa de restaurante ou num banco de parque ou na nova espreguiçadeira que comprou para o dia dos namorados do ano passado e dentro de cinco minutos (ou talvez dentro de um dia ou dois) você está na mesma mesa, no mesmo banco ou espreguiçadeira com Jacques, o garçom gostoso, fazendo caras e bocas e dando uns amassos. Jacques lhe satisfaz durante algum tempo, mas depois você se distrai com o misterioso músico que toca folk no barzinho de seu irmão. Na cama, ele é um furacão, mas quando precisa sair em turnê você não fica chateada, porque vai sair sexta-feira à noite com Téo, o designer gráfico com quem trabalhou no mês passado. Téo acaba se revelando um incurável romântico. Ele a convida para jantar com vinho e não parece aborrecido de que você esteja sendo azarada pelo amigo dele, o Jonni (com i). Jonni é um cara ciumento, portanto você decide que é melhor não sair de novo com nenhum dos dois. Ah, sozinha por um minuto? Não, o Piero está a caminho para levá-la ao clube de golfe, onde jantarão de frente para o gramado.

Sua melhor amiga telefona para ver se você está bem. "Bem com o quê?", você diria.

papo de bittergirl

A exemplo da Escapista, você acabará sendo atropelada pelo problema. Talvez um dia o Piero telefone cancelando o compromisso e a história sórdida vivida por você com seu ex virá atingi-la como um engavetamento na rodovia. Por vezes convém reservar um momento, examinar a situação e resolvê-la, antes de se aventurar por territórios inexplorados.

A Compulsiva

Do jeito que for, ao preço que for, você está decidida a preencher o vazio deixado por ele. Seu apetite é insaciável. Você come e come e come. Tudo tem um sabor tão bom e você encontra um imenso conforto na emoção das papilas gustativas. Não consegue se deter numa taça de vinho: antes de perceber, já terminou a garrafa e está chegando à terceira. As amigas, espantadas, veem você entornar seis martínis, quando antes um só já bastava para lhe derrubar.

Fazer compras é uma poção mágica. Cada vez que você faz uma aquisição, o tilintar da caixa registradora libera endorfinas em seu corpo. Você curte o barato até cair de novo e precisar correr para a próxima butique. Você comprou centenas de novas produções para seu novo eu. Comprou de tudo, desde a combinação básica de camiseta branca e jeans até os acessórios mais exóticos. Nada lhe deixa satisfeita. Você precisa daquele cinto de contas feito a mão, da saia de bordado colorido, da blusa transparente rosa-shocking que anuncia sua entrada no recinto.

Você é a suprema consumidora. Na cúpula das agências, em toda parte, os executivos de publicidade babam por mulheres como você. Ao ver o comercial em que um casal sorri, sonhador, você imediatamente troca a marca do seu absorvente. Suas coleções de CDs e DVDs se multiplicaram exponencialmente. Você tem um novo jogo de pratos para combinar com os talheres que comprou por impulso. Suas toalhas de mesa não combinam, logo você terá de comprar, é claro, uma estampa inteiramente diferente. Na Pottery Barn você se admira com a quantidade de coisas sem as quais tem vivido. Trocou todas as molduras velhas e gastas onde outrora se abrigavam seus quadros, comprou novos tapetes separados para a sala de estar e a sala de jantar e como os rolos das janelas estavam um pouco esgarçados, mandou substituí-los por novas persianas de madeira. Seu novo conjunto de sofás ficou maravilhoso com a mesinha de centro de mogno que mandou fazer sob medida.

Ele terminou a relação e deixou um enorme buraco. E você está pronta a fazer o impossível para tapá-lo.

papo de bittergirl

Fazer compras é superdivertido, não é? Nós adoramos e pode ser a melhor das terapias. Mas se você continuar nesse ritmo não só precisará fazer terapia de verdade, como ainda irá à falência. Como veremos mais adiante, as aparências são importantes e é ótimo ter roupas lindas e confortáveis para se sentir bem. Mas pergunte a si mesma se precisa de 89 looks e, caso precise, onde está planejando usá-las?

CLICHÊ? NÓS ACHAMOS QUE NÃO

Antes de continuar lendo, saiba que não, você não é um clichê. Esses arquétipos já existem há milhares de anos. Hieróglifos egípcios encontrados debaixo do palácio místico de Cartum nos dizem claramente que a rainha Titencamum (uma rainha egípcia pouco conhecida) tornou-se uma Zangada quando descobriu que o marido levaria consigo para a vida póstuma três escravas domésticas núbeis, deixando-a de guarda na entrada do túmulo dele.

Pelo menos, na atualidade, dá para saber de cara quando estão nos dando o fora. Nos pouco conhecidos diários da mulher de Samuel Pepys* ela escreve que sua melhor amiga foi abandonada pelo marido via mensageiro. Este viajou seis meses cruzando os mares para dar a má notícia. Algum dia você

---

* (1633-1703) Autor de *Diários*, que retratam a vida londrina. (*N. da T.*)

se perguntou de onde surgiu a frase "Não mate o mensageiro"? Pois surgiu da Zangada.

A ESCALAÇÃO DO TIME DA BITTERGIRL

Então, agora pelo menos você sabe quem é. Agora pode escalar seu time adequadamente. O que queremos dizer com escalar seu time? Bem, é como nos esportes, só que desta vez não há o risco de ser escolhida por último. Você é a capitã do time e é quem dá as cartas. Precisa de um ataque forte e de uma sólida defesa. Precisa de planos e estratégias de jogo. E o que espera ganhar? Seu eu completo, juntamente com o crachá de bittergirl.

Eis aqui seu plano de jogo. Preencher as vagas escolhendo entre suas melhores bitter-amigas. Ora, você não precisa necessariamente de seis pessoas. Pode ter duas ou pode ter 40, mas decididamente precisa de uma equipe. Algumas vezes os membros da equipe se revezarão nas posições ou trocarão do ataque para a defesa e de novo para o ataque, numa mesma noite. Por vezes você terá uma melhor bitter-amiga de ânimo resoluto que preencha sozinha todas as posições. Não importa como esteja constituído, seu time se coloca à sua frente e joga por você durante esses tempos difíceis.

O que é uma MBA?

A Melhor Bitter-Amiga é alguém que não critica você nem lhe impõe como deve se sentir. Ela sabe que os sentimentos são fatos. Se você os tem, eles são sua verdade e devem ser respeitados. Suas MBAs lhe ouvem, lhe dão apoio e fazem qualquer esforço para protegê-la e ajudá-la durante seu mo-

Seu Time Bittergirl

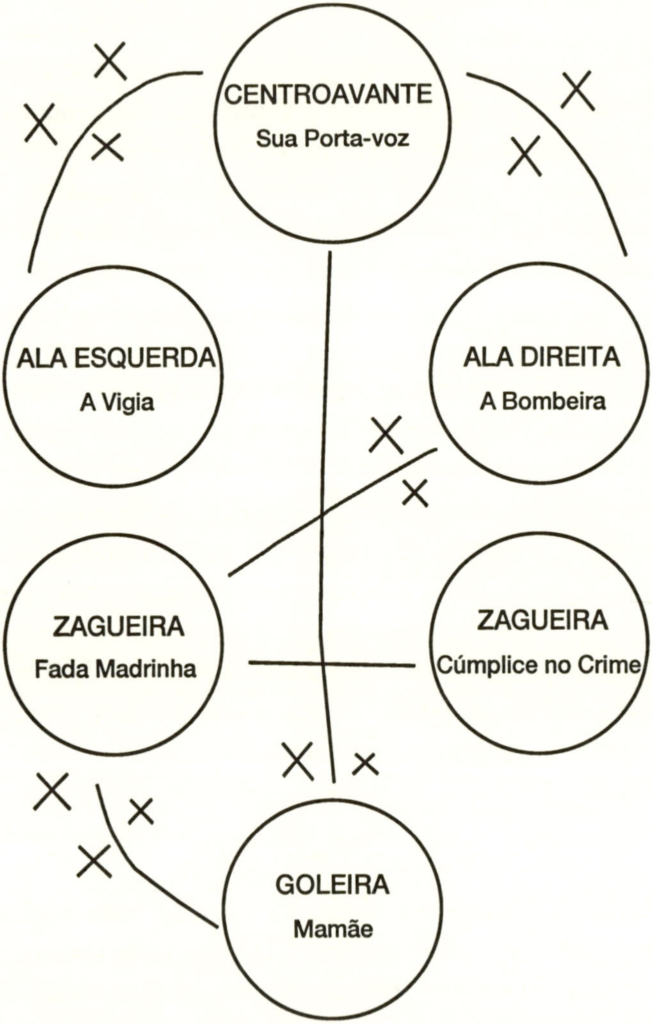

mento de crise. Mas não porque precisem encampar seu drama! Ela são bittergirls de coração e também estiveram nas trincheiras.

Ainda que seja bastante comum as MBAs serem suas amigas ou familiares, elas podem se manifestar nos lugares mais inesperados. A pessoa que passeia o cachorro para você, a guarda de trânsito da porta da escola de seu filho, a lacônica funcionária do treinamento do setor de RH a quem você sempre sorri na hora do cafezinho. Ouça seus instintos e você reconhecerá suas MBAs onde quer que estejam. E ocasionalmente, sim, ocasionalmente, elas poderão até ser do sexo masculino.

Sua *Centroavante* é a porta-voz. Quando você não tiver forças para telefonar e cancelar a reunião com o contador, para preenchimento do Imposto de Renda do casal, sua Centroavante fará o telefonema ou comparecerá em seu lugar com todos os extratos de bancos e contracheques em ordem. Ela telefonará para seu amplo círculo de amigos para você não precisar fazê-lo. Ela é a interface pública de sua separação e irá impulsionar sua vida, ainda que você mesma talvez esteja estagnada. Grande garota!

As duas alas têm funções muito distintas. Sua *Ala Direita*, sua Bombeira, joga no ataque. Ela apaga incêndios, toma decisões, liga para o banco e para a companhia telefônica — tudo que é mundano com que você possivelmente é incapaz de lidar porque não consegue levantar a cabeça. Ela localiza as cobranças de pagamento atrasado enfiadas em sua caixa de correspondência e nota que a lâmpada de sua varanda da frente está queimada. Então toma providências concretas a respeito.

A *Ala Esquerda* é sua Vigia, sua Sentinela. Ela evita desastres em potencial certificando-se de que ele não esteja em nenhum lugar aonde você deseja ir. No momento em que você emerge do casulo e vai a uma loja local de bebidas, ela telefona para lhe avisar que a barra está limpa (função particularmente valiosa se ele não se mudou do bairro onde você mora). E quando você finalmente resolve voltar a circular, ela vai à frente do time.

Essa linha deve dar a você uma cobertura ofensiva.

E quanto à defesa? Estes são seus protetores ferozmente leais. Vamos começar com suas duas posições de *Defesa*. De um lado está a sua Maior Fã, também conhecida como sua Fada Madrinha. Ela é o vento sob suas asas. Ela lhe recorda todas as boas qualidades que todos amam em você. Quando a encontra, ela sorri e diz o quanto você está linda. Traz para você seus doces favoritos daquela confeitaria aonde já não consegue ir porque não sai de casa. Cuida de você como de um jardim, abraçando-a e deixando que chore como um bebê, enquanto enxuga suas lágrimas e concorda com um gesto de cabeça. Ela é a personificação do amor incondicional: aquela que troca seus lençóis e limpa seu ambiente enquanto você se debate no inferno dos corações partidos. A presença dela é comparável a um edredom fofinho. Prepara chocolate quente às três da madrugada e dorme na mesma cama, para que você não precise ficar sozinha. Deixa-lhe bilhetinhos na porta da geladeira para lembrar o quanto todo mundo lhe quer bem. Ela é a Fada Madrinha porque aparece como por encanto, toda vez em que você precisa dela. E você realmente precisa dela.

O companheiro de Mel chegou em casa certa noite com uma surpresa: queria que ela se mudasse. Enquanto ela recebia a novidade dele, o telefone tocou. Era a melhor amiga dela, Ali. Com voz trêmula, Mel disse "alô" e Ali percebeu imediatamente:

— Você está bem?

— Não.

— É o Jimmy?

— É.

— Ele está terminando com você?

— Está!

— Pegue um táxi e venha para cá; você pode ficar aqui em casa e eu passo aí amanhã para buscar suas coisas.

— Tudo bem. Até logo.

Mel virou-se para Jimmy e disse:

— Era a Ali; ela está sabendo de tudo; vou ficar na casa dela até achar apartamento para mim.

Jimmy nunca conseguiu entender como Ali soube dos acontecimentos praticamente antes dele. Ali é a Fada Madrinha de Mel.

Ora, sua outra posição de defesa é sua Cúmplice no Crime. Que outra pessoa lhe sustentaria a cabeça enquanto você vomita? Quem mais tomaria aqueles dois litros de vinho barato em um dia de semana, só para lhe fazer companhia? Sua CNC pode fazer você rir nesses tempos sombrios. Sem dúvida tem índole travessa e é provavelmente a única integrante do time com quem você conta para participar de algum ato de Doce Vingança Amarga. Ela é também a única pessoa autorizada a falar mal dele: goza de imunidade porque fará isso com senso de humor e de tequila em punho. E nunca lhe dará a impressão de estar criticando a você e à escolha que fez.

Quando Mike largou Sarah e as crianças, ela não conseguia achar um jeito de dar a notícia a sua MBA Mona, residente na Costa Oeste. Portanto, mandou-lhe um cartão-postal em que escreveu: "Bem, já tive dias melhores: estou com candidíase, o micro-ondas queimou e o Mike me largou. Beijos, Sarah." Três dias depois, ao chegar em casa, encontrou um recado na secretária eletrônica:

— Ih, Sarah, que azar! O micro-ondas queimou?

Dias depois chegou por correio uma passagem de avião para a Costa Oeste. Mona é a Cúmplice no Crime de Sarah.

E finalmente temos a *Goleira*, também conhecida como Mamãe. Ela é a sua última e melhor linha de defesa contra o mundo frio e cruel. Ela pode ser de fato sua mãe, mas não necessariamente. A Suprema Narradora da Verdade, ela dirá a todos os que lhe cercam exatamente o que você precisa que diga e eles darão ouvidos. Ela também é a única que sabe seu momento de estar pronta a ouvir a verdade sem retoques e é a única a quem você será capaz de ouvir. Ela vai deixar que leve o tempo necessário, por mais longo que este precise ser e ouvirá com paciência. "Eu podia ter mudado de emprego... podia ter ido morar em Halifax... podia ter fugido com o circo... podia ter viajado nas férias..." E exatamente no momento certo lhe dirá "ou podia esquecê-lo". Que será exatamente o que você precisa ouvir.

Muito bem, querida, você já escalou seu time. Agora precisa estabelecer as regras do (des)encontro.

Regras do desencontro

Regra 1: explorar o poço da amizade

Você vai tirar partido de seu time. Durante algum tempo será uma relação unilateral, porque, francamente, neste exato momento você não tem muito para dar. Está carente e vai se atirar a cada gota de carinho que vier em sua direção. Afinal, essas são suas MBAs e há dois anos você fez parte do time da Elisa e dentro de seis meses Patty talvez venha a precisar de você. No entanto, lembre-se que, ao escolhê-las para serem seu time, você deu permissão para elas dizerem a verdade. Você tem de ouvi-las — elas são o seu time.

Regra 2: é proibido difamar

Suas MBAs não podem nem mencioná-lo, a não ser que você aborde o assunto. E uma vez aberta a porta, somente a CNC e a Goleira poderão falar mal dele. Você já está questionando tudo o que pensava que sabia sobre seu relacionamento; aliás, sobre sua vida inteira. A última hipótese que você precisa cogitar é se suas amigas algum dia gostaram dele, para começo de conversa.

Regra 3: identifique os íntimos e os periféricos

Talvez Miranda, a esteticista, seja parte de seu círculo de íntimos, mas Solange, a cabeleireira, está tão distante de seu círculo externo que você não deseja vê-la se apossar de qualquer material com potencial de virar fofoca. Se seu time souber quem são os amigos, poderá filtrar os telefonemas e lidar com os candidatos a íntimos que desejam vê-la surtar num programa de bizarrices na tevê.

Regra 4: estabeleça suas linhas de defesa

Esta regra pode ir mudando com o passar do tempo, mas você deve sempre manter o time informado de seu paradeiro e de suas intenções: o que você quer que os outros pensem sobre a separação? O que deseja compartilhar com o público? Isto é especialmente importante para o Centro. Se isso fosse um comunicado à imprensa, em que termos você gostaria que fosse escrito? Que abordagem gostaria de adotar? Como conversaremos mais adiante, lembre-se de que menos é mais. O mundo não precisa ficar sabendo de muita coisa, além do fato de vocês já não estarem juntos. O time pode se concentrar no quanto você é fantástica, ainda que tenham acabado de deixá-la na cama, de bruços e com as mesmas calças compridas de malha que não troca há três dias.

Veja em seguida alguns bem-sucedidos resumos da história de uma bittergirl, que você talvez queira experimentar para ver se lhe servem:

> "Ela está ótima! Você devia ver o novo apartamento dela — finalmente resolveu pintar a cozinha daquele laranja toscano de que tanto gosta."
>
> "Ela está muito bem! Vai com a Jenny à Espanha, fazer o caminho de Santiago, no mês que vem."
>
> "Ela está ótima! Acaba de ser chamada para um documentário sobre mães que trabalham fora e são bem-sucedidas na profissão."
>
> "Ela está ótima! já perdeu quase oito centímetros de quadris depois que começou a correr."

A ideia é levar o assunto para longe de término e focar em algo positivo. O seu time pode jogar com a verdade da maneira como bem entender — afinal, é basicamente verdade, certo?

Regra 5: qual é a sua frase feita?

Esta é a parte difícil, para a qual você mais precisa contar com a ajuda de seu time. Você já preparou o *press release* que usarão; agora é hora de decidir o que você quer dizer. Sugerimos uma frase de três palavras. Curta, simples e objetiva.

— Nós nos separamos.

— Ele terminou comigo.

— Está tudo acabado.

— Eu estou ótima.

— Daniel? Que Daniel?

A frase atende a dois objetivos: ela comunica aos demais o que aconteceu e ajuda você a se habituar à ideia de que já não faz parte de um casal. Também é uma afirmação positiva. Portanto, embora uma frase como "Ele me f..." atenda aos parâmetros básicos, irá mais provavelmente derrubá-la que edificá-la, e decididamente deixará a questão aberta às mentes curiosas.

Quando Luke abandonou Sally, ela recebeu um bom conselho de uma MBA que lhe recomendou ficar repetindo "Ele me largou" até conseguir dizer a frase sem chorar. Levou algumas semanas, mas depois de um tempo ela conseguiu dizê-la com um sorriso. Mais tarde alguém contou a Sally que achou fantástico vê-la dizer ao mundo, sem hesitações, quem largou quem. Portanto, aquilo que a princípio fez ela sentir-se derrotada, transformou-se depois numa afirmação extremamente poderosa. Uma MBA sensacional e uma frase de arrebentar.

tarefas para a bittergirl

1. Escreva sua própria versão Esta é sua chance única: escreva sua versão. Não imponha limites. Relate todas as injustiças, as desculpas esfarrapadas, a história que fez você se sentir um fracasso. Não se importe com a gramática ou a ortografia. Ninguém está lhe atribuindo nota por isso. É como um fluxo de consciência — ponha tudo para fora, amiga. Você pode subir no banquinho do bar e ler aos berros para seu time; pode ler em voz alta para o espelho do banheiro e depois queimar as páginas; pode fazer uma leitura silenciosa para si mesma com uma garrafa de tequila — seja qual for a abordagem, é sua versão da história.

Você poderia começá-la com algumas frases simples como:

Eu achei que ele era o homem certo...

Fomos namorados durante 16 anos...

Eu não o segurei com muita força. Ele desistiu...

Foi ele quem me convenceu a me apaixonar...

Eu costumava sair com um supermodelo em Milão, sabe como é...

Há dois anos eu quis terminar o namoro e aquele cachorro me convenceu a continuar...

Todo mundo diz que eu sou a melhor coisa que já aconteceu com ele...

2. Pratique sua frase Comece em pequena escala. Com o espelho. Com seu ursinho de pelúcia. Com seu gato, seu cachorro, sua lagartixa. Passe então ao nível seguinte. Comece no telefone com um operador de telemarketing. Serviços de cobrança informatizada no começo, depois seu irmão, sua tia, seu pai. Logo você poderá se aventurar pelo mundo exterior — um passinho de cada vez. É a prática que conduz à perfeição.

3. Simulação de jogos Ensaie algumas cenas com seu time, em torno de uma garrafa de vinho. Defina o cenário. Vocês estão num bar. Dois jogadores do time estão com você. Ele entra no recinto. Estabeleça sua estratégia. Quem faz o quê? Quem gerencia a interferência? Quem está tomando conta do gol? Ou então, seu time e você vão se encontrar para o almoço; eles se sentam e descobrem que a nova mulher da vida dele está na mesa ao lado. Eles conhecem a rotina? Puseram na discagem automática o número de seu celular?

4. Pratiquem o tempo todo! Passe um dever de casa para os membros de sua equipe. Eles precisam praticar à perfeição as falas *deles*. Confie nas bittergirls, elas serão postas à prova.

quatro

fase de recuperação pós-término

Olhe só para você. Está se saindo superbem, considerando que sua vida virou do avesso. Você reconstituiu a cena do Incidente, deu nome ao criminoso, respondeu à chamada e, ao longo do caminho, conseguiu até rir um pouco.

Consciente ou não do fato, está entrando nos estágios iniciais da Fase de Recuperação Pós-término, também conhecida como FRPT. Mas não se deixe enganar pela palavra *recuperação*. Neste exato momento você está no estágio mais incipiente do FRPT: a fase imediatamente posterior ao Incidente. Este é um território perigoso, é o período no qual mais necessidade terá de suas MBAs.

Sim, está decidida a manter a dignidade e o orgulho, a atravessar sorridente e de cabeça erguida essa provação. Afinal, você é um honrado membro da sociedade, não é? Conta com suas MBAs, está fazendo um esforço genuíno para se sentir melhor em relação às circunstâncias. Nós sabemos disso e a respeitamos pelo empenho, mas durante o FRPT nunca subestime o momento de fraqueza que pode atingi-la quando menos espera. Quer ele tenha sido o Desaparecido, o Gatilho ou o Covarde, não há como prever o que pode acontecer na fração de segundo em que suas defesas perderem o poder e sua carapaça vulnerável sofrer uma fissura quase invisível.

Este capítulo trata de prepará-la para os sinais de perigo internacionalmente reconhecidos que geralmente ocorrem durante o FRPT. Trata da instauração de um infalível sistema de apoio capaz de ajudar você a manter a dignidade mesmo quando suas MBAs não estiverem perto para protegê-la. Essas salvaguardas podem parecer completamente injustificadas à luz do dia, quando você acaba de chegar de uma excelente sessão de ginástica na academia ou esteve azarando o motorista novato de sua linha de ônibus ou quando seu filho acaba de receber um boletim cheio de notas altas e você se reconhece um sucesso em matéria de mãe solteira. Mas você irá agradecer às bittergirls quando estiver chorando abraçada ao travesseiro às três da madrugada escura e chuvosa ou estiver na banheira terminando uma garrafa de vinho e a água esfriar antes de você conseguir sair do banho ou quando estiver voltando da festa para casa e se apanhar andando descalça perto da nova casa dele.

Acredite nas bittergirls: durante os estágios iniciais do FRPT *tudo* pode acontecer.

Quem imaginaria que uma canção do grupo Crowded House (que, aliás, Cara e Liam *nunca* ouviam durante os cinco anos de seu relacionamento) motivaria Cara a saltar do táxi para o meio-fio onde se sentou aos prantos, tentando desesperadamente discar o número do telefone da casa dos pais de Liam? A ela pareceu perfeitamente normal na ocasião ligar para eles à meia-noite de uma terça-feira para saber o que deu em Liam ou se algum dia ele voltaria para ela. Por sorte de Cara, Susie estava em sua companhia e reconheceu os sinais de perigo, confiscou o celular, parou outro táxi, levou-a até em casa e meteu-a na cama, sem álcool nem telefonemas.

Os sinais de perigos são muitos, demasiado numerosos para se colocar numa lista completa; portanto, fizemos um resumo dos tomos do Instituto de Pesquisas Avançadas em Relações Desfeitas e apresentamos os dez principais.

os dez principais sinais de perigo internacionalmente reconhecidos

1. Necessidade desesperada de comer chocolate.
2. Capacidade de tomar uísque em generosas quantidades sem se embriagar.
3. Urgente necessidade de destruir a propriedade pessoal dele, seguida de tentativas desesperadas de consertar tudo.
4. Conferir a cada dois minutos a caixa de mensagens, para ver se ele telefonou.
5. Impulso incontrolável de se esconder nas moitas do jardim dele à meia-noite, para ver se ele volta para casa sozinho.
6. Telefonar para o escritório dele depois do expediente só para ouvir a voz dele na secretária eletrônica.
7. Contratar um monomotor para escrever no céu "POR FAVOR, volta para mim".

8. Pagar um anúncio na estação de rádio local para enviar mensagens a ele.
9. Disparar o alarme de incêndio do prédio onde ele mora só para poder vê-lo.
10. Incapacidade de terminar uma frase sem dizer o nome dele.

Agora que você está ciente dos dez mais importantes sinais de perigo internacionalmente conhecidos, não fique pensando que poderá facilmente evitá-los. Se for absolutamente necessário incorrer em um ou mais dos SPIRs, procure fazê-los na sua privacidade ou só na presença de suas MBAs. Chamamos isto de Manter as Aparências.

Manter as aparências

MAA é um dos aspectos mais cruciais do FRPT. Sim, você talvez já tenha tido alguns lampejos — o pequeno incidente de pranto público junto à prateleira de contraconceptivos da farmácia, a vez em que você foi sozinha ao McDonald's com os cabelos sujos e sem sutiã ou o dia em que surtou e ficou aos gritos com a desconhecida parada na porta dele às quatro da madrugada, até perceber que se tratava da entregadora do jornal. Isso se aceita *uma vez*, mas nossa ideia é tentar manter confinadas ao âmbito da companhia segura essas explosões tão inevitáveis e muito emotivas. Manter as Aparências é uma medida que mantém funcionando sua vida pública, enquanto sua vida particular se desagrega como uma panqueca murcha de batatas.

Pois bem, talvez você esteja pensando que nunca mais vai sair de casa voluntariamente. Mas sairá, e para isso precisará das medidas emergenciais de segurança. Essas medidas poderão salvá-la do constrangimento de aparecer às duas da manhã na porta da frente da recém-adquirida casa dele, levando uma nova linha de antialérgicos, porque sabe que a alergia o atormenta nessa época do ano. Ou fazer os biscoitos favoritos dele e invadir uma reunião decisiva do Conselho Diretor da empresa onde ele trabalha. Ou acordar de ressaca na manhã de quinta-feira, com o fone alojado no ombro e a insistente sensação de ter telefonado para ele e dito palavras de que decididamente se arrependerá.

"Na verdade", você provavelmente está dizendo "acho que tudo está sob controle. Sei que me sinto pior quando falo com ele, logo eu não deveria falar." Mas, cá entre nós, conforme as bittergirls sabem por dolorosa experiência própria, você nunca pode imaginar quando os hormônios, as bebidas alcoólicas, o chocolate, as lembranças, a solidão ou a sede de sangue irão dominá-la e empurrá-la em direção ao quase desastre. Você talvez ache que sua vontade férrea jamais cederá sob a pressão, porém, até o ferro, quando suficientemente aquecido, acaba por se dobrar, se derreter e formar uma poça. E quanto menos tempo você passar em forma de poça, melhor.

A verdade é que no período imediatamente posterior ao término, você sentirá falta dele. Até os mais ridículos fragmentos da vida que nada têm a ver com ele irão trazê-lo todos os dias à sua recordação. Você terá a sensação de que seu mundo acabou, de que jamais conseguirá esquecer a separação ou mesmo esquecê-lo, de que a vida é extremamente injusta. Você jura que nunca mais se deixará ferir assim. De fato, você talvez nunca mais volte a amar.

Todos esses sentimentos e milhões de outros associados ao final de um relacionamento irão se alterar e flutuar dependendo das fases da lua, das notícias, de você ter ou não na geladeira aquele sorvete de chocolate com marshmallow. Segundo o Instituto de Pesquisas Avançadas em Relações Desfeitas, o estresse emocional vivenciado por uma mulher depois do término de uma relação só é menor do que a dor de perder uma pessoa amada. E veja bem, você acabou de ficar sem o amado. Ele só não está morto. Agora, talvez esta pílula seja amarga de engolir, mas nós, as bittergirls, estamos aqui para lembrar-lhe a notícia boa desses tempos horríveis: seu coração ainda está batendo. Com certeza, talvez um pouco fraco, mas com a ajuda das Medidas Emergenciais de Segurança e o Contrato que se segue, pouco a pouco ele voltará a ficar cheio e vibrante (um vibrador também pode ajudar no caso).

Este é o capítulo AO QUAL VOCÊ DEVE VOLTAR quando tudo estiver desabando. E em algum momento, amiga, tudo vai desabar mesmo. Entretanto, se você puser em funcionamento essas provisões estará ajudando a si própria antes mesmo de saber que vai precisar.

MEDIDAS EMERGENCIAIS DE SEGURANÇA

Essas coisas indispensáveis poderão ajudá-la a atravessar a urgência da Fase de Recuperação Pós-Término. Esse sistema de prevenção existe para lhe permitir suportar qualquer viagem prolongada ao País dos Solitários.

Zona telefônica

Embora seja uma ferramenta extremamente conveniente para a comunicação, o telefone também pode ser um instrumento de devastação durante a FRPT. Siga estes importantíssimos conselhos das bittergirls.

Reprograme sua discagem automática Remova por completo o número dele do telefone — tanto do fixo em casa quanto o do celular. Você vai precisar programar no automático os números de suas MBAs e da entrega de pizza mais próxima; depois, o de sua mãe, seu vizinho gay e de uma empresa de táxis que possa transportá-la para a casa de alguma de suas MBAs.

Para algumas das bittergirls em treinamento, talvez seja fácil tirar da programação o número do telefone dele, mas você poderá falhar em sua determinação, força de vontade, decisão de se impedir de telefonar. Se você está nessa última categoria, convoque as tropas. Ou você acampa na casa de uma de suas MBAs (se é que você já não o fez enquanto procura seu novo e fabuloso apartamento), ou pede que uma delas acampe na sua. Entregue seu celular. Quando a noite cair, peça a ela que desligue ou confisque todos os telefones da casa, exceto o do cômodo onde se encontra. Isso pode parecer drástico, mas os estudos realizados pelo Instituto de Pesquisas Avançadas em Relações Desfeitas mostram que estamos cinco vezes mais propensas a ceder aos comportamentos impulsivos e irracionais depois que escurece, momento em que a solidão geralmente ataca.

No início você talvez xingue sua MBA, porém, conforme verá, se cumprir o contrato do final deste capítulo, a abstenção de qualquer contato direto com ele realmente só irá lhe favorecer. Observe que a essa altura talvez sentirá necessidade de recorrer a pesados palavrões. Nas ocasiões adequadas encorajamos tal conduta, por vezes plenamente recomendada, em razão de sua natureza catártica.

Resista ao desejo de programar na discagem automática o disque-horóscopo ou disque-médium. Conforme descobriu uma de nossas bittergirls, não é nada agradável receber uma conta de telefone de US$200 só porque você quis verificar a ocorrência de algum novo desenvolvimento planetário.

Aumente a memória de sua caixa postal de mensagens Isto lhe permitirá deixar de atender ao telefone por longos intervalos sem que ouça a mensagem "A caixa postal está cheia". Seus amigos talvez compreendam, mas você precisa Manter as Aparências. Talvez esteja sentada na frente da tevê assistindo reprises de *I Love Lucy*, mas os outros não precisam saber disso. Uma caixa lotada só tem uma mensagem: "Minha vida está se desintegrando." É perfeitamente provável que sim, o que, aliás, os demais não precisam saber. Lembre-se, MAA.

Providencie um identificador de chamadas Isso poderá aumentar o custo mensal, mas é decisivo para sua saúde mental. Afinal, você pode não querer falar com sua mãe pela 40ª vez no dia, mas definitivamente não quer perder o entregador de pizza quando ele estiver telefonando da porta de sua casa com sua reconfortante comida quente.

NÃO TENTE GRAVAR DE NOVO NESTE MOMENTO A MENSAGEM DA SECRETÁRIA ELETRÔNICA. Limite-se a optar pela mensagem eletrônica genérica — pode crer, é para isso que ela existe. Ninguém precisa ouvir você chorando enquanto tenta explicar que ele não está morando mais em seu apartamento ou dizendo aos berros que os recados para ele podem ser encaminhados ao escritório onde ele trabalha, tomando o tempo de alguma das vacas de lá.

O kit de emergência

Há certos confortos básicos que uma bittergirl procura nos momentos de desilusão sentimental. O kit de emergência contém alguns itens que consideramos necessários durante a FRPT.

Comida As bittergirls são famosas pelo uso da comida como um substituto emocional — para esquecer, para aliviar a dor, para embotar a mente, para evitar a queda no abismo da solidão. Agora, se isso persistir durante algum tempo, precisamos conversar. Até então, está inteiramente permitido aninhar-se de vez em quando com um saco de Doritos ou um pote de sorvete, se isso faz você se sentir melhor.

Uma verdadeira bittergirl mantém uma cozinha bem abastecida para tais ocasiões.

guloseimas favoritas da bittergirl

Geladeira: um frasco de cobertura de chocolate, um vidrinho de azeitonas de boa qualidade, 6 garrafas de vinho Chardonnay

Freezer: uns dois litros de vodca, meio litro de sorvete de baunilha com caramelo, congelados de macarrão com queijo

Despensa: uma embalagem grande de Doritos, garrafa de uísque de reserva.

Óculos escuros Indispensáveis para esconder os olhos inchados, a tristeza de suas pupilas, as lágrimas repentinas que podem apanhá-la desprevenida.

Vestuário Os elementos essenciais básicos incluem um bem-amado roupão de flanela, um pijama confortável e as pantufas mais cômodas que puder encontrar. Essas peças favoritas da FRPT já comprovaram seu valor. Se você sair de casa, trate de usar um boné de beisebol para esconder os cabelos que não tem escovado nem lavado. Vista seus jeans prediletos e um top que pareça limpo e não esqueça de usar calcinha e sutiã. Andar sem roupa íntima é só sensual em outras circunstâncias.

É neste ponto que entra o MAA. Durante essa fase você não está pensando com clareza; portanto, faça um planejamento e estabeleça um traje seguro que possa usar se precisar sair de casa. Se for incapaz de escolher um traje, peça a sua MBA para fazê-lo e deixe em lugar altamente visível. Leeza, uma bittergirl de carteirinha, não planejou com antecedência e acabou indo a pé, de roupão e chinelos, até o correio, para enviar uma carta. Por sorte eram três horas da manhã, o correio estava fechado e ela não foi vista por ninguém, mas você pode imaginar a cena. A certa altura você precisará expandir o guarda-roupa, mas isso é para outro capítulo e outro dia.

Livros e revistas Trate de mimar a si mesma. Encomende aqueles romances e revistas toscas, que você olhou de rabo de olho tantas vezes, mas teve vergonha de ser apanhada lendo. Este não é o momento de sentir vergonha. É o momento de prazeres culpados, de qualquer escolha que ajude você a atravessá-lo. Veja o exemplo de Catherine, que comprou pela internet todos os livros de autoajuda do mercado. Diligentemente completou todos os exercícios de autoafirmação, autodescoberta, autoconfiança e acabou escrevendo seu próprio livro de autoajuda. Tire da prateleira um dos romances cuja leitura você vem planejando há anos. Se os grandes clássicos são profundos demais para atravessar, existem profusões de livrinhos adolescentes de baixa qualidade que são divertidos, sentimentais e calorosos e nos quais você pode mergulhar e se perder. Além disso, ler é uma excelente forma de se imbuir a esquecer as longas horas decorridas desde O Incidente. Antes que perceba, terá lido até o fim uma prateleira inteira de romances da Harlequin e não só você terá colocado Fábio no lugar dele em seus devaneios, como três meses se terão passado.

Filmes Tenha sempre pronto seu cartão da locadora para uso de sua MBA, e peça de volta seus filmes bregas que emprestou para os outros no passado. Chegou a hora de montar uma videoteca bem equipada. Numa ocasião destas é perfeitamente legítimo assistir por vezes sem conta a filmes como *Alguém muito especial, A garota de rosa-shocking, O primeiro ano do resto de nossas vidas* ou *Sintonia do amor. A felicidade não se compra* funciona bem até em pleno verão. Os filmes são um excelente meio de fuga e uma forma eficaz de remover do seu organismo as lágrimas amargas. Quem se importa se você assistir 422 vezes a *E o vento levou?* A vida é sua.

Televisão ASSINE TV A CABO!

filmes e programas de tevê para se distrair ou dar vazão à raiva

os do gênero *noir*

qualquer um com Jackie Chan

qualquer um com Harrison Ford

os filmes de James Bond

Sex and the City (uma temporada completa)

Família Sopranos

Thelma e Louise

Kill Bill, vols. 1 e 2

Cães de aluguel

Triplo X

Rocky

Missão: Impossível

qualquer um com cenas de explosão

O exterminador do futuro I e II

Norma Rae

Silkwood — O retrato de uma coragem

Síndrome da China

Sob o domínio do mal

filmes para chorar

Nosso amor de ontem

Um romance do outro mundo

Amor sem fim

Casablanca

O paciente inglês

A princesa e o plebeu

Love Story

O poder de um jovem

Os gritos do silêncio

Procurando Nemo

A encantadora de baleias

A mulher do tenente francês

filmes e programas de televisão para se sentir bem

A felicidade não se compra

Núpcias de escândalo

Legalmente loira

Apertem os cintos, o piloto sumiu

Top secret

filmes da Pantera Cor-de-rosa

Waiting for Guffman (ou qualquer um de Christopher Guest)

Saturday Night Live (as primeiras temporadas)

Laverne and Shirley

The Mary Tyler Moore Show

The Dick Van Dyke Show

Os Jeffersons (cante o tema musical!)

Happy Days

filmes para revolver a ferida

Simplesmente amor

Tarde demais para esquecer

Sintonia do amor

Bonequinha de luxo

De caso com o acaso

Emma

Orgulho e preconceito

Gênio indomável

A força do destino

Uma linda mulher

Shrek I e II

A Bela e a Fera

A princesa prometida

Quatro casamentos e um funeral

Música Qualquer uma serve. Seja John Denver, Blondie ou Led Zeppelin. Qualquer uma que você queira ouvir, desde que não seja uma canção "especial" para vocês dois. Recomendamos que dispense todas as bandas de garagem a cuja apresentação vocês assistiram no começo do relacionamento, juntamente com os que lhe recordam a primeira vez em que foram para a cama e aquele que você ouvia dançando diante da árvore de Natal ou o que ele gravou para você ouvir enquanto treinava para sua primeira maratona. Você está criando uma nova vida para si própria. Quer ouvir música que lhe encha a alma ou que não traga a lembrança dele, ou então que deixe você tão furiosa que não queira telefonar para ele. Comece uma nova e exclusiva coleção de SUA MÚSICA. Explore a sessão de percussão africana ou de *world music* ou retorne a seus dias de rock anos 1980.

música para se sentir bem

Lady Marmalade

The Barenaked Ladies

Duran Duran

Wham!

A produção da Motown

Abba

Ella Fitzgerald

qualquer uma de Louis Prima

bandas femininas dos anos 1980

bandas femininas dos anos 1960

a trilha sonora de *Grease — nos tempos da brilhantina*

música para mergulhar na tristeza

Blue (o álbum inteiro), Joni Mitchell

Sarah McLachlan ("I Will Remember You" — muitas e muitas vezes)

"The Way We Were", Barbra Streisand

"Crazy for You", Madonna

qualquer uma de Nina Simone

Dusty Springfield (praticamente qualquer uma)

qualquer uma de Lionel Ritchie ou Air Supply

"I Wanna Know What Love Is", Foreigner

"Nobody Knows Me Like My Baby", Lyle Lovett

Kenny Rodgers ou John Denver

"Sorry Seems to Be the Hardest Word", Elton John

"Wonderful Tonight", Eric Clapton

"One Less Bell to Answer", Burt Bacharach

Roxy Music

música para arrebentar

Jagged Little Pill (o CD completo), Alanis Morissette

"I Will Survive", Gloria Gaynor (este é o hino, querida)

"Keep Me Hangin' On", Kim Wilde

"Shattered Glass" (Kim de novo)

"Don't Let Me Get Me", Pink

The Clash

"Walking on Broken Glass", Annie Lennox

The Eurythmics

Ani DiFranco

Guns n' Roses

Bon Jovi

The Sex Pistols

Blondie

O diário A gente só escreve quando a vida não vai bem. Há uma razão para escrevermos poesia de baixa qualidade no colegial e para os diários de nossos adolescentes estarem cheios de corações partidos e dores de cotovelo e angústias e melodramas. Nós precisamos dar vazão a isso e o papel é, por vezes, a única forma de fazê-lo. Há muitos motivos pelos quais colocar por escrito os sentimentos pode ajudá-la, mas o principal é ajudar você a manter a dignidade. Em seu diário você pode respirar fogo, partir para a vingança, chamá-lo de todos os palavrões deste mundo e purgar tudo o que está pensando. Mesmo que as lágrimas sejam mais rápidas que a caneta e você esteja sentindo tanta raiva que tenha medo de quebrar a ponta, não há nada tão indulgente com você quanto seu próprio diário.

E se você escrever sobre o que está passando, é possível que volte atrás para ler um pouco do que escreveu e veja a situação em perspectiva. Ou, se você for como Adriana, talvez fique só escrevendo e escrevendo, até esgotar as palavras e depois queimar as páginas para que ninguém possa usá-las contra você. Qualquer que seja sua escolha, desabafe para valer.

Vibrador (ou O Melhor Substituto) Compre um vibrador — se você não tem, saia agora mesmo e compre um. Em sua cidadezinha não há onde comprar? Para que acha que serve a internet? Encomenda postal!

Se a compra de um vibrador não é um passo que você esteja pronta para dar, pelo menos consiga um chuveiro potente com bocal removível e um conjunto sortido de bocais para massagem com água. Muitas bittergirls ficaram conhecidas por passarem horas chorando no chuveiro — não de decepção amorosa, mas de felicidade por descobrir um bocal provocador de orgasmos múltiplos. Não vou descer aos detalhes escabrosos, mas basta dizer que sua loja de ferragens local provavelmente terá um amplo sortimento de bocais da felicidade.

Saco de Pancadas Mande ampliar uma foto dele e cole no saco de pancadas. Esta medida dispensa explicações.

Lenços de Papel Compre o estoque inteiro da loja. Procure usar o tipo que vem com hidratante. Ninguém precisa lidar com O Incidente e ainda por cima com a pele das narinas ressecada e esfolada.

O CONTRATO

O passo a seguir é a assinatura do contrato, passo difícil de dar, pois implica responsabilidade. Qualquer bittergirl que leia este livro e queira de fato ir em frente assinará um contrato. As palavras-chaves aqui são "querer superar". Como você deve ter testemunhado enquanto estava encalhada no inferno da dor de cotovelo, tem gente que só quer continuar ali. Grudam em outras que levaram o fora, implorando-lhes que continuem a viver nesse esquecimento infernal — querem companhia na desgraça.

Sem essa. Uma bittergirl dotada de respeito próprio percebe que apesar da importância de sofrer o fim da relação, é igualmente importante reconhecer a necessidade de em algum momento seguir em frente. Ao assinar este contrato você estará fazendo um acordo consigo mesma que lhe ajudará a superar o término. Ele irá lhe lembrar, nos momentos de fraqueza, que você visa a seu interesse maior e lhe tornará responsável pelos próprios atos. Caso não cumpra o contrato, estará rompendo um acordo consigo mesma. Então, a quem poderá culpar?

Portanto, leia o contrato com atenção e compre a briga. Pense no quanto será bom — bom, não, sensacional — sentir que está começando a superar tudo isso.

Você deve acatar as regras dessa lista em todas as ocasiões, independente do quanto esteja embriagada, cansada, mobilizada, frustrada; e do quanto sinta raiva, tesão, desespero. Um mês pode parecer uma eternidade, mas depois que tiver terminado e você tiver cumprido este contrato, garantimos que estará a caminho de se tornar uma verdadeira BG. O Instituto de Pesquisas Avançadas em Relações Desfeitas localizou a existência de uma relação inversa entre o tempo que se leva para curar um coração partido e a frequência do contato com quem o partiu. Ou, para falar em linguagem de BG: quanto menos você falar com ele, mais depressa irá esquecê-lo.

CONTRATO DA BITTERGIRL

Eu, ______________________________, por meio do presente instrumento, concordo em obedecer às normas seguintes, pelo período de um mês, contado a partir de hoje, dia ________ de __________ de ________________.

1. Não devo, em circunstância alguma, telefonar para ele.
2. Repetindo: não devo, em circunstância alguma, telefonar para ele.
3. Não devo, em circunstância alguma, beber demais e telefonar para ele.
4. Não devo, em circunstância alguma, telefonar para a família dele.

5. Não devo, em circunstância alguma, telefonar para amigos dele.
6. Não devo, em circunstância alguma, retornar os telefonemas dele.
7. Não devo, em circunstância alguma, salvar a mensagem se ele telefonar.
8. Não devo, em circunstância alguma, mandar e-mail para ele.
9. Não devo, em circunstância alguma, passar de carro diante da casa dele.
10. Não devo, em circunstância alguma, ir ao trabalho dele.
11. Não devo, em circunstância alguma, ir à academia dele.
12. Não devo, em circunstância alguma, ir ao bar predileto dele.
13. Não devo, em circunstância alguma, ler alguma das cartas antigas dele.
14. Não devo, em circunstância alguma, olhar "nossas" fotos antigas.
15. Não devo, em circunstância alguma, ouvir "nossa" música.
16. Não devo, em circunstância alguma, TELEFONAR PARA ELE!

assinado: ______________________________

testemunha: ____________________________

Se você não tem filhos, ignore o trecho seguinte.

Subcontrato: Se você precisar ter contato inevitável com ele, em função de arranjos de creche, de horários das crianças ou afins, acrescente o parágrafo seguinte:

17. Só telefonarei para ele por motivos ligados diretamente a emergências que envolvam nossos filhos.

assinado: ______________________________

testemunha: ______________________________

ou consulte o capítulo das bitter-mães para assinar seu subcontrato.

Agora que você assinou o contrato e pediu o testemunho de uma boa amiga, pendure o documento num local visível de sua casa. As bittergirls até sugerem que você faça numerosas cópias para colar ao lado de todos os telefones da casa. Toda vez que sentir uma fraqueza nos alicerces — quando começar a pensar em tudo de importante que precisa realmente, de verdade, dizer a ele, quando a rachadura no chão começar a se abrir, ameaçando engolir você, quando sua máscara de dignidade estiver desmoronando aos poucos — lembre-se de MAA. Entre IMEDIATAMENTE em contato com sua amiga mais próxima, leia de novo o contrato e apanhe seu kit de emergência. Nesse momento você não está bem — você precisa de ajuda. Não precisa se envergonhar de pedi-la. Foi para isso que tomou todas as Medidas Emergenciais de Segurança. Você vai conseguir sair dessa e sair melhor que o previsto. Você tem as bittergirls ao seu lado.

Só para o caso de não lhe bastar a perspectiva de pura humilhação, as bittergirls gostariam de lhe contar duas histórias:

Vejamos o exemplo de Alice. Ela tentou apagar o número de John da discagem automática, mas foi muito difícil. Além disso, estava convencida de que não iria ceder à vontade de ligar para ele. Estava lidando muito bem com a situação; só deixaria o número dele no automático até se sentir "pronta" para apagá-lo. Pois bem, depois de comparecer (sozinha) à festa de casamento de uma colega de escola, num sábado à noite, Alice foi dominada pela solidão, pela lembrança de dançar com John no casamento do irmão dele e de planejar qual seria a primeira música deles na festa, quando se casassem. Fraquejando em sua vontade, discou o número dele. John atendeu com voz de quem tinha bebido e quando Alice estava a ponto de abrir o coração, ouviu uma voz feminina dizer:

— Quem é, meu bem?

Ou o caso de Wendy, que sentada na sala de espera do ginecologista ouviu duas mulheres conversando. Uma delas estava contando a história do colega de trabalho de um amigo cuja ex-namorada tinha telefonado e desligado 162 vezes em uma hora. A situação ficou tão absurda que ele providenciou a troca do número do telefone, que foi retirado da lista. Wendy sentiu-se muito bem porque finalmente alguém estava ligando para o ex tanto ou mais do que ela estava ligando para Owen. Só então percebeu que a pessoa de quem elas estavam falando era Owen. Ninguém merece!

Como todas as bittergirls sabem, só em visão retrospectiva é possível enxergar todos os detalhes. Quando seu apaixonado caso amoroso estava nos estertores, é improvável que você conseguisse enxergar que *O Verme* era *O Verme* ou que deveria ter desinfetado a casa antes que ele entrasse ali. Da mesma forma, você já teria planejado a mudança de carreira para o *Guarda Florestal* antes que ele descontasse em você a crise de meia-idade que estava vivendo. Entretanto, a visão que esse capítulo quer estimular é a visão prospectiva. Nós aprendemos com nossos erros e queremos evitar que nossas bittergirls novatas sofram reveses desnecessários. Você já levou um chute

— não forneça as botas para alguém lhe chutar novamente. Não venha bancar a Wendy.

Portanto, fique em casa todo o tempo que quiser, deixe a secretária eletrônica atender suas chamadas, assista àqueles filmes, leia as revistas de fofocas, devore o conteúdo da despensa, esvazie o armário de bebidas, conte com o time — faça o que for preciso para enfrentar a situação presente. MAS NÃO FAÇA CONTATO COM ELE. Prometemos que se durante esse estágio inicial do FRTP você usar as Medidas Emergenciais de Segurança e aderir ao contrato, mesmo se sentindo uma verdadeira eremita, poderá se poupar algumas humilhações terríveis. E estará um passo mais perto de dar um novo rumo à sua vida.

tarefas para a bittergirl

1. **Elabore seu próprio contrato** Peça ajuda a suas MBAs para essa tarefa e descreva armadilhas importantes que precisa evitar.

2. **Monte seu próprio kit de emergência** Abasteça-o com artigos de sua preferência em matéria de comida reconfortante, música, filmes, livros etc.

cinco

novos rumos para sua vida

PORTANTO, A ESSA ALTURA DE SEU FRPT você vem lidando com as necessidades mais elementares da vida. Naturalmente está sobrevivendo à custa de um ou dois dos grupos alimentares básicos, não vê a luz do sol há vários dias e provavelmente sente a cabeça zonza por falta de ar fresco e excesso de Chardonnay. Ainda que esteja na horizontal, continua a respirar. O coração pode estar anestesiado, mas o cérebro ainda apresenta alguma atividade. Você sobreviveu aos estágios iniciais do FRPT e assinou um contrato. Admitiu que precisa encontrar uma forma de superar tudo isso. Comprou o melhor chocolate belga e tem outra garrafa de seu Chardonnay gelado à sua frente e várias outras na geladeira. Tem todas as revistas femininas do mês, um filme histórico com cenas de sexo embaraçosamente ardentes e um DVD do mais recente filme romântico. Seu celular está trancado à chave e hoje você não tocou a "sua" música nem uma vez.

Ah, querida, a quem você acha que está enganando? Não dá para continuar assim. Você conseguiria honestamente diferençar ontem de hoje? Cite depressa três coisas que estão acontecendo no mundo e que não tenham nada a ver com sua separação. Convenhamos que isto não é vida. E para seu próprio bem e o bem da sua saúde mental, esta não é uma realidade na qual possa permanecer. É hora de jogar este homem fora, dando um novo rumo à sua vida.

Meu lar é uma prisão

Não importa como ele terminou com você, a pretexto de que, nem de que forma você está lidando com isso — o fato é que em algum momento você vai precisar sair de casa. Não queremos dizer sair para comprar mais bebida e pizza congelada, nem o trajeto diário até o escritório e a volta diretamente para casa e para o edredom — estamos falando de voltar à espécie humana. Mas também sabemos da colossal importância de reconstruir a própria vida quando já esquecemos nossa razão de viver.

Quando você se sente ferida e rejeitada é difícil acreditar que para o resto do universo você continue a ser essencialmente a mesma que era antes de encontrá-lo e a mesma que será quando conseguir superá-lo. Difícil é se lembrar quem é "a antiga" você e como recuperá-la. Não fique nervosa, as bittergirls estão prontas a lhe ajudar.

Quando alguém passou tanto de sua vida diária fazendo parte de um casal, o conceito de voltar ao mundo exterior pode ser menos complicado que a prática. Você e ele estiveram trabalhando por um futuro, fosse colocando em execução um plano quinquenal ou se preparando para a aposentadoria ou decidindo se era aquele o momento de apresentar os pais. Não importa, o fato é que o futuro foi alterado e agora está se erguendo bem na sua frente.

Como voltar à raça humana quando seu coração foi partido? É muito fácil. Abra a porta da frente. Saia para dar uma volta. Vá comprar leite na mercearia que fica a três quadras de distância de sua casa e não naquela que está perto. Se não estiver saindo com as amigas para a noitada, pegue um livro e leve para ler sentada num café das redondezas. Saia para olhar vitrines. Vá ao cinema, ao museu, à biblioteca local. Visite um velho amigo. Tente se lembrar de algo que você gostava de fazer e não envolvia a participação dele e trate de fazê-lo.

Agora, esperemos que você não seja dessas mulheres (e todas nós conhecemos pelo menos uma) que jogaram fora a vida inteira no momento em que agarraram seus homens. Tomara que você ainda esteja em contato com os amigos que tinha antes dele e ainda tenha pelo menos um ou outro interesse além da domesticidade diária da vida que vocês compartilhavam. Caso contrário, deixe que isto lhe sirva de lição para a próxima vez. Não importa a intensidade do amor ou do tesão que você esteja sentindo, não abandone sua vida inteira, por muito maravilhoso que o homem seja.

Que tal se inscrever num curso ou adotar um novo passatempo? Sério, antes de vetar a ideia, pense nas vantagens. Você encontrará um grupo de pessoas inteiramente novo que nunca lhe viram como "a outra metade". Esta é sua oportunidade de conhecer outras pessoas como uma mulher interessante e independente. Você irá ampliar seu círculo social para pessoas com quem tem interesses em comum. Quando for cantar aquelas canções de amor que compôs para ele poderá tocar os acordes certos ou cantá-las em francês. Você surpreenderá suas melhores amigas bittergirls com seus talentos na culinária japonesa na primeira noite de reunião das bittergirls e talvez substitua algumas daquelas peças de cerâmica que destruiu nos dias iniciais de seu FRPT. Desenvolver um interesse em algo além de sua separação lhe impedirá de se tornar uma Ultrabittergirl, além de colocá-la um passo mais perto de recuperar sua Essência. Também servirá para passar as horas que separam você da hora de dormir e dos fins de semana que tem pela frente. Não bastaria isso como incentivo?

Quando Ella levou um fora, ficou sem saber o que fazer de si mesma. Numa de suas caminhadas solitárias noturnas, passou diante de uma loja de materiais artísticos e viu um cartaz na vitrine anunciando aulas de pintura para principiantes. Desde os tempos das aulas de educação artística do colegial ela não pegava no pincel, mas mesmo assim se inscreveu. Nos meses seguintes as aulas deixaram de ser uma atividade para matar o tempo. Ela desenvolveu o talento cuja posse desconhecia e deu um significado completamente novo à expressão "passar um pincel em cima".

Quando Antônia levou um fora ficou lambendo as feridas durante meses. Depois de se queixar do estado de sua vida amorosa, do tédio com o trabalho e do desejo de viajar, entendeu que se inscrever para aulas de kickboxe na ACM local era quase tão bom quanto encontrar um homem perfeito, conseguir um emprego de sonho e ter uma aventura. Meses depois, sarada, confiante e dona de um chute mortal, ela ria e dizia que a separação tinha sido a melhor coisa que acontecera para sua saúde e autoestima. Quando abriu uma vaga nos escritórios da empresa na Martinica, Antônia agarrou a oportunidade e a mudança de ambiente. Acertar dois em três lances não está nada mal, ela imaginou.

Pronta para o close

Já enfatizamos a importância de MAA. Nossa esperança é que você já tenha superado o choro espontâneo em público; porém, agora mais que nunca, precisa fazer aquele esforço extra em prol de sua aparência física. Mas atenção: trabalhar a boa aparência não visa em absoluto a atraí-lo de volta. Visa a relembrar quem você era antes de encontrá-lo. Quando dá Novos Rumos à Sua Vida você está mostrando ao mundo que tem coragem, que ele não conseguiu lhe quebrar. Logo, eis o primeiro passo: tire o roupão ou as calças de ioga que vem usando nos últimos dez dias. Pegue alguém de seu time e vá às compras (sim, mesmo que não tenha vontade). Não volte para casa sem um par de sensuais botas de cano longo ou sandálias de salto. Não pode se dar ao luxo de comprá-las? Querida, neste momento você não pode se dar ao luxo de não comprá-las.

É tudo uma questão de atitude e o Instituto de Pesquisas Avançadas em Relações Desfeitas indica que as mulheres caminham com mais atitude quando usam os calçados mencionados acima. E nove entre dez proprietários admitem que dão mais vantagens no aluguel à mulher com botas sensuais do que a seu correspondente masculino. Se for possível, vá ao cabeleireiro. Compre novos artigos de maquiagem e beleza. Sabemos que nada disso vai curar seu coração partido, mas nunca a deixaríamos ficar com uma péssima aparência só porque anda se sentindo péssima.

As bittergirls se lembram de ter encontrado numa festa, por acaso, um amigo do Gatilho que confessou que todos os amigos e colegas dele achavam incrível a beleza de sua ex-namorada e não entendiam o que dera nele. Qual é o custo total de parecer fantástica? A atitude. Ou então aproveite uma lição de Meg. Quando foi abandonada no altar pelo noivo (numa turnê musical que permanecerá anônima para proteger os envolvidos, ele estava tocando colheres e se apaixonou pela garota que tocava os pratos), ela devolveu o vestido de noiva e gastou o dinheiro do reembolso em dois sensacionais vestidos de costas nuas. O véu foi guardado e ela cortou os longos cabelos que ele amava, adotando um penteado curtinho que lhe anunciava a nova identidade. Se ela estava chorando por dentro ninguém na periferia do time ficou sabendo.

Não importa que no momento você não esteja preocupada em saber se algum outro homem irá vê-la descalça; o que importa é você saber que seus pés estão pedicurados. MAA quer dizer agarrar a autoestima onde puder encontrá-la — mesmo que signifique um pouco de bucha e um pouco de esmalte aplicado nas unhas enquanto se assiste ao canal de compras. Se uma entre dez coisas que você faça por si mesma funcionar, considere-se bem-sucedida.

Seu público extasiado

Nós fomos essa pessoa de movimentos convulsivos, atirada no chão. Fomos a mulher chorosa que repetia em voz baixa o texto dos comerciais da sessão coruja. E reconhecemos que às vezes a ideia de voltar à terra dos vivos parece tão indolor quanto correr uma maratona. Fala sério! Só sair da cama de manhã já dá a sensação de estar participando de uma maratona com uma ressaca e precisando fazer xixi. Escalar o Kilimanjaro de joelhos é mais atraente que o pensamento de sair porta afora e encarar a vida. As câmeras, os flashes, as perguntas dos paparazzi, aqueles abutres, desesperados em saber por que ele caiu fora... — esperem aí! Temos a insidiosa suspeita de que embora pareça que sim, não há câmeras do lado de fora de sua porta.

Uma de nós precisou começar os ensaios de nossa peça *Bittergirl* na manhã seguinte ao término. Sabíamos que o show se transformaria num sucesso impactante e que iríamos apresentá-lo em lugares como Nova York e Londres? Algum dia cogitamos usar nossa experiência para escrever este livro? Não, nós simplesmente nos demos apoio mútuo, colocamos um pé na frente do outro e continuamos abertas para tudo o que viesse. E quer saber, amiga? A vida nos trouxe mais do que aquele cachorro poderia trazer algum dia. Logo, você não só começará a resgatar sua vida, como o fará com estilo, atitude e dignidade. Começando agora.

Portanto é sábado à noite, domingo de manhã ou terça de tarde. Você poderia ir àquela festa, àquele piquenique, àquela corrida no parque, mas não vai. Que sentido tem? Sair de casa significa andar pelas ruas com um sinal luminoso em cima da cabeça a proclamar "acabo de ser largada". É mais fácil e mais seguro deixar-se apenas ficar sob as cobertas do que se arriscar à humilhação pública, certo?

Nos meses que sucederam à separação, Lucie se escondeu em seu apartamento à noite, sentindo saudades dele e analisando em que momento a situação tinha desandado. Ela atravessava os dias como se tivesse acima da cabeça um placar luminoso piscante anunciando "EU NÃO SOU SUFICIENTEMENTE BOA/ SEXY/ INTELIGENTE/ BONITA". Lucie levou um susto quando percebeu que de fato sentia vergonha de ter sido largada. Imaginou o que as pessoas estariam dizendo sobre o fim do "casal perfeito". Querida Lucie, você se lembra do velho ditado que diz que "O orgulho sempre precede a queda"?

Não, realmente nada se compara à obrigação de chegar e admitir o fracasso de mais uma relação.

E não há nada mais detestável para nós, bittergirls, que a expressão "relação fracassada". A relação não "fracassou", ela se acabou. Fracassar é não tentar. Fracassar é se esconder enquanto a vida prossegue sem você. Fracassar é deixar a separação definir você. Você é muito mais do que "a que acabou de levar um fora". Talvez às três horas da manhã, sentada na borda da banheira e chorando com a cara enfiada no suéter dele, seja difícil para você se lembrar deste fato, mas acredite nas bittergirls: os estranhos que passam a seu lado na rua não sabem que ele terminou com você, a não ser que você conte. Você não foi abandonada por todas as outras pessoas de sua vida; logo, para estas, você ainda é você. Neste momento o mundo a seu redor pode parecer cheio de olhos curiosos — de seu chefe, de seu vizinho de cima, do cabeleireiro de sua mãe — e desesperados por um pouco de informação na saga de mau gosto que foi outrora seu relacionamento. Naturalmente você não pode se dar ao luxo de fornecer a eles um relato detalhado da separação, admitir perante cada pessoa que encontre que — êpa! Não é que ele não me amava? Mas permita que lhe recordemos que você não tem obrigação de fornecer os detalhes constragedores. Agora que finalmente está ressurgindo do país dos eremitas, que visitou nos estágios iniciais da FRPT, você provavelmente precisa revisar sua frase feita do Capítulo 3. Você vai encontrar as pessoas por acaso. Elas lhe gritarão, do extremo oposto do supermercado:

— Nossa! Nunca mais vi você desde que o Chris foi embora. Que diabos aconteceu?!

Vamos repetir. Uma frase tão simples quanto "Não deu certo" é tudo o que as pessoas precisam para entender que realmente não é da conta delas. Lembre-se, você está reentrando em sua vida com respeito próprio, não como uma mulher desprezada.

Você levou um fora. Este é o único dado diferente a seu respeito. Você ainda é uma irmã, uma filha, uma mãe, uma contadora, uma trapezista, uma má instrumentista, uma excelente cozinheira, uma campeã de gamão. Ele não é o único tema de discussão, nem tampouco o elemento que define você. A separação de vocês será novidade por cerca de cinco minutos, até seu irmão ser preso por porte de droga, a Jenny do Recursos Humanos anunciar que está grávida do encarregado do estoque ou o quadril de seu pai começar a incomodar de novo. As pessoas estão ocupadas demais com suas próprias vidas para passar mais que alguns momentos fugazes preocupados com os outros.

Dito isso, embora sua irmã lhe ame e sua mãe se preocupe com sua alimentação, elas não poderiam saber exatamente o que você está sentindo no momento em que atravessa sua FRPT e redireciona sua vida. Você está sofrendo com a perda e tentando superar as lembranças que criaram juntos e por mais que elas se esforcem em compartilhar, seria impossível. Os mais próximos têm provavelmente boa intenção e só desejam que fique bem, portanto você vai ter que ser paciente. Nos dias em que você não consegue sair da cama, sua melhor amiga bittergirl pode achar que tudo o que você precisa é de carinhosas reprimendas ou da recomendação de que saia da toca. É torturante, mas você precisa tolerar. Se você entrar em crise durante o jantar de aniversário, chorar em seu ombro e cancelar planos no último minuto, seu time precisará se impor a você de vez em quando.

Eu já estou com um pé nessa estrada

Deixar a confinação do lar na fase pós-separação envolve atravessar um verdadeiro campo minado de criptonita emocional.

Você não conseguirá controlar tudo, mas pode adotar medidas para gerenciar grande parte das questões.

Ele ainda é seu primeiro pensamento de todas as manhãs? Então você precisa pensar em redirecionar seu dia. Isto não lhe fará esquecer o buraco escancarado que ficou no lugar onde costumava estar seu coração, porém, descer do metrô uma estação antes da sua a caminho do trabalho pode mudar o cenário e servir de lembrete de que a vida ainda está de fato acontecendo em toda parte a seu redor.

Se em geral vocês jantavam juntos toda noite e você não consegue encarar o vazio de uma noite solitária, mude a rotina. Por que não ir à academia depois do trabalho? Entrar numa turma de ioga? Começar a fazer escaladas? Não gosta de exercícios físicos? Use o tempo para fazer tarefas pessoais ou atualizar o trabalho que deixou por fazer durante seu FRPT. Torne-se uma mentora para crianças em risco, faça trabalho voluntário de alfabetização. Faça atividades que fujam da rotina que ambos compartilhavam. Isso também pode ajudá-la a colocar em perspectiva seus problemas de relacionamento.

Quando uma bittergirl achou doloroso ir para casa no horário do jantar, combinou de ir buscar a neta na creche todos os dias e passar algumas horas alegres brincando com a criança. A família ficou agradecida pela ajuda extra e por algumas horas ela quase conseguiu esquecer que o marido tinha ido embora depois de trinta anos de casados. Outra bittergirl recorda "Eu não conseguia parar de imaginar se ele estaria no lado oposto da cidade tomando o mesmo suco e lendo os mesmos jornais que líamos pela manhã. Será que estaria lendo exatamente as mesmas palavras que eu lia naquele momento? Que teria achado do editorial?" Bem ao estilo das bittergirls, ela aos poucos passou a tomar suco de arando, em vez do suco de laranja, e trocou de jornal. Claro que são pequenos gestos, mas ela já parou de gastar a manhã na obsessão das polpas de fruta e das preposições.

Quando a FRPT está se estendendo tanto, pensar no vazio das noites, dos fins de semana ou dos feriados pode ser esmagador. Tome a questão pessoalmente e resolva de que forma deseja passar o tempo. Talvez na semana passada você tenha sentido solidão por algum tempo e talvez na semana que vem você queira se cercar de gente. Consulte seus sentimentos, pegue o telefone e faça alguns planos. O sábado à noite pode ser menos torturante se você souber que na terça-feira vai se encontrar com um amigo para jantar no novo restaurante de culinária tailandesa.

As teias complicadas que tecemos

Se vocês estavam casados ou moravam juntos, certamente haverá aluguel, hipotecas, contas de serviços públicos e outras complicações financeiras que exigem atenção. Não adie essas pendências. Esta é mais uma daquelas situações em que a sua Porta-voz ou a sua Bombeira precisa mostrar por que elas são a melhor equipe de jogadoras do pedaço. Faça uma lista do que precisa ser providenciado. Peça a uma delas para descobrir como podem ser feitas as mudanças necessárias. A instituição não vai liberar nenhuma informação confidencial, porém fornecerá os procedimentos básicos e você não precisará passar a manhã inteira ao telefone explicando pela milésima vez, entre soluços, que "Ele me l-la... Ele me l-la-argooooou..." A maioria dos setores (com exceção do ramo de casamentos e das linhas aéreas) se mostra solidária com a dissolução de um relacionamento. Claro que eles ainda querem que você pague as prestações da casa em dia, mas talvez lhe ajudem a mudar a rotina de pagamento.

O FRUTOS DA TERRA

Há uma razão pela qual o Canadá é uniformemente considerado um dos melhores lugares do mundo para se viver e esta razão não é o atendimento médico. A razão é uma empresa chamada Grocery Gateway e cá entre nós, amiga, ela pode simplesmente salvar sua vida. Muita gente não reconhece o valor desse tesouro nacional, até precisar evitar todos aqueles casais apaixonados se olhando nos olhos enquanto passeiam pelo mercado, carregando bisnagas e queijo brie. Se você não vive numa cidade onde pode comprar pela internet e receber as mercadorias em casa superbarato, existem opções que lhe permitirão evitar a situação de ficar cara a cara com A VIDA QUE JÁ FOI A SUA. Em nenhuma circunstância saia para fazer compras de mantimentos no fim de semana ou imediatamente depois do trabalho. Isto é tortura emocional. É uma perseguição para a mulher de coração partido. A última coisa de que você precisa neste ponto da recuperação é ver famílias felizes a lhe provocar abertamente com a alegria doméstica de que desfrutam, enquanto você joga em sua cestinha solitária mais uma porção individual de lasanha.

Quanto você quer apostar que o primeiro mercado 24h foi aberto por uma bittergirl que estava de saco cheio de ver os sorrisos contentes dos domesticados? Faça suas compras na manhã de segunda-feira. Não vá ao mercado até estar realmente pronta para voltar ao mercado.

A DOCE TRISTEZA DA SEPARAÇÃO

É duro saber que, pelo fato de ter sido abandonada por algum imbecil, você se veja forçada a dizer adeus a muitas pessoas que se tornaram vitais para sua felicidade. Na lavanderia, o sr. Lee trata suas roupas de caxemira como ninguém, e a única alma capaz de domar suas sobrancelhas é a Sônia do salão House of Beauty. Porém, se alguma dessas linhas vitais está localizada perto da casa dele, do escritório, da casa dos pais ou do restaurante onde ele se declarou a você ou até exibe a mesma cor da amostra de tinta que vocês examinaram naquele fim de semana na loja de ferragens, você está convidando as comportas emocionais a se abrirem da pior forma imaginável. Se houver a menor chance de você esbarrar nele por acaso — ou de o novo esteticista da Sônia, o Freddie, usar a mesma colônia que ele usa ou de o sr. Lee querer saber se ele ficou satisfeito com o modo como foram tratados os punhos da sua camisa — agradeça a todos pelas lembranças e desapareça. Nesta altura da recuperação você não quer ter uma crise de bittergirl. Sim, será quase impossível encontrar um cabeleireiro que faça um corte tão bom na franja, mas será muito mais fácil do que superar as machadadas que você dará em suas frágeis defesas quando um tijolo cair em sua cabeça, despencado do muro das lembranças.

Se for possível, fique longe do lado do bairro onde ele mora, até estar emocionalmente saudável e recuperada e verdadeiramente havê-lo superado. Se você está numa daquelas situações excepcionalmente horrendas em que se vê obrigada a encontrá-lo ou a algum de seus amigos, familiares ou colegas de profissão, vá direto para o Capítulo 12: a Crise da Bittergirl. Decore o texto, depois arranque as páginas do capítulo e leve-as na bolsa em qualquer ocasião. Se você é obrigada a vê-lo por causa dos arranjos da guarda dos filhos, talvez será proveitoso ter uma de suas melhores amigas bittergirls (de preferência Fada Madrinha ou Mãe) de plantão na cozinha para que você, depois de fechar a porta e acenar para as crianças, possa desmaiar nos braços dela. Se você for como Molly e tiver de passar na frente do escritório dele todos os dias a caminho da sala de reuniões, talvez queira manter as medidas de emergência guardadas na bolsa. Essas incluem rímel à prova d'água, um diário, uma miniatura de uísque Bailey's e um grande par de óculos escuros do tipo usado por Jaqueline Onassis.

No esforço de dar Novos Rumos à Sua Vida você pode descobrir que algumas conveniências são tão necessárias para seu dia a dia que você não pode deixar que ele se aposse delas. Isto é a chamada...

Guerra pelo território

Você tem um lugar favorito de tomar cafezinho que por acaso está nas vizinhanças dele? Todos os dias, durante uma semana inteira, sente-se à mesa da janela e peça seis cafés com creme tamanho grande. Leve um bom livro para não ficar tentada a olhar em torno e procurar por ele. Se ele não a vir ali, vamos torcer para que um de seus parceiros a veja e declare o local impróprio para uso dele. Se não quiser parecer desarvorada, passe no local a caminho do trabalho e conte sua história sórdida para sua barista bittergirl predileta. Na próxima vez em que ele aparecer ali, vai levar um gelo juntamente com a bebida gelada que estiver tomando.

Para adquirir direitos de propriedade em seu boteco favorito você precisará da ajuda de sua Sentinela e dos demais elementos do time das MBAs. Quando estiver fragilizada você não deve encontrá-lo, principalmente se houver álcool envolvido. Logo, despache para o boteco, em seu lugar, grupos rotativos de amigos (sua oferta de pagar as primeiras rodadas pode servir de incentivo para eles). Quando ele os avistar e perguntar por você constrangido, instrua-os para usarem seus planos de jogo do Capítulo 3 e dizer friamente algo como "Ela está ótima. Nós a convidamos para sair, mas ela já tinha programa." Ensaie com eles até conseguirem dizer despreocupadamente em três línguas diferentes. E até de trás para diante, se preciso. Nessa questão, cogite usar técnicas da Gestapo. Coloque seu time em toda parte que você tem intenção de reclamar como seu território — seu lugar favorito para tomar café aos domingos, livrarias, o estúdio de ioga. Se ele continuar entrando em contato com seu séquito e seus sorrisos gelados, acabará entendendo o recado. Claro que isto é traiçoeiro, mas trata-se de uma guerra de território. Se você não puder tomar uns martínis em seu restaurante favorito no sábado à noite, sem temor de esbarrar com ele, onde poderá relaxar?

A batalha pelos amigos

Ser largada pelo parceiro também acarreta dizer adeus aos amigos dele. A batalha pela guarda dos amigos é uma fria e a grotesca realidade da separação. É o momento em que você descobre quem são seus verdadeiros amigos — e os que não resistem à prova podem surpreendê-la. Os verdadeiros não são as pessoas que telefonam com o superficial "Sinto muito". Ou com o falso solidário "Acabei de saber. Puxa, vocês dois eram perfeitos juntos. Agora, me conta tudinho!" Não, os verdadeiros amigos são aqueles que lhe emprestam o cartão de crédito para alugar a picape da mudança. Eles são os amigos que telefonam para você toda noite, durante as seis semanas seguintes, só para conversar ou para convidá-la a dar uma volta. Eles são vizinhos, amigos ou colegas que a seu pedido cancelam os compromissos que você agendou, na manhã seguinte a uma

Crise da Bittergirl e não ficam lhe recordando o que você disse ou fez na noite anterior. São os amigos que não indagam por que o jovem e sensual estagiário de sua empresa atendeu à porta só de cueca e nada comentam se ele for embora de sua casa numa bicicleta de dez marchas. Eles talvez não sejam membros de seu time e tampouco as melhores bittergirls-amigas, porém são amizades nas quais você *quer* trabalhar e não as que lhe obrigam a ficar correndo atrás na esperança de conseguir informação de cocheira sobre como ele está lidando com a questão.

Quanto aos amigos dele, não importa se você passou os três últimos réveillons com Mickey e Mimi ou se cantou no casamento deles. Se no começo eram amigos dele, então continuarão provavelmente a ser amigos dele. Se Mimi lhe telefonar para "saber como você está", resista à tentação de se abrir com ela e diga um simples "Eu vou ficar bem". Quanto menos disser, melhor. Você não vai querer que seus gritos patéticos venham lhe perseguir quando você já o tiver esquecido e esteja numa boa. E você com certeza não quer que ele se inteire de que seu terapeuta está evitando seus telefonemas, que sua dentista telefonou porque estava preocupada com sua reação ao gás hilariante na última consulta e que o padre de sua paróquia mandou grupos rotativos de senhoras da igreja para conferir se você está bem. Seus amigos, e não os dele, são os afortunados recipientes de seus telefonemas das três da madrugada. Quando você estiver bem e realmente o tiver superado, poderá reavaliar sua amizade com Mickey e Mimi.

Assuntos de família

Isto vale igualmente para a família dele — eles têm o mesmo sangue, e você, não. As regras das ligações de família mudaram. Mesmo sendo os avós de seus filhos, não substituem seus parentes. Não importa a proximidade que você tinha com eles. Não fale mal dele e, sobretudo, lembre-se da importância de Manter as Aparências. Ficar perseguindo o irmão ou a mãe dele não trará esclarecimento sobre a razão pela qual ele lhe abandonou. Acredite nas bittergirls: se você for obrigada a encontrá-los, mantenha a cabeça erguida e deixe-os intrigados, sem entender que motivo ele terá tido para lhe abandonar.

O exorcismo

Resgatar seu espaço é mais um presentinho que você pode dar a si mesma com a mera transformação dele em seu. Você poderá vender aquela tevê de plasma que ocupava metade de seu escritório doméstico; talvez comprar novos lençóis para a cama ou mudar de todo a posição dos móveis do quarto. Pense bem: nada mais de contemporizar sobre a posição do sofá ou se o quadro pintado pela irmã dele vai ser pendurado ou não. Você pode jogar fora as porcarias de troféus que ele ganhou no torneio de lacrosse ou reintroduzir as almofadinhas que ele achava demasiado femininas, pendurar os velhos cestos de vime que você gostava de colecionar antes de conhecê-lo, pintar o banheiro da cor que bem entender e tornar a pintá-lo na semana seguinte, se estiver a fim.

Depois de resgatar seu espaço você não pode deixar que ele entre de novo. A não ser que as tarefas de cuidar das crianças exijam a entrada dele em sua casa, MANTENHA-O FORA! Se ele entrar ali para lhe devolver seu exemplar de *O apanhador no campo de centeio*, irá permear seu ambiente. A presença dele ficará pairando por semanas. Ele gostou do vaso de flores no beiral da lareira; daí, cada vez que você olhar para lá, a partir de agora, vai pensar nele. Ele achou que o Modigliani devia entrar naquela parede. Você já tinha pensado isso, mas na próxima vez em que ele estiver aqui (e estará, quando voltar para você, certo?) vai pensar que você pendurou ali por causa dele.

Resgatar seu espaço não vai trazê-lo de volta, nem impedi-lo de continuar a ser seu primeiro pensamento toda manhã, mas no mínimo ajudará a fazer passarem algumas horas de seu dia, se você ainda estiver na FRPT em que os dias parecem intermináveis.

Isto não é irônico

Então digamos que você finalmente conseguiu, plenamente vestida, sair porta afora. Você só consegue ir até o café da esquina, onde o casalzinho bonitinho com o café com creme combinando e o hábito de dar o *pain chocolat* na boquinha um do outro na fila da caixa é suficientemente revoltante para motivá-la a comprar o seu Java em outro lugar. Fala sério, vale a pena caminhar mais seis quadras subindo ladeira para evitá-los. Mas você não pode evitar todo mundo e a lei de Murphy determina que, tão pronto você leva o fora, é provável que uma de suas amigas íntimas ou familiares fique noiva ou engravide. Segundo a experiência das bittergirls, em geral acontecem as duas coisas.

O fim de uma relação é uma fase difícil e solitária. Não é o momento para se afastar dos amigos, não importa o quanto pareçam felizes ou perfeitas as vidas deles. Acredite se quiser, um dia você terá conseguido superá-lo, porém, nunca mais terá outra oportunidade de ver sua amiga vivenciar o nascimento do primeiro filho ou a chance de ajudar sua irmã com os convites de casamento. Naturalmente, a ideia de pegar o telefone e dizer a seus amigos Mark e Nicole que você e ele não conseguirão ir de carro à casa de campo deles, no novo 4x4 deles, para ver a reforma que fizeram e o ultrassom mais recente que compraram é dolorosa demais. Mas por favor, em seu próprio interesse, não transforme espectadores inofensivos em vilões da história. Por estarem na periferia de sua vida, a família e os amigos são meros espectadores de sua separação. Não merecem ser cortados de seu mundo só porque são felizes. Claro que é difícil ver outras pessoas vivendo a vida que deveria ser a sua, mas você não tem ideia do futuro fabuloso que está à sua espera ao virar a esquina. A tendência de se transformar em eremita pode ser avassaladora, porém, ao Redirecionar Sua Vida, você pode garantir que a vida que vive agora seja inteiramente sua. Então ele lhe abandonou — não permita que também leve embora os verdadeiros amigos que você tem.

O riso e os inesperados momentos de alegria surgem das situações mais surpreendentes e não no momento em que você está comendo o segundo saco de guloseimas, com uma noite inteira de séries de tevê à frente. Portanto, mesmo que agora pareça fútil, confie em nós e saia pela porta afora. Nós sabemos que você pode fazê-lo. Vamos lá, assuma de novo sua vida. Você está a caminho, bem ao estilo da bittergirl.

tarefas para a bittergirl

1. Antes dele Relacione cinco atividades que costumava fazer antes de encontrá-lo. Prometa fazer uma delas esta semana.

2. Eu sem você Quem é você? Abra o jogo. Escreva até não conseguir pensar em mais nada, e aí escreva um pouco mais.

Eu sou a pessoa que foi largada...

Eu sou a madrinha de uma linda criança...

Eu sou a que prepara a melhor caipirinha, em meu grupo de amigos...

3. O que você deve saber Esta é uma oportunidade de fazer uma lista de tudo que você gostaria de dizer a ele. Seja brutal. Seja honesta. Depois, queime a lista.

Sem você, a despesa de comida baixou.

Sua irmã é uma filha da puta.

Eu menti para você. Sua careca está aparecendo, sim.

4. Caxemira revisitada Você tinha uma roupa que não agradava a ele? Trate de usá-la. Um cantor que ele não suportava? Aumente o volume. Um prato de que ele não gostava? Prepare-o para o jantar. Você já pegou o espírito da coisa...

seis

a mitologia do relacionamento

Pois é, amiga. Quando você pensou que estava tendo um progresso constante na travessia da FRPT, foi vitimada por um sequestro. A tentação é grande! Um pequeno momento de solidão passa voando por seu mundo e você não consegue evitar a recordação dos dias límpidos de sol e rosas, quando não havia uma só nota dissonante na trilha sonora de sua vida. Você é inundada pelas doces lembranças dele. E antes que perceba, a mitologia do relacionamento sequestrou seu cérebro, retirando-lhe o poder de lutar contra a lenda de seu amor.

O Instituto de Pesquisas Avançadas em Relações Desfeitas detectou alguns sinais evidentes de que você começou a reescrever a história de vocês como se fosse um venturoso e extraordinário mito.

Felizes para nunca

Você se lembra do sorriso dele? Lembra-se dos dentes brancos e perfeitos, dos lábios cheios e sensuais? Você não continua a amar aquela foto dele vestido com o suéter de tricô de ponto trançado, na qual ele está sorrindo para você com tanto amor que dá para ver nos olhos dele? Lembra-se de quando achou que ele ficaria pouco atraente para você quando cortasse os cabelos longos, mas então ele os cortou e você o amou ainda mais? Lembra-se de quando ele lhe trouxe flores sem motivo algum, trouxe o café da manhã na cama e leu para você enquanto você adormecia? Quem poderia esquecer o modo como ele recitava Pablo Neruda em espanhol enquanto lhe tirava a roupa ou como gritava "minha amada" em sueco ao atingir o orgasmo? Ah, meu Deus. Lembra-se de como ele agradeceu a você no discurso de posse? Toda a plateia se comoveu. Puxa, a motocicleta dele era sensual. Todas as criancinhas do orfanato adoravam a moto e pediam uma carona depois das aulas de tênis que ele dava como voluntário na instituição. Ele era tão profundo, tão sensível. Quase frágil. Ele ficou em frangalhos depois de assistir a *Gandhi* e não conseguia nem falar, depois de *A lista de Schindler*. E os pais dele! Tiff e Jon-Jon disseram que você era a filha que nunca tiveram. E o carro dele com forro de couro e assentos aquecidos, e as canções dele que sempre conseguiam rimar o seu nome no refrão. Depois havia os domingos preguiçosos no parque quando vocês ficavam deitados juntinhos sob as cerejeiras em flor, olhando seus filhos brincarem de pique.

Ele era maravilhoso. Imperfeito? Talvez. Com certeza, mas quem não é? Eu, superar isso? Encontrar outra pessoa? Olhar para trás algum dia e ver tudo isso sem cair no choro? De que jeito? Você sempre irá amá-lo. Jamais conseguirá superá-lo. Não há ninguém como ele. Não foi o que você declarou outro dia, ao lhe dedicar "Um belo dia" no programa radiofônico?

Pois sim. Nós dissemos as mesmas palavras, tivemos os mesmos sentimentos e com toda certeza choramos as mesmas lágrimas. Até a mais calejada bittergirl atravessa uma fase de Mitologia do Relacionamento. No entanto, consegue atravessá-la porque se trata apenas disso — MITOLOGIA.

O *Pequeno Dicionário Oxford* define *mitologia* como "uma lenda que encarna especialmente uma antiga crença ou ideia popular" e *mito* como "uma pessoa ou coisa fictícia". Agora, pense bem: não importa o quanto seu coração esteja partido, você quer mesmo gastar o que lhe resta de sentimentos no debilitado coraçãozinho com uma crença antiga ou uma pessoa fictícia?

Ele urinava no chuveiro — admita. De cabelo curto ele ficava com umas orelhas de pateta. Orgasmos suecos? Dá um tempo! Ele estava citando as páginas de um catálogo qualquer da temporada passada. Você não adormeceu enquanto ele estava lendo, adormeceu *porque* ele estava lendo. Motocicletas não são sensuais. Motocicletas são para os bundões que nunca ajudam os amigos com a mudança, nem carregam uma caixa de cerveja para uma festa. Tênis com os órfãos? Tudo bem, eles eram os únicos que o deixariam ganhar a partida. E você não tinha vontade de gritar quando era obrigada a sair mais cedo do parque todos os domingos porque as flores de cerejeiras provocavam nele uma crise de asma?

Mas você não consegue evitar. Em seu estado atual, continua a criar a lenda do que outrora foi sua cara metade. Dia após dia, semana após semana, você ameniza com o bálsamo da mitologia do relacionamento o coração partido. É muito mais fácil recordar o príncipe que ele era do que tentar imaginar seu futuro sem ele. Você passa horas gastando lenço de papel enquanto se tortura por não ter sabido apreciar o jeito dele de imitar o pio de um mergulhão, de sempre saber de que lado estava o leste, mesmo em uma cidade desconhecida, de tocar na guitarra todos os acordes de "Smoke on the Water". Por que você não soube apreciá-lo suficientemente enquanto ele estava aqui? Você olha sua casa, suas coxas e suas finanças e fica se perguntando "Por que ele foi embora?"

A mitologia, meu bem, é um terreno perigoso. Deixe-se apanhar ali e poderá acabar atolada. Se não tiver cuidado, a mitologia vai lhe agarrar como a areia movediça e você, de tão ocupada em transformá-lo em alguém que ele nunca foi, não perceberá que está se afogando. Levar o fora já é bastante difícil de superar. Provavelmente ele é difícil de esquecer. Transformá-lo em santo ou em super-herói não vai lhe ajudar a se recuperar mais depressa do abalo. Acredite. Quanto mais cedo você conseguir parar de transformá-lo em figura mitológica, mais cedo será capaz de parar de mistificar o relacionamento.

Nós éramos tão perfeitos

Isso nós já dissemos. Isso nós já ouvimos. Blablablá... vocês dois eram perfeitos. Era o que todos diziam. Outros casais desejavam ser como vocês. Todos os corações do pessoal do escritório se derreteram quando você contou que ele a esperava no metrô toda noite no auge do inverno ou debaixo de chuva torrencial. Vocês nunca brigavam. Não implicavam um com o outro. O sexo era ótimo, na maioria das vezes. Poxa, às vezes você sabia o que ele iria dizer antes mesmo que dissesse! Quantas vezes não se olharam espantados enquanto um terminava as frases que o outro começara? Quantas noites de sexta-feira os frequentadores do bar de karaokê lhes pediram que cantassem sua versão especial de "Love Lifts Us Up Where We Belong"? se tudo isso não é perfeição, o que mais poderia ser? Depois, havia as caminhadas em torno do lago, todas as estações do ano, quando passeavam de mãos dadas e falavam sobre o futuro. Aquela vez na França quando ele carregou você nos braços através do campo de... blablablá.

É claro. Talvez ele trouxe desjejum na cama, aprendeu de cor seu soneto predileto, recitou-o no casamento de vocês e não se acanhava de comprar O.b. para você no caminho de casa ao voltar do trabalho. Até acreditaremos, se você disser que ele segurava seu cabelo para trás enquanto você vomitava durante o surto de gripe no ano passado. Mas ele não fazia isso porque se tratasse de "um relacionamento perfeito". Fazia porque você provavelmente merecia. Os relacionamentos progridem graças aos atos de dar e receber, e nós temos a impressão de que você teve sua parcela de doação.

Você aturava a Páscoa na casa dos sogros? Assistia, tiritando de frio, as peladas que ele jogava no outono? Pariu os gêmeos, fazia a declaração de renda para ele, baixava o assento do vaso sanitário, limpava os pentelhos que ficavam na banheira, deixava que ele imitasse um macaco na cama? O mínimo que ele poderia fazer era lhe trazer umas malditas flores e cuidar do rodízio dos pneus uma vez por ano. Isto não é mitologia, querida, é retribuição.

Elana achava que ela e Jergen tinham tido o relacionamento perfeito. A maior felicidade dele era passar noites românticas em casa diante da lareira. Dizia que ela ficava mais bonita com o conjunto favorito de camiseta e calça de ginástica. Ele adorava frequentar a academia a seu lado. Faziam tudo juntos. Assim, quando Jergen a abandonou, o mundo de Elana veio abaixo. Ela percebeu que tudo que tinha sido tão perfeito nele não passava de fachada para suas inseguranças e o desejo de controlar todos os aspectos da vida dela. Se ficassem em casa na maioria das noites, nada poderia desviar dele a atenção dela; se ela usasse em todo lugar as calças de corrida e a camiseta, ninguém perceberia seu corpo escultural; se ele fizesse exercícios físicos ao lado dela, podia garantir que todos os frequentadores da academia soubessem que ela era sua namorada; eles faziam tudo juntos porque só assim ele podia manter o controle sobre ela.

Francamente, garotas, vocês acham que existe um relacionamento perfeito? Acordem! Já repararam que, na televisão, quando um relacionamento é descrito como "perfeito" o marido geralmente acaba de matar a mulher? Vocês terminavam as frases um do outro? Isto é atropelar o que o outro vai dizer. Você já parou para pensar que talvez ele lhe esperava na saída do metrô toda noite porque era possessivo e tinha mania de controlar? Caminhadas na orla do lago? O quê? ele era usurário demais para lhe pagar um jantar de vez em quando? E as conversas sobre o futuro? Ora, era só do que se tratava, não era? De pura conversa. Você sabia o que ele diria, antes que ele dissesse? Por quê? Ele era tão previsível? Vocês nunca discutiram? Legal, isto deve ter feito maravilhas pela comunicação do casal, sem mencionar os ressentimentos acumulados e a dificuldade de explorar os conflitos.

Claro, mistificar a perfeição de seu relacionamento deve tê-la feito se sentir muito bem por um curto período. Durante esses momentos você pode ficar deitada no lado dele da cama, com as cobertas bem apertadas em torno do corpo, recordando como vocês eram fantásticos juntos. Você pode manter as fotos dele na parede e dar polimento em seus troféus de futebol. Poderá tentar se convencer de que, sendo tão perfeito o relacionamento, ele terá de recobrar o juízo e perceber o que está jogando fora! Você poderia ficar de molho na banheira até virar uma passa, ouvindo, na repetição automática, "You Are an Obsession" e "It Must Have Been Love", e poderia preparar alguns dos pratos preferidos dele, para quando ele mudar de ideia e voltar! Este comportamento é quase aceitável durante os dias subsequentes ao rompimento, quando você ainda está sofrendo a perda e buscando um jeito de cancelar o jantar que iria promover no fim de semana. Se a mitologia lhe ajuda a atravessar o choque, vá lá, que seja.

No entanto, ficar imobilizada naquela situação é uma questão completamente diferente. Não importa o quanto a relação de vocês fosse, a seu ver, maravilhosa ou como ele saltava por cima dos edifícios altos com um simples impulso. A relação acabou. A separação dói. Transformar a relação em algo que ela nunca foi não irá ajudar você a superá-la mais depressa.

Confie em nós. O RELACIONAMENTO PERFEITO NÃO EXISTE. Quem afirmar o contrário está tentando lhe vender mercadoria falsificada.

JUSTIFIQUE O AMOR DELE

Um dia, quando você está tirando com a manga do pijama a poeira da coleção de canecas de cerveja dele, a realidade lhe atinge. Você sabe por que ele a abandonou! Ele estava sofrendo de uma doença terminal, algo realmente horroroso. Provavelmente tinha pegado a doença com a irmã, cujo marido acabava de voltar de uma pesquisa nos trópicos. Talvez fosse um parasita devorador do cérebro ou um daqueles vermes carnívoros que vivem dentro da pessoa até matá-la. Alguma enfermidade tão terrível que ele sabia que iria partir seu coração e, por amá-la demais, deseja poupar você do sofrimento dele. Assim, sendo o mártir que é, ele deve sair em busca de tratamento. É por isso que não atende seus telefonemas e os amigos dele olharam-na compadecidos quando você apareceu no jogo de pôquer semanal do grupo para devolver um velho par de meias encontrado embaixo da cama e achou que ele poderia precisar, agora que o tempo está esfriando.

E se não se tratar de uma doença rara? E se ele testemunhou um crime tão terrível que o obrigue a se esconder? Todos estão comentando aquela pichação na porta dos fundos da padaria. O bairro inteiro está caindo de padrão! Talvez aqueles telefonemas mudos que ele andava recebendo antes do Incidente fossem táticas de intimidação dos criminosos ou apelos do FBI para que ele saísse do país. Tudo bem, neste caso a polícia provavelmente teria ligado, mas que importa, num momento como este? Por que ele não lhe contou? Será que achou que você não era suficientemente forte para aceitar a verdade? Será que achou que você não teria se escondido com ele porque precisa falar com sua mãe todos os dias? Agora ele está sozinho na condição de fugitivo, com um parasita incurável correndo pelo cérebro e você fica aí sentindo pena de si mesma! Você nunca suspeitou que estivesse namorando um verdadeiro herói!

Quando você está vivendo no território da Mitologia do Relacionamento é muito fácil se equivocar na interpretação do atual comportamento dele.

— Acho que ele ainda me ama — você diz. — Dá para dizer pelo jeito como ele me olha, as coisas que ele... Se tudo não fosse tão... quer dizer, do jeito que são.

As bittergirls perguntam:

— É mesmo? Que coisas? Que jeito de olhar? Dê um exemplo.

Nós, as bittergirls, temos visto muitas mitificadoras confundirem piedade com amor, olhares de preocupação com uma conexão mágica, um resfriado comum com uma doença terminal. Esses são equívocos conhecidos, mas, querida, estamos aqui para evitar que você vá por essa ladeira escorregadia abaixo. A não ser que ele esteja escrevendo, letra por letra, com enormes diamantes, o amor dele por você e apresentando como garantia uma cópia autenticada de sua declaração, não transforme os atos dele em maiores do que realmente são.

— Mas nós ainda temos um diálogo melhor entre nós que com qualquer outra pessoa, e já faz dois anos desde que ele foi embora. Ele ainda entenderá tudo algum dia.

Tudo bem, digamos que vocês de fato dialoguem. Talvez depois de anos de separação ainda tenham uma conexão melhor que a maioria dos casais que estão juntos. Talvez ele seja apenas bom de papo. Talvez seja fácil conversar sem preocupações quando vocês já não participam do mesmo cotidiano, quando não existe uma obrigação, não há dependência mútua, nenhum sentido de responsabilidade. Isso não significa que ele deseje comprar uma casa ideal com você. O fato de vocês ainda fazerem ao outro rir não significa que ele esteja voltando. O mecânico dele é engraçado e o empreiteiro dele também é e são capazes de conversar sobre política por horas e horas. No entanto, ele não está dormindo com nenhum deles, está?

Ah, doce e confiante bittergirl, você pode apresentar todas as desculpas do mundo para defendê-lo. Ele só precisa fazer a cabeça, ele é um espião, ele não consegue verbalizar os sentimentos, ele precisa sair da empresa e reunir de novo a banda, ele não recebeu carinho suficiente na infância, ele fez parte do elenco de *Up With People!* A lista não termina mais — nós sabemos: afinal, também escrevemos uma dessas listas. A questão é que quanto mais tempo você esperar por ele, mais longa e absurda se torna a lista de desculpas. Faça um favor a si mesma: escreva essas justificativas, porque algum dia você poderá olhar a lista e dar gargalhadas. Lembre-se, ele largou você. E se toda a justificativa apresentada for um parasita viajando pelo corpo, ele escapou com sorte.

Estoure o balão

Agora, para o observador externo, pode parecer que você está progredindo, que está lidando bem com essa mudança abrupta em sua vida. Talvez seus passos estejam mais confiantes (pode agradecer às botas sensuais por isso). Seus olhos brilham e as horas do dia não dão para atender tantos compromissos sociais. Você é o sucesso de todas as festas, a rainha do baile, o máximo. Mas se alguém lhe perguntar o que foi servido no jantar de Sue na semana passada ou com que roupa você foi, um dia desses, ao vernissage da galeria de arte, já não saberia responder. Pensando bem, se alguém lhe perguntasse o que você comeu no jantar de ontem ou qual era o desfecho da piada que você contou hoje de manhã, não teria a mínima ideia. Mas se lhe perguntassem qual foi o molho que botou no hambúrguer naquele fim de semana em que você e ele foram viajar ou o que ele achou do sorteio da tabela do brasileirão de dois anos trás, você poderia responder sem hesitar.

Ah, sonolenta bittergirl! Pelo jeito você agiu como sonâmbula a vida inteira, não foi? Enquanto vai vivendo maquinalmente seu dia, dá a impressão de estar presente e consciente, mas nós sabemos que não. Lembre-se, nós também estivemos no país dos sonhos. Sabemos que você está revivendo cada momento do período que passaram juntos. É como se houvesse em sua mente um projetor de imagens e o filme interminável da Vida que Foi a Sua é só o que você consegue ver. Imagem após imagem, conversa após conversa é projetada enquanto você assiste àquela reunião da diretoria, ouve as histórias que seu novo namorado está contando ou passeia de bicicleta pela orla.

Você diz a si mesma que se soubesse que iria reviver tantas vezes essas lembranças, você teria vivido mais intensamente. Não teria se preocupado tanto com as contas ou com sua vida profissional. Teria olhado nos olhos dele mais vezes, flertado enquanto lavavam os pratos. E o filme implacável continua, enquanto você prossegue dia afora, cambaleando cegamente.

Deirdre confessou:

— Pelo visto minha melhor amiga se casou na primavera passada. Estive lá, mas não me lembro de nada. Sei que usei um vestido azul-lavanda e fiz um bom discurso, mas quando o noivo beijou a noiva, eu estava com Erick num chalé nas montanhas, numa cama de solteiro que rangia, escolhendo os nomes de nossos futuros filhos.

Lissi nos confessou:

— Dizem que foi um inverno suave, mas não sei dizer. Nós estávamos de volta ao bairro antigo, procurando nossa primeira casa.

Ele pode não estar mais a seu lado, mas você realmente não o deixou. Escreve cartas imaginárias para ele. Lê romances ou vê filmes através dos olhos dele. Vocês conversam a respeito em sua mente. Muito bem, isto é seguro, não é? Enquanto você estiver escrevendo o roteiro do diálogo entre você e o Homem Mitológico, ele jamais discordará de você, nem fará papel de bobo, como quando afirmou que Neil Diamond cantava "A Reverend in Blue Jeans"; e ele nunca vai se queixar do longo tempo que você está levando para se aprontar, nem se limitará a resmungar qualquer palavra quando você lhe perguntar como passou o dia. Provavelmente ele nunca usará aquele suéter de acrílico que você detesta e nunca se sentará todo largado. O Homem Mitológico nunca solta um pum e sempre espera você atingir o orgasmo antes de gozar. E sempre será o homem perfeito no roteiro que você escreveu.

Mallon tinha parado no sinal vermelho quando viu seu Homem Mitológico esperando para atravessar a rua. Primeiro precisou olhar de novo para conferir se realmente era ele. Parecia mais baixo e não tinha queixo. Nos meses em que ele foi o objeto de seus devaneios, era mais alto e tinha um queixo bem definido. Quem era este simples mortal que precisava esperar para atravessar na faixa, como qualquer um? Não, ela não conseguiu esquecê-lo no ato, porém a visão a levou a questionar outros elementos de sua vida que não examinara devidamente desde o rompimento com a maravilha sem queixo.

Quando vai pela vida como uma sonâmbula, presa à Mitologia do Relacionamento, você para de progredir. Fica atada à pessoa que você era na relação. Por mais reconfortantes que sejam essas lembranças, você não pode ficar envolvida nelas. Você é uma pessoa diferente da que foi nos momentos anteriores ao Incidente. Desde aquela ocasião seu mundo virou de cabeça para baixo. Talvez precise encontrar um novo lugar para morar ou entender as mudanças que ocorrerão no seguro de seu carro. Talvez só precise se levantar do sofá e lavar o cabelo pela primeira vez na semana. Você tem o que fazer. Tem uma vida para viver. Não poderá fazê-lo enquanto estiver na terra do Nosso Amor de Ontem. Aquilo que *nós* fomos não importa. O que importa é o que *você é.*

Eu era feliz e não sabia

"Mas eu era tão feliz", você protesta. Será que era? Você parou de dormir até mais tarde porque ele era madrugador? Parou de comer carne porque ele era vegetariano? Parou de se encontrar com Fulana porque ele não gostava do marido dela? Não tomava aquele último copo de vinho porque ele não gostava de perder o controle? Começou a jogar tênis, a esquiar, a colecionar selos ou a dançar quadrilha porque era o que ele gostava? Veja só, é ótimo ter passatempos em comum, mas não sob risco de perder a própria identidade.

Após se separar de John, Kristen ficou surpresa por constatar a quantidade de pequeninos detalhes que haviam mudado durante os anos que passou com ele. Não a seu pedido; porém, sem perceber, ela estava passando mais tempo praticando escalada que pesca de caniço — o esporte que *ela* adorava —, e o casal estava poupando para comprar um jipe 4x4 que ela particularmente não queria. Quando John declarou que já não sentia atração pela personalidade dela, não teve certeza a qual personalidade ele estava aludindo. Nos meses em que tentaram fazer tudo dar certo, Kristen trabalhou mais, dormiu menos e se tornou uma verdadeira turbina na cama, equilibrando-se na corda bamba entre aquilo que acreditava ser e aquilo que imaginava que ele queria que ela fosse. Uma manhã, a sós em casa, de pijama, tomando chá e conversando por interurbano com uma amiga, ela teve uma revelação. Era isto que ela era — uma amiga fiel que gostava de rir, uma pessoa caseira que gostava de arrumar a casa e passar horas lendo os jornais de domingo. O viciado em adrenalina era John e não nela. Quando por fim ele a abandonou para buscar outras emoções, ela escalou sua própria montanha e reinventou sua mitologia.

Não deixe a mitologia do relacionamento deturpar sua visão. A despeito do que você pode estar sentindo agora mesmo, ele não era o único responsável por sua felicidade passada. Acredite se quiser, mas você tinha muito a ver com ela.

As bittergirls ficaram horrorizadas ao ouvir a saga de sua velha amiga Pippa. No retorno à casa, depois de passarem um ano ensolarado em Bali, seu namorado Félix, que sempre lhe dissera ser incapaz de assumir um compromisso, finalmente não assumiu o compromisso. De novo em casa, solteira e de coração partido, Pippa achou que o rompimento significasse o fim de suas aventuras globais. Sem Félix não haveria viagens. Sem ele nada significava a excursão à Costa Rica. Noite após noite ela se sentava chorando no sofá da casa da irmã, lamentando a perda da vida que conhecia. Como um presente de aniversário antecipado (e, segundo desconfiamos, para remover de seu sofá o rabo da chorona), a irmã lhe comprou um pacote de aulas de espanhol. Uma vez por semana Pippa saía arrastando os pés pelas ruas cobertas de neve, para aos poucos assumir de novo sua vida. À medida que aprendia a conversar com os colegas de turma, estes compartilhavam o amor que sentiam pelas viagens, buscaram um minúsculo restaurante costa-riquenho, ouviam música em espanhol. Pippa começou a estudar violão com um dos colegas. Um dia, na fila para renovar o passaporte, percebeu abalada que há dias não pensava em Félix. E o principal é que estava feliz.

Talvez, se... Ou a falha geológica

Ah, sim, mas existe uma desagradável sensação de traição ligada à mitologia do relacionamento. Enquanto viajamos pelo ciclo incessante do "mas nossa união era sensacional" e do "eu era tão feliz" não podemos deixar de perguntar: se tudo era tão bom, por que não funcionou?

Amiga, uma vez que ele e o relacionamento eram perfeitos, você acabará culpando a si própria pelo término. É muito fácil se condenar por não ter feito o suficiente, não ter sido suficiente e não ter previsto o que vinha por aí. Você pode passar horas infinitas imaginando onde o caldo desandou e como foi que você estragou tudo. Talvez, se seu rosto fosse oval? Talvez, se o deixasse organizar seus CDs por ordem alfabética? Talvez, se não tivesse cortado os cabelos ou voltado a estudar? Talvez se *tivesse* feito sexo oral durante a semana em que extraiu o dente do siso?

Ao mitificar o relacionamento, se você não atribui a culpa a si, então culpa o universo por separar vocês dois. Talvez, se o chefe dele não lhe tivesse oferecido aquela promoção, ele não teria feito aquela viagem de negócios e não teria conhecido Callie, e tudo teria dado certo. Você começa a perguntar se acaso terá feito algo de horrendo numa vida passada, que agora esteja voltando para lhe atormentar. É isso aí: é a polícia cósmica arrancando-o de você por causa daquele cântaro de vinho que roubou quando era escrava no antigo Egito! Talvez, se seu primo não tivesse perguntado a você sobre a pontuação dele no golfe na festa de Ação de Graças do ano passado? Talvez, se os demais tivessem parado de perguntar quando ele ia lhe pedir em casamento? Talvez, se o déficit público do país fosse menor?

Queridinha, todos os "talvez, se" deste mundo e toda a atribuição da culpa aos demais não vão resolver a questão. Quem dera houvesse uma resposta mágica capaz de dar sentido a tudo isso. Este é um dos elementos mais difíceis da situação de quem leva o fora. Não saber o motivo. Quando buscamos respostas, indagando pelas razões pelas quais a vida se transformou de repente em tema de tragédia grega, a necessidade de saber as causas se torna frenética. Mas ainda que ele lhe apresentasse uma razão diferente por semana, durante os próximos dez anos, a resposta nunca seria satisfatória. Não importa como ele diga ou por que agiu assim, não facilitará a situação. Uma decepção amorosa é exatamente isso, e dói como o diabo.

Por se concentrar em todos os "talvez, se...", Robyn acabou aprisionada em seu mundo passado com Paolo. Ela analisou cada momento dos meses anteriores ao Incidente. Talvez, se eles tivessem tirado férias em fevereiro, em vez de maio. Talvez, se ela não gostasse de chuva. Talvez, se não fosse alérgica a amendoim. Ela imaginou diferentes resultados do relacionamento, baseando-se em certas escolhas que tinha feito. Depois de esgotar todos os possíveis "talvez, se...", chegou a uma devastadora conclusão: se pudesse voltar e mudar aqueles momentos, o desfecho ainda teria sido o mesmo. Paolo a deixou.

O MUNDO LÁ FORA

Agora, é fato mundialmente conhecido que ser uma bittergirl não quer dizer esquecer um homem na esperança de encontrar outro. Entretanto, nós, as bittergirls, somos uma turma sensacional e não podemos impedir outros homens de nos acharem irresistíveis, não é? Isso nos traz de volta aos perigos da Mitologia do Relacionamento. Se você ainda está enrolada naquele casulo de lembranças, então, meu bem, não conseguirá enxergar o mundo cheio de homens maravilhosos que ainda estão disponíveis. Ficará tão hipnotizada pelo homem que lhe magoou, que acabará não enxergando aquele que quase escapou despercebido.

Quando o ex de Geórgia a abandonou com um empréstimo de casa própria comparável à dívida externa de um país do Terceiro Mundo, ela sabia que precisava encontrar um lugar menor e mais barato para morar. Encontrou asilo numa linda casinha antiga, necessitada de um pouco de carinho. Geórgia entrou num clima de fazer reparos e reviveu mentalmente a relação inteira enquanto raspava, lixava e aprendia tudo sobre brocas de furadeira. Estava tão ocupada editando a história de seu "relacionamento perfeito" que quase perdeu de vista o final feliz que estava parado todos os dias no meio de sua cozinha: o empreiteiro da obra. Ele teve um bom motivo para levar tanto tempo na confecção dos armários. E ela teve sorte, pois acabou reparando no tamanho do cinturão de ferramentas que ele tinha.

O MITO DE VOCÊ

Não estamos propondo que o transforme em vilão, nem lhe aconselhando a apagar todas as lembranças. Estamos dizendo que não se prenda às recordações e não as transforme em algo superior ao que são. A mitologia do relacionamento é sedutora. Deixe-se perder "naquilo que foi" e você perderá o que sobrou do restante de sua vida. Algo que as bittergirls sabem por experiência própria é que enquanto você estiver construindo barricadas para se esconder, sua vida suculenta e maravilhosa estará passando bem sob a sua janela.

Então, ele não era perfeito. Mas talvez fosse fantástico a seus olhos. Havia alguma área do relacionamento em que fosse deficiente? Qual era sua expectativa? Havia algo que apenas tolerava ou que no fundo não lhe deixava muito contente? Pergunte a si mesma por que razão aceitava isso. Até que ponto você fez concessões em nome do amor? Confira o Capítulo 7: Sinais de Perigo.

Aqui vai um desafio. Faça uma lista daquilo que acha que perdeu ao perdê-lo. Pode ser o que for, desde a perda da casa até a perda da permissão de sentir medo do escuro. Você pode ter perdido o sentimento de ser amada ou perdido que tinham um para o outro. Pode ter perdido a churrasqueira e as estantes de livros dos apelidos. Mas aqui está o que não perdeu — você mesma. Talvez sua Essência tenha se ausentado sem permissão do comando, mas você vai recuperá-la. O relacionamento acabou; você, não. É hora de começar a mitificar a si mesma.

São muitas as trilhas que levam ao país da Mitologia do Relacionamento, mas a única estrada de saída é ser uma verdadeira bittergirl e continuar a caminhar para diante. Se você estiver muito ocupada vivendo no passado e no mundo do faz de conta, então quem viverá sua fabulosa realidade? Logo, vá em frente, fique acordada a noite inteira lendo aquele romance água com açúcar e depois durma até mais tarde. Troque o colar de pérolas pelo modelito de lantejoulas. Pegue a raquete de tênis e devolva à sua coleção de CDs os Bay City Rollers. Mitifique a pessoa que você é hoje e não a pessoa que você foi com ele.

Enquanto isso, pense bem nessa questão: se tudo era tão maravilhoso, por que ele não está mais aqui?

tarefas para a bittergirl

1. Talvez, se eu... Chega de autopunição! Você não é culpada pela separação (a não ser que tenha dormido com o melhor amigo dele ou algum membro da família dele ou cometido algum delito). Mas, faça o que fizer, você talvez ainda ache que tudo poderia ter sido diferente caso não tivesse roncado ao rir ou tivesse conseguido correr seis quilômetros em vez de cinco. Então, só para tirar tudo isso do sistema, preencha a sentença seguinte até não sobrar mais nada para escrever.

Talvez, se eu tivesse ...., ele não teria me largado.

Acredite, as hipóteses se tornarão tão absurdas que você perceberá que não havia o que fazer. Se ele foi embora, já foi tarde. O Instituto de Pesquisas Avançadas em Relações Desfeitas já ouviu de tudo. Eis aqui algumas das frases mais memoráveis:

Talvez, se eu tivesse deixado ele pintar no banheiro.

Talvez, se eu tivesse usado mais maquiagem.

Talvez, se eu tivesse pernas menos grossas.

Talvez, se eu tivesse tentado entender futebol

Talvez, se eu tivesse ficado acordada até mais tarde.

Talvez, se eu tivesse usado sombra marrom em vez de bege.

Talvez, se eu tivesse dito que não queria filhos.

Talvez, se eu tivesse visto mais jogos de futebol.

Talvez, se eu tivesse usado uma lingerie mais cara.

Talvez, se eu tivesse andado no lado norte da rua.

Talvez, se eu tivesse feito mais ginástica.

Talvez, se eu tivesse deixado ele ler na hora da comida.

Talvez, se eu tivesse telefonado menos para minha mãe.

Talvez, se eu tivesse deixado que ele escolhesse os filmes.

Talvez, se eu tivesse simplesmente sido melhor.

2. Motivos de irritação constante Transforme-o no super-herói dos maus costumes. Encontre uma forma de glorificar a Maravilha Sem Pontaria ou o Super-herói do Xixi no Piso do Banheiro. Prenda o resultado com fita adesiva na geladeira, no armário do banheiro, no lado da cama onde ele dormia.

3. Coisas de casal Faça uma lista de tudo que faziam juntos e que você sente falta. Quem disse que você não pode fazê-las sem ele? Isso pode doer, mas pergunte a si mesma: você sente falta dele ou sente falta de fazer parte de um casal?

4. Mitifique a si mesma Imagine que acaba de dar o fora em alguém e que a pessoa passa os dias mitificando você. O que ela diria? Como lhe descreveria?

sete

sinais de perigo

PUXA, QUE ALÍVIO PODER AGORA ADMITIR QUE A RELAÇÃO DE VOCÊS NÃO ERA PERFEITA! Você desmitificou a lenda dele e depurou de seu sistema todos os "ah, se eu tivesse...". Você está voltando a travar conhecimento com o caráter fabuloso de sua alma. Bem, isso é apenas a ponta do iceberg, mas agora, querida, na sua FRPT chegou o momento em que você está suficientemente forte para considerar algumas daquelas hipóteses que talvez tenha perdido de vista enquanto viajava pela estrada acidentada que leva à condição de bittergirl.

Podemos apostar que, se convidada a escrever a verdadeira história de seu relacionamento, você admitiria ter tido algumas premonições da tempestade que estava se armando. Essas premonições, queridinha, eram pequenos indícios que de alguma forma prenunciavam O Incidente: eram os Sinais de Perigo.

Nas filas de supermercado, na sala de espera, em estações de trem e em engarrafamentos no mundo inteiro, as bittergirls brincam mentalmente de identificar o Sinal de Perigo e assim vão passando o tempo enquanto conservam uma postura serena e equilibrada de bittergirl. A impaciência e as reações violentas no tráfego não combinam com você; nesse meio-tempo, você acha graça dos antigos namorados. Entretanto, antes de poder fazer o jogo, você precisa ter a capacidade de identificar um Sinal de Perigo.

Por exemplo, vocês ficaram casados durante 11 anos, mas ele nunca lhe deu o número do celular? Sinal de Perigo. Ele chorava ao ouvir as canções de Celine Dion? Sinal de Perigo. Não deixava você comer no carro dele? O presente de aniversário que lhe deu foi um par de cordões de sapato? Nos doze dias que antecedem o Natal ele trazia para você legumes que estavam fora da estação? Todos são Sinais de Perigo.

As bittergirls acreditam que nenhum término acontece assim, do nada. Sempre há Sinais de Perigo.

A melhor consequência de identificar os Sinais de Perigo é que depois disso, na próxima vez, você será capaz de enxergá-los a dois quilômetros de distância. Vale recordar o que disse o filósofo americano George Santayana: "Aqueles que esquecem o passado estão condenados a repeti-lo." Tudo bem, talvez ele não estivesse aludindo a términos de relacionamento, mas aí também vigoram as mesmas regras. Esqueça os Sinais de Perigo e você precisará, mais uma vez (antes mesmo de poder dizer: *que cara esquisito!)*, enxugar as lágrimas do novo namorado, enquanto ele ouve a canção tema do *Titanic*.

Alguns Sinais de Perigo são tão clássicos que é espantoso não terem sido banidos pela ONU. De fato, de tão óbvios, nossa única justificativa para não reconhecê-los é termos sofrido uma programação genética para não o fazer.

Logo em seguida à separação, quando tudo está recente e doloroso, fazer o jogo de localizar o Sinal de Perigo pode despertar momentos inesperados de fúria. "Como eu pude ser tão cega?"

e "Como eu pude deixar de ver isso?!" Felizmente, as bittergirls estão aqui para lhe recordar que você estava num relacionamento e não na Academia de Polícia; portanto, pode parar de bater em si mesma com os sapatos de salto agulha (quando você melhorar talvez queira usá-los de novo e um salto quebrado não ajuda nada!). Não, o propósito de identificar os Sinais de Perigo não é se castigar; é evitar que voltem a acontecer um dia.

Se examinar de novo o terreno de sua relação, verá que seu ex lhe forneceu muitos avisos de que estava saindo fora. Acontece que você não foi treinada para entendê-los ou lidar com os indícios não muito sutis. É para isso que as bittergirls estão aqui. O Instituto de Pesquisas Avançadas em Relações Desfeitas dedicou anos ao estudo dos Sinais de Perigo. Foram localizados quatro estilos de fuga aos quais as mulheres tipicamente recorrem para contornar o problema e cinco dos mais comuns entre os Sinais de Perigo comportamentais exibidos pelos homens.

OS QUATRO PRINCIPAIS ESTILOS DE FUGA ADOTADOS PELAS MULHERES

Fazer vista grossa

Em certo momento do relacionamento você reconhece pelo menos dois Sinais de Perigo, mas está tão envolvida em fazer tudo dar certo que procura deixar de lado esses desagradáveis pensamentos. Quem é você para ser tão crítica? Até parece que é muito perfeita, diz para consigo. Relaxe, você não está com ele para mudá-lo. E daí, se ele coça o saco em público? Que homem não faz isso? Ele reza três ave-marias de joelhos, usando suas calcinhas? Geme o nome de sua mãe enquanto dorme? Por não querer se fixar no Sinal de Perigo, você trata simplesmente de ignorá-lo. Mas não se deixe enganar. Os Sinais de Perigo podem acontecer no primeiro encontro ou depois de anos de ter estabelecido uma relação fabulosa.

Kate jamais esquecerá o Sinal de Perigo que ignorou. Depois de meses de intensa atração por um colega *bad boy* de seu clube de futebol, eles acabaram no apartamento dele certa noite. Quando foram para o quarto, ela o viu chutar para baixo da cama algo suspeitamente parecido com uma toalha usada em atividade sexual. A um toque do interruptor o quarto foi inundado pela luz estroboscópica de um discoball e pelo som de "Let's get it on". Ela não ligou para a própria intuição e eles partiram para a ação, até o momento em que ele a olhou e disse "Amor, olha só o que eu guardei pra você". Se isto faz lembrar cena de filme pornô e frase de filme pornô, você devia estar sendo paga para atuar numa produção pornô. Sinal de Perigo.

Durante o último ano da relação, Brenda e Ted trabalharam juntos no mesmo departamento. Meses a fio Brenda ficou intrigada por que Ted, no escritório, não divulgasse que eles eram um casal. Mas ele era um profissional consumado e, como tudo ia tão bem fora do local de trabalho, Brenda fez vista grossa para a questão. Voltando tarde ao escritório certa noite, depois de uma longa reunião fora da empresa, ela entrou na sala da copiadora para encontrar seu próprio Ted e Rebecca, a colega que dividia com ela o mesmo cubículo, aos amassos em cima da máquina de xerox. Sem dúvida, um consumado profissional.

papo de bittergirl

Querida, se há uma lição que você pode aprender é jamais ignorar os próprios instintos. Se você tem a insistente sensação de que viu uma toalha de trepada, provavelmente é disso que se trata. Nunca está certo haver segredos entre os dois, exceto se estiverem trabalhando numa operação policial secreta com risco de vida. Quando fechamos os olhos para o conceito de que algo está errado, quase sempre é por não querermos aceitar a realidade oculta por trás disso. Entretanto, a realidade não desaparecerá e, mais cedo ou mais tarde, acabará por lhe alcançar.

Viver o sonho

Você viu todos os filmes; então, agora sabe que a vida não passa de um grande romance de contos de fada. Você sabe interpretar seu papel. Decorou as falas, dominou as expressões faciais. Naturalmente, os filmes nos ensinaram a não levar em conta os Sinais de Perigo. Quantas babás adolescentes idiotas são necessárias para entender que o ruído por trás da porta é o assassino?

Nos filmes, se a garota deixa de lado a saia rodada, faz permanente no cabelo e usa roupas de couro, ele aparecerá no parque de diversões vestido num suéter! Nossa heroína nunca desiste do marrento, e ele sempre chega de volta à cidade montado numa moto. Depois, tira a bonitinha do canto em que esta se enfiou ou vai buscá-la na fábrica onde ela trabalha, sem sujar nem um pouquinho o uniforme branco em que está vestido, ou sobe pela escada de incêndio da casa dela, enquanto a limusine dele espera junto à calçada e ele declara que não se importa de que ela seja prostituta. Por vezes ele chega a se penitenciar bancando o técnico de um time de futebol de crianças de baixa renda ou o melhor amigo dele tem que despencar para a morte num acidente de avião em velocidade supersônica. Ou seja, qualquer besteira. O que eles mudam em Hollywood é o desfecho.

Vejamos o exemplo da peça *Sexual Perversion in Chicago* — eles se conhecem, se apaixonam, vão viver juntos; ele não consegue aguentar, ele vai embora. Fim. Quando transformaram a peça num filme, o nome mudou para *About Last Night* (*Sobre ontem à noite*). Eles se conhecem, se apaixonam vão viver juntos; ele não consegue aguentar. Vai embora Mas então ele entende tudo, volta e os dois caminham em direção ao sol poente, rumo à terra do "felizes para sempre" É claro que sim.

Até os contos de fada de nossa infância nos ensinam a ignorar os Sinais de Perigo. Se a Cinderela precisou entrar de penetra no baile com uma roupa emprestada, será que vai realmente se sentir à vontade em passar o resto da vida com a coroa dele? Lembre-se da princesa Diana... Se a Branca de Neve, para agarrar um marido, teve que cozinhar e limpar para sete homenzinhos, o Príncipe iria levá-la a sério quando ela dissesse que queria voltar a estudar? E que dizer a respeito da Bela? Ir morar com a Fera não será arriscado, além de insensato? Quem parece Fera e age como fera, que chances terá de ser realmente um príncipe? Cá para nós, meninas, se vocês continuarem a beijar sapos, talvez o problema seja com vocês e não com o sapo. Por mais constrangedor que seja, em algum momento precisamos avaliar com cuidado as escolhas feitas e a nós mesmas. Mudar nosso comportamento (para melhor) é muito mais saudável que tentar mudar o comportamento alheio.

Rhonda e Parker tinham um relacionamento de contos de fadas. Conheceram-se na universidade, quando a irmandade dele estava oferecendo um jantar à dela. Ao se casar fizeram uma festa de contos de fadas, compraram uma casa de contos de fadas, num bairro de contos de fadas e estavam planejando ter três crianças de contos de fadas. Então ela conseguiu um trabalho sensacional e se tornou a inveja de todo o círculo de amigos deles. E foi aqui que o conto de fadas sofreu uma reviravolta horrorosa. No conto de fadas de Parker, a Mamãe Ursa nunca recebia um salário maior que a do Papai Urso, e se recebesse, a história teria tido um final muito infeliz. Parker nunca chegou a dar a ela os parabéns pela façanha realizada. O ego dele não conseguiu se ajustar ao fato de Rhonda ser mais bem-sucedida que ele na vida profissional; portanto, resolveu destruir a felicidade pessoal dela. Depois de meses dando-lhe um gelo e insinuando que tinha uma amante, Parker finalmente foi embora, deixando-a sozinha na casa outrora perfeita, no bairro outrora perfeito em que viviam. Felizmente, ela não ficou esperando cem anos pelo beijo do próximo príncipe. Rhonda vendeu a casa, mudou-se para um apartamento maltratado numa zona de revitalização urbana da cidade e foi curtir seu novo conto de fadas da liberdade.

papo de bittergirl

Não se esqueça: o único traço em comum entre os contos de fadas, os filmes de Hollywood e os relacionamentos da vida real é que em alguma altura todos eles chegam ao fim. Alguns terminam de forma mais infeliz que outros, mas se você ler com atenção o roteiro, geralmente poderá adivinhar o desfecho da história antes que as capas duras sejam fechadas com um estrondo sobre seu coração.

O desafio da mudança

Todos os Sinais de Perigo foram manifestados para que você os visse. Mas você resolveu que de forma alguma eles são sinais; eles são pedidos de socorro! Ele quer que você o ajude! Quando ele declara não querer filhos, você sabe que conseguirá fazê-lo mudar de ideia. Depois de conhecer sua afilhada Gabriela, ele agradecerá a você por ajudá-lo a ver a luz. Quando ele diz brincando que não consegue nem soletrar a palavra monogamia, você escreve com as peças do jogo M-O-N-O-G-A-M-I-A em cima da mesa de cabeceira dele e promete ajudá-lo nessa dificuldade. Você não gosta de nenhum dos amigos dele, nem das tatuagens de motoqueiros que usam. Você não é crítica — apenas sabe que bem no fundo ele estaria mais feliz convivendo com mauricinhos no clube campestre, bebericando Pimms em trajes de tênis. Quando ele conta orgulhoso que os colegas o chamam de "tamanho família", você acredita honestamente que com o passar do tempo a admiração dele pelos filmes japoneses irá superar a obsessão pelos órgãos genitais.

Você se imbuiu da ilusão de que o amor tem o poder de transformação, quer ele deseje mudar ou não. De fato, ele precisa de que você o mude. Ainda que se saiba de várias instâncias em que isso ocorreu, o Instituto de Pesquisas Avançadas em Relações Desfeitas adverte que a decisão de mudar alguém é desastre garantido.

Eleanor caiu de quatro por Graham. Ele era um empreiteiro bem-sucedido, dono do próprio negócio, que amava seu caminhão e gostava de passar os fins de semana na casa de campo. Ela tinha um excelente emprego no setor financeiro e adorava gastar dinheiro com ele. Comprou-lhe um guarda-roupa completo da J. Crew, decorou o apartamento dele com estilo minimalista e até lhe deu de presente um 4x4 zerinho no aniversário. Nada era bom demais para o precioso Graham. Após um término devastador, ela o viu dirigindo por aí uma velha picape detonada, usando uma de suas velhas camisas de xadrez. O que isso está dizendo? "Você pode levar um cavalo até a beira do rio, mas não pode fazê-lo usar J. Crew."

papo de bittergirl

Quando você descreve os traços encantadores dele, trata-se de coisas que você pretendia lhe ensinar? Sinal de Perigo. Se você entrar numa relação disposta a mudá-lo, praticamente já terá carimbado um prazo de validade antes mesmo de vocês terem dormido juntos. Ninguém deseja ser seu projeto escolar. É para isso que existem aqueles programas de transformações radicais na tevê. Se uma carta de espadas é uma carta de espadas, ela não vai se transformar numa carta de ouros da noite para o dia, por muito que você queira.

Desculpas e mais desculpas

Vocês dois são TÃO felizes... É claro que enormes Sinais de Perigo podem ter cruzado seu caminho, porém você fez uma escolha consciente de não se permitir perturbar por eles. Você arranja explicações para o ultrajante e incoerente comportamento dele e trata de comunicá-las a quem quiser ouvir. Como na manhã de terça-feira em que ele chegou cambaleando em casa às 5 da manhã com manchas de batom no colarinho, depois de uma noitada com os amigos. Você sabe perfeitamente bem o quanto essa rapaziada precisa aliviar a tensão. Eles trabalham tanto. Foram para um clube de striptease — e daí? — e fizeram umas bobagens, e o Blair roubou o batom de uma das dançarinas e tentou deixar todos os outros em má situação com as namoradas. Você e as outras garotas não são tão inocentes assim, não é verdade?

Não importa se os atos dele são constrangedores, esquisitos, chocantes, dolorosos ou ofensivos, sua imaginação trabalha a pleno vapor para justificar todo e qualquer Sinal de Perigo. Ele não virá com você à festa de noivado de sua melhor amiga porque está deprimido; ele anda sempre bebendo por aí porque realmente não se sente feliz no emprego; ele deixa trancada a porta de seu escritório doméstico por não querer que as crianças lhe desorganizem a escrivaninha. Ele não está no clima para transar porque não está satisfeito com a aparência do próprio corpo. A lista continua. Afinal, não é seu dever de parceira dedicada e amorosa fazer concessões a seu homem? Você acredita que as desculpas que está arranjando para ele são apenas uma forma feminina de mostrar empatia e compaixão. E precisa dizê-las em voz alta para os demais escutarem, pois isso, de algum modo, irá torná-las mais reais.

Quando Tristan fez uma limpeza de pele em Shoana para comemorar o primeiro aniversário do casal, ela suspeitou que algo estava errado. Em vez de prestar atenção no Sinal de Perigo, resolveu que ele estava preocupado com cuidados estéticos por ter sofrido de uma terrível acne na adolescência. Quando, quatro meses depois, Tristan assumiu sua homossexualidade, ela teve de admitir que bem lá no fundo não deveria ter ficado surpresa.

papo de bittergirl

ACORDA, MENINA! Você talvez se ache compassiva e compreensiva, mas no fundo está desesperada e delirante. Na cegueira do amor, poderia justificar praticamente qualquer coisa. Poderia se convencer de que Hannibal Lecter, o dr. Christian

Szell de *Marathon Man* e Mussolini são homens engraçadinhos, inocentes e amorosos. Querida, no momento em que começar a inventar desculpas para ele, pise no freio, retoque o batom e arranje um pretexto para terminar o namoro.

Agora, localizado seu estilo em matéria de fuga, é hora de fixar os olhos nos Sinais de Perigo citados com mais frequência nos estudos comportamentais sobre separação.

OS CINCO SINAIS DE PERIGO MAIS COMUNS NOS HOMENS

Horror a compromisso

O Sinal de Perigo mais audível e, de longe, o mais comum se manifesta em quatro palavrinhas. Ah, a sedução, a intoxicação, a simples menção a estas e num átimo somos transportados para outro universo — "Não consigo assumir compromisso".

Garotas, porque será que ouvimos esta frase como um desafio, em vez de como uma advertência? Nem bem ele pronuncia as palavras e nós nos desligamos, passando diretamente à fuga estilo nº 3, dizendo a todos os ouvintes potenciais que "eu serei a mulher que vai mudá-lo". Com a devida quantidade de amor e carinho você vai domesticar os demônios, remendar Humpty Dumpty, ajudá-lo a esquecer a deplorável infância que teve, mostrar a ele que não é tarde demais para tocar guitarra na banda Aerosmith. E vai tomar conta dele, bancar a mãe para ele, a babá, a treinadora, a melhor amiga; o amará de tal forma, mais que qualquer outra pessoa, que obrigatoriamente ele assumirá um compromisso. Meninas, ele é um homem, não um cachorrinho. Não há quantidade suficiente de treinamento que o convença a ficar. Se ele quiser ficar, ele ficará; caso não queira, deixe que vá fazer pipi no poste alheio.

Ouça com atenção quando ele disser "Não consigo assumir compromisso". O que realmente está dizendo é *"Não consigo assumir compromisso"*.

Arielle ainda se espanta de seu encontro com o Homem sem Rumo, um fóbico com aversão a compromisso. "Lembro que ele me beijou, olhou bem fundo nos meus olhos e disse: 'Não se apaixone por mim, gata, pois eu só trago problemas. Lá no Texas tem uma garotinha que não conhece o pai.' Eu quase caí na risada com uma frase tão cafona, mas era quase um desafio; então, o que fiz? É claro que eu me apaixonei. E ele partiu meu coração."

papo de bittergirl

Se um homem declarar que não está pronto para assumir compromisso, que sabe que só vai magoar você, que não quer se prender ou que não está pronto para nada sério, ACREDITE NELE. Ele não está fazendo joguinhos, nem desafiando sua capacidade de se relacionar; está lhe avisando que não se envolva.

Relações passadas

Pode-se dizer muito sobre um homem pela forma como ele fala sobre suas relações passadas. Quem sempre terminava os relacionamentos era ele? Quantas vezes ele foi casado? Alguma vez levou um fora? Foi infiel? Largou alguém no altar? Diz ter sido assediado por mais de uma pessoa? Fala constantemente sobre a ex? Ele alega já ter esquecido a última namorada, mas as pessoas confundem você com ela o tempo todo. Ele cai num choro convulsivo quando escuta "a música deles". Ele pede para você dormir no lado "dela" da cama. Ele apresenta você como "amiga" dele, quando por acaso encontram com ela na rua. Ele faz você se abaixar quando passam de carro na frente da nova casa dela. Não deixa você atender ao telefone dele. Diz que eles já não estão mais juntos, mas ainda guarda tudo dele na casa dela e sua voz ainda está na secretária eletrônica dos dois. Ela ainda é a beneficiária do seguro de vida dele? A separação deles ainda é o tema da crônica que ele escreve semanalmente ou da exposição de artes plásticas que ele está fazendo no momento? O hidratante dela ainda está no armário de remédios? Ele falta à festa de aniversário de sua melhor amiga porque precisa ajudá-la a fazer uma mudança, trocar um pneu furado ou tomar conta do gato? Sinais e mais Sinais de Perigo.

No caso oposto: ele diz plavras cruéis sobre as ex-namoradas? Faz comentários malévolos sobre ela ou as amigas dela? Comenta que ela era péssima de cama? Que era implicante? Que exigia dinheiro demais como pensão para os filhos? Que detestava todos os amigos dele do time de boliche das noites de segunda, quarta e sexta? Que era puritana a respeito de pornografia na internet? Que reclamava quando ele apostava dinheiro? Nas histórias que conta, ele é sempre a vítima? Lembre-se, se ele fala mal das ex-mulheres, é muito possível que algum dia fale mal de você.

Tara ficou em êxtase quando Solomon a convidou para sair. Solomon sugeriu que ela assistisse ao número cômico que fazia no clube nas noites de quinta-feira e depois iriam jantar juntos. Tara não queria ir sozinha, logo convidou um grupo de amigos para assistir ao número dele. Ela estava louca para exibir o novo candidato a namorado. Mas a animação durou pouco. Solomon começou o ato dedicando-o à ex-namorada Sandy. Durante uma hora ele cobriu cada detalhe íntimo da relação, de como se sentia um fracassado sem ela e do quanto era bonita. Tara ficou arrasada e os amigos se mexiam constrangidos nas cadeiras. Nem preciso dizer que a noite terminou abruptamente depois do número dele.

Amy conheceu Jason numa festa e a química entre eles foi imediata. Ele a convidou para jantar na semana seguinte e o primeiro encontro deles durou 48 horas. Instantaneamente eles se tornaram um casal. Tudo que dizia respeito a ele era intenso. Ela ficou arrebatada pelo clima romântico. Três semanas depois de começarem a namorar, ele lhe deu uma carta que havia escrito no dia em que iriam jantar juntos pela primeira vez. Na carta, Jason escreveu que tinha a sensação de que ela era quem iria restaurar sua fé no amor, na vida, na humanidade. Ele fora tão magoado pela ex-mulher que tinha parado de acreditar no amor. Esperava que Amy fosse mudar aquilo. Na época, ela achou muito comovente. Oito meses depois quando ele a deixou para voltar à ex-mulher, Amy queimou a carta. Pelo visto, assim que aprendeu a amar, ele voltou a amar a antiga namorada.

papo de bittergirl

É comum sentir-se tentada a procurar justificativas para o homem que vive no território da ex. Afinal, você argumenta, a única forma de esquecer um amor é encontrar um novo amor. Por que não seria você a pessoa que irá curar o coração dele, restaurar-lhe a fé no amor, fazê-lo ver que as mulheres não são todas iguais? Querida, é para isso que existe a psicoterapia. Mande-o para o terapeuta e, se ele voltar para você, ele é seu; se não voltar, é porque não era mesmo para ser.

A história dele

Ele parece tão resolvido. Tem 38 anos. Tem um carro sensacional, uma carreira fantástica — mas ainda está morando com os pais enquanto economiza dinheiro para comprar uma casa? Sinal de Perigo. Quando fica zangado, seu primeiro impulso é puxar o cinto? Sinal de Perigo. Como é o relacionamento dos pais dele? Como foi a infância? O irmão o deixava trancado no armário durante horas, quando os pais davam uma saída? A mãe o protegia tanto que até os 15 anos ele nunca andou de ônibus sozinho? Se ele tem filhos, como é a relação com eles? Como ele trata os filhos? O Instituto de Pesquisas Avançadas em Relações Desfeitas aponta com frequência para a história familiar como fator essencial na capacidade demonstrada por um homem para formar bons relacionamentos. E acredite nas bittergirls — nós vimos indícios suficientes para comprová-lo.

Sam se surpreendeu pelo fato de o namorado Tony ficar ressentido com o tempo que ela passava com os próprios filhos. Quando percebeu que ele queria uma mãe e não uma amante, ela botou o caso na conta da experiência e nem cobrou dele seis meses de despesas que tivera com babás.

Depois de uma série de romances malsucedidos com *bad boys*, a bittergirl Kathryn pensou ter encontrado ouro quando conheceu Isaac. Vindo de uma família estável, ele não tinha uma palavra negativa a dizer sobre as ex-namoradas. Os pais dele tinham morado juntos por quarenta anos e nunca trocaram uma palavra grosseira. Isaac adorava os pais e eles, por sua vez, adoravam Isaac e Kathryn. Ela só percebeu que havia problemas quando tiveram seu primeiro grande conflito. Criado numa casa onde ninguém jamais discutia, ele não tinha ideia de como fazê-lo. Enquanto ela falava e argumentava e tentava chegar à raiz de qualquer problema, Isaac se mantinha inerte, recusando-se a mostrar qualquer tipo de emoção. Ela logo entendeu por que ele nunca discutia com as ex-namoradas. Tão logo alguma delas mostrava qualquer sinal de raiva, imperfeição ou erro humano ele a deixava e apagava a placa de memória. Ah, Isaac! A vida real está atolada até os joelhos em conflito e pronta a invadir o mundo. Em lugar de um manequim, nós sempre iremos preferir um homem capaz de apreciar uma boa discussão.

papo de bittergirl

Nós detestamos admiti-lo, mas existe por vezes um fundo de verdade na ideia de que buscamos reproduzir a vida de família na qual fomos criados. Embora a história dele possa justificar seu comportamento atual, reconheça os Sinais de Perigo, erga sua taça de martíni e repita conosco: "*Acabou. Não posso mudar o passado dele para consertar nosso futuro.*"

Traidor em série

Com frequência nos espantam essas bittergirls que se afirmam chocadas quando o homem que *elas* roubaram de alguém as abandona pelo modelo mais recente. Recordemos a história de Mindy, secretária do dr. Patrão. É claro que ela não tinha intenção de destruir o casamento de 25 anos dele. Sim, ela frequentou a escola particular com a filha mais nova dele. E, claro, quem não gostaria de passar as férias de verão na casa dele à margem do lago em St. Bart's? Mas, cá entre nós, Mindy, você não tem juízo? Foi para St. Bart's com os gêmeos de

4 anos, o bebê, a babá que não fala inglês, e ele ficou sozinho na cidade com a nova assistente executiva?

papo de bittergirl

Amiga, uma vez traidor, sempre traidor. O que você esperava? Umas voltinhas com você e de repente ele virou São Francisco de Assis? Fala sério. Não se trata apenas de comportamento impróprio para uma bittergirl; isso também se chama carma. Agora enxugue as lágrimas e vá trabalhar como voluntária em algum sopão comunitário. E pare de botar a mão naquilo que não lhe pertence, como o marido das outras.

Eu não quero ser adulto

Ele mora numa maravilhosa casa de estilo vitoriano e cada cômodo é espetacularmente decorado, exceto o quarto dele, onde só há um futon e uma estante da Ikea a que faltam duas prateleiras. O quarto tem pilhas de revistas e fotos das garotas de calendários pregadas nas paredes. Ele tem até um velho semáforo num canto, que fica acendendo o tempo todo, vermelho, verde, amarelo, vermelho... e isso aqui no futon, ao lado de sua cabeça, será que é mesmo uma mancha de vômito? Eca, ele é um calouro de faculdade preso no corpo de um banqueiro de investimentos. Duplo Sinal de Perigo.

Durante anos Mariana se encantou por Franklin, o roteirista. Ele era tão perfeito, tão criativo, tão dedicado. Ele passava metade do ano na cidade dela, seguindo a musa dele, e a outra metade outra vez no estado de Nova York, cuidando da mãe idosa. Quanta dedicação! Quanta devoção! Quanto amor pela família — algo admirável hoje em dia. Ah, ele queria que fossem morar juntos e queria cuidar dos filhos dela; adorava as crianças — se fosse o verdadeiro pai, não poderia ser mais devotado. Mas tinha outras obrigações, acima de Mariana e da família dela, e ela o admirava por isso. Então, depois que a mãe morreu, ele ainda não foi morar com ela. Tinha prometido à mãe cuidar da casa dela depois que ela se fosse.

papo de bittergirl

Vamos lá, Mariana, acorde e vá tomar um café. Franklin tinha outros três irmãos que não estavam sacrificando as vidas e as ambições de adultos pela mamãe. Não será que... uhmm ... talvez Franklin não quisesse ser adulto e viver com Mariana e os filhos? Não seria um choque demasiado forte para o sistema de um homem que aos 48 anos ainda vivia metade do ano com a mãe? Ah, claro, ele estava "cuidando da mamãe", mas isso só significava que já na metade da vida ele nunca tinha comprado nem tinha alugado uma propriedade em seu próprio nome, que a mãe pagava todos as contas e que em seis das sete noites da semana ele jantava os pratos prediletos da infância, que a mãe lhe preparava. E é claro que Franklin passava a metade do ano com Mariana e as crianças, mas, atenção — era ela quem o alimentava e quem pagava as contas, e para Franklin o que sobrava era gostar das crianças e brincar com elas. Tarefa que não é tão difícil quando se tem a mesma maturidade mental de uma babá adolescente. Então, quando a mamãe finalmente morreu, as bittergirls não ficaram nada supresas de ver Franklin procurar uma garota de 22 anos, isenta de obrigações adultas, e largar Mariana e as crianças num piscar de olhos.

As bittergirls sabem que você é uma adulta. Preste atenção aos Sinais de Perigo, porque tudo indica que, se ele está bancando a criança, ele é uma criança. Aplicando as leis da inércia, veremos que ele vai querer continuar a ser uma criança. E por que não? Você sempre pode encontrar alguém que lhe chame de bebê, mas a questão é evitar que seja você quem cuida do bebê. Porque desconfiamos que você realmente quer um homem adulto. Você não merece menos que isso.

Alguns Sinais de Perigo são mais óbvios que outros. Quando o Instituto de Pesquisas Avançadas em Relações Desfeitas apurou quais seriam os cinco principais Sinais de Perigo comportamentais, reconheceu prontamente a existência de uma infinidade de outros. Aqui estão alguns dos mais óbvios que localizamos.

Sinais clamorosos de perigo

1. Quando ele tranca você no carro dele e põe para tocar sem parar a música "Suspicious Minds" [Mentes Desconfiadas] você acha que é só porque ele é fã de Elvis Presley?

2. Quando ele lhe chama de "anjo", "neném" ou "gatinha", você nunca reparou que ele não consegue lembrar seu nome?

3. Quando alguém pergunta quanto tempo faz que vocês estão juntos, ele diz "seis meses", enquanto você diz "dois anos"?

4. Num jantar à luz de velas, quando ele olha para você e diz: "Que tal um pouco do velho 69?", ele não está falando da safra do vinho. Está falando da falta de preliminares!

5. Quando ele lhe diz que converse com O Melhor Amigo, com A Jiboia ou com o Joãozinho, porque ele não tem vontade de conversar, e, pior ainda, quando ele fala com o Sr. Gigante, com O Campeão ou com a Vara Quente, porque não quer falar com você, nós dizemos SINAL DE PERIGO!
6. Quando ele lhe pede que passe a ferro seu capuz branco com buracos para os olhos, e não se tratar de fantasia do Dia das Bruxas, é um sinal de perigo.
7. Se ele "apaga" em consequência da noite anterior e não é porque a transa foi tão sensacional. É mais um Sinal de Perigo "Absolut".*
8. Você está preocupada com aquelas manchas de sangue? Lembre-se de que os postos de hematologia não pegam uma veia diferente do doador a cada vez. Este é um Sinal de Perigo viciado.
9. Olhe a casa dele com atenção. Quando ele lhe mostrar o rombo que fez na parede, e tratar-se de um problema de descontrole emocional e não uma tentativa de demolição para reforma. Este é um Sinal de Perigo com potencial para uma ligação para a polícia.
10. Quando você chega em casa, do trabalho, e o encontra deitado na banheira completamente vestido.
11. Quando ele declara que está explorando a própria sexualidade, acredite nele. Vocês não poderão ter um relacionamento sadio enquanto ele estiver dormindo com seu irmão.

---

* Alusão a uma conhecida marca de vodca. (*N. da T.*)

12. Ele lhe informa que o noivado de vocês tem caráter experimental. Caso você passe no teste de três meses, ele lhe pedirá em casamento.

São Sinais de perigo! Perigo! Perigo!

Sabe? Há uma razão para não existir a expressão "intuição masculina". Para compensar as dores do parto, Deus concedeu a nós, mulheres, a intuição feminina. Você a conhece, é aquela voz bem pequenina que diz "Talvez *seja mesmo* um pouco estranho eu não estar autorizada a telefonar para ele às terças, quintas e sábados." Sabemos por experiência própria que se ele se tranca no escritório e passa horas usando a máquina de destruir documentos ele é um contraventor ou está tendo um caso. Talvez ambos. O orçamento familiar está desequilibrado e ele toma café todas as manhãs com a nova modelo de biquíni sueca que trabalha na sala em frente; se ele está fazendo musculação constantemente e nunca tem vontade de transar com você — talvez esteja planejando uma surpresa para seu aniversário de 40 anos, mas por outro lado... o que diz sua intuição?

Uma de nossas histórias favoritas de bittergirls é a de Emily, que desconfiava que estava sendo enganada pelo marido. Quando ele comunicou a ela que teria "mais uma maldita conferência de fim de semana" em outra cidade, ela ajudou o marido a fazer as malas, deu-lhe um beijo de despedida na porta de casa, falou carinhosa o quanto sentiria falta dele Um segundo depois que o Rolls Royce dele saiu da garagem, ela disparou para o escritório, esvaziou-lhe o precioso triturador de documentos e passou as 48 horas seguintes colando minuciosamente com fita adesiva as provas da infidelidade do marido. Pedacinho por pedacinho foi descobrindo recibos de hotéis, de pulseiras de brilhantes, de jantares para dois em restaurantes onde ela jamais pusera os pés e a trilha de papel dos lugares exatos onde ele estava escondendo fortunas em dinheiro ganhado por fora! Com as provas agora em xerox e com seu instinto intacto, ela saiu do casamento com metade da fortuna dele e a certeza de ter resgatado parcialmente o orgulho ferido.

Outra bittergirl confessa:

"Eu tinha a sensação de que meu namorado talvez estivesse ligado à máfia. Ele nunca disse concretamente 'Preciso lhe contar uma coisa', nem nada do gênero; tudo não passava de detalhes. Ele nunca teve conta bancária. O tempo todo que estivemos juntos ele recebia em dinheiro vivo por trabalhos que não queria comentar. Mas nunca podíamos cruzar a fronteira, para ir aos shoppings de desconto, porque ele não tinha passaporte. E havia mais, do tipo, em vez de sair para jantar, ele passava a noite me ensinando formas de evitar interrogatórios da polícia. Então o bar onde eu trabalhava foi pelos ares no dia em que ele desapareceu sem sequer se despedir. Algo me dizia 'Aí tem coisa', mas não dei atenção. Quer dizer, afinal ele não foi o pior sujeito que eu namorei."

Agora, prestem atenção, garotas, existem tantos Sinais de Perigo discretos quanto existem homens. Aqueles momentos silenciosos, porém terríveis, em que você de repente percebe que ele já não a ama, talvez sejam menos humilhantes que o ato de flagrá-lo nu e de quatro, dentro da despensa, com a babá adolescente, mas não machucam menos.

Cherie avaliava os sentimentos de seu homem em relação a ela chamando o Sinal de Perigo "à la John Hannah". No filme *De caso com o acaso* há uma cena em que a personagem de Gwyneth Paltrow está do outro lado de uma mesa cercada de gente; ela está rindo e conversando, e o personagem de John Hannah fica só a observá-la com uma combinação intensa de ternura e deslumbramento. "A cena me deixou sem fôlego por ser um momento de intimidade tão lindo e porque percebi que meu ex costumava me olhar daquela forma. E que havia muito tempo que ele não me olhava assim. Olhando para trás, acho que naquele momento fiquei sabendo que nosso namoro estava acabado. A relação levou meses para terminar, mas, pelo menos, sei que mereço um momento John Hannah. E algum dia vou ter esse momento de novo."

sinais de perigo discretos

1. Ele já não lhe dá flores.
2. Ele não canta canções de amor para você.
3. Ele quase não fala mais com você quando chega em casa no final do dia.
4. Vocês estão jogando Scrabble e ele usa as letras A, M, O, R, para formar a palavra ROMA.
5. Ele não nota quando você fez mechas nos cabelos.
6. No restaurante, ele pede Chardonnay para você, que sempre tomou Sauvignon Blanc.
7. Ele lhe traz um bombom Sonho de Valsa, mas você tem alergia a nozes.
8. Ele experimenta na cama uma nova técnica que sabe que você detesta.
9. Pela primeira vez na relação, ele compra perfume para usar.

10. Ele começa a lhe contar um filme que vocês viram juntos.
11. Você encontra uma carta em que ele foi aceito para um mestrado na Índia e você sequer sabia que ele havia se candidatado.
12. A irmã dele lhe pergunta o que você planejou para o mês em que ele fará uma travessia solitária no Yukon.

Enquanto está afundada no sofrimento da desilusão amorosa, talvez lhe pareça estranho pensar que talvez você também tenha emitido seus próprios Sinais de Perigo. Você sabe o quê — as vozes discretas que diziam que talvez a atração pelo pediatra do Júnior não fosse imaginária. Talvez algumas noites em que, deitada, você o ouvia roncar e tinha ânsia de asfixiá-lo. Talvez tenha chegado a planejar a roupa que usaria no enterro. Mas você não agiu assim, porque o amava, porque levava a sério o compromisso, porque não tinha depilado as pernas no dia em que o dr. Dave deu mole ou porque temia que o presídio feminino não fosse tão divertido quanto parece no filme *Chicago*. Você teve seus próprios Sinais de Perigo; apenas não agiu de acordo com eles.

Talvez desconfiasse de que ele já estava com um pé fora, mas em vez de sair primeiro e vencê-lo em seu próprio jogo, você optou por ficar e lutar pela relação. Portanto, você ignorou o impulso instintivo que lhe dizia "não saia andando, saia correndo". Você está de parabéns pela resolução de lutar. Ponha isso na conta da experiência e lembre-se daquele nó de premonição no estômago. Aproveite a lição e siga em frente.

Se você tem o hábito de escrever num diário, dê uma olhada em algumas anotações antigas. Mesmo que talvez não proclamasse em preto e branco sua infelicidade, você poderá se surpreender com os indícios que encontra ali. Uma bittergirl nos contou que, como artistas, ela e o parceiro tinham abordagens muito diferentes para a questão da criatividade. Até examinar algumas anotações antigas, ela nunca tinha percebido que grande parte do bloqueio criativo que a afetava decorria da visão disciplinada do namorado à arte que ele criava. Sem perceber, ela havia enquadrado sua própria musa no horário rígido, para manter equilibrada a vida doméstica dele. Os sinais de perigo estavam lá. Ela apenas deixou de identificá-los enquanto anotava subconscientemente seus pensamentos na página.

Josie, bittergirl declarada, quase não acreditou ao ser dispensada pelo cara mais recente. "Eu achei que ele era o homem perfeito, que teríamos filhos, que eu ficaria velhinha ao lado dele." O azar é que Josie pensou o mesmo dos cinco últimos namorados. Inteligente, bem-sucedida e bonita, ela está tão inclinada a compartilhar sua vida incrível com alguém que fica mentalmente compondo convites de casamento e combinando o mobiliário, antes que o jantar do primeiro encontro tenha chegado à hora da sobremesa. Ela se joga em cada relação com tal fervor que não causa surpresa o fato de derrubar o novo namorado com o peso de toda a bagagem inesperada trazida dos namoros mais recentes. As bittergirls recomendam a Josie que analise os Sinais de Perigo que está emitindo, para não colocar sobre si mais etiquetas de "Frágil".

Lembrem-se, garotas, não se trata de apurar quem é culpado. Identificar os Sinais de Perigo é apenas uma forma de não demorar a detectá-los na próxima vez. Enquanto você passa da

Mitologia do Relacionamento aos Sinais de Perigo, não é delicioso reconhecer que ele tinha pelo menos um par de defeitos? Até que enfim! Você está atravessando aos saltos sua FRPT. Está colocando a relação no passado e em perspectiva. Reconheçamos que fica difícil chorar por um cara que usa meia 3/4 branca com sapato social preto ou que manda tatuar nos braços letras de canções que escreveu. Enquanto ele reclama com a próxima namorada sobre os farelos deixados por ela no banco do Audi, você pode olhar triunfante enquanto continua sua fabulosa jornada de bittergirl para longe dele.

tarefas para a bittergirl

1. Sinais, sinais, sinais por toda parte Elabore uma lista de sinais que você viu e ignorou. Podem ser sinais da relação que passou ou de diversas relações combinadas. Você consegue enxergar um padrão? Guarde a lista para uma de suas *noites de vinculação afetiva das bittergirls.* Achamos que talvez seja útil para no mínimo uma das atividades que sugerimos no Capítulo 14.

2. Ele virou um cartão Pegue seu Sinal de Perigo favorito e mais ridículo e crie um desenho ou uma frase sobre o ex. Transforme o resultado num cartão. Emoldure ou faça cópias e remeta aos amigos. Faça um cartão para cada sinal detectado. Troque-os com suas bittergirls, use-os como uma afirmativa maluca, como cartão de anotação ou como lista de compras. Acredite, eles são mais engraçados que as drogas de cartões de anjinhos que não dão nenhum conselho sobre as relações.

oito

a bitter-mãe

Ah, nossa querida, adorada bitter-mãe. Sabemos que você está aí. As bittergirls têm visto muitas bitter-mães passarem lentamente pela FRPT, atacando com fervor a Mitologia do Relacionamento, rindo de alguns dos Sinais de Perigo e depois parando de repente e gritando:

— Mas dá vontade de esganar aquele babaca! Como foi capaz de abandonar a mim, a nós, à nossa família?

Amada bitter-mãe, nós ouvimos seu grito e estamos aqui para apoiá-la.

Vocês se apaixonaram. Resolveram enfrentar a parada e se casar. Os sinos bateram, alegres. Entretanto, o casamento por vezes envolve na mesma relação outros além de vocês dois. Na corrida para chegar ao "felizes para sempre" vocês quase sempre procriam, produzindo a família nuclear.

Contaminação nuclear

Você só não sabia que nesse "felizes para sempre" o termo *nuclear* significava uma explosão pós-apocalíptica que iria deixá-la atordoada, com uma hipoteca numa das mãos e uma criança na outra, e lutando bravamente para cruzar com seus pés sem pedicure o terreno devastado.

Algumas de nós tinham vontade de enfiar pregos na testa do ex. Algumas ficaram deprimidas. Outras ficaram se culpando — diabos, algumas têm vontade de botar a culpa em alguém, em qualquer um, pelo que aconteceu. Porque isso não está direito. Não foi isso que visou. Não foi o que imaginou ao pronunciar os votos, desembalar a mobília, se deitar na maternidade com seu lindo filho nos braços. Queria formar uma família e não ser o filme da semana estrelado por uma atriz de televisão que foi famosa nos anos 1980! Queria uma vida, uma vida cheia de amor e de apoio e, no mínimo, um futuro. E agora, graças a seu ex-príncipe encantado você não tem mais nada disso.

De repente está por conta própria, lambendo as feridas e as lágrimas amargas, bastante copiosas no momento. Então, como fazer para se tornar grande e forte, administrar a casa, equilibrar todas as necessidades emocionais da família, se esforçar por não pintar de preto os dentes do ex em todos os retratos da família enquanto as crianças estão na escola e para não perder a cabeça? Querida, é para isso que as bittergirls estão aqui.

Brincadeira de criança

Como ser uma bittergirl sem criar filhos cheios de amargura? Pois bem, ajuste sua auréola, endireite a gravata do uniforme de bandeirante e ouça com atenção. Não importa a razão de ele ter ido embora, este é o momento em que você precisa ter a máxima estabilidade e ficar firme como rocha por seus filhos.

Principalmente nos dias em que mais tiver vontade de jogar uma pedra gigante na cabeça do ex-marido! Por ironia do destino, quando tudo a seu redor está desmoronando, quando você tem a sensação de que o próprio chão onde pisa está se abrindo a seus pés como o assoalho de uma casa maluca de parque de diversões, você é obrigada a ficar firme nas bases e ser adulta, por mais precária que seja a situação. Agora mais do que nunca seus filhos necessitam de que a mãe deles seja não apenas funcional, mas racional, honesta, responsável e bem-comportada.

Com toda a dificuldade que haja, a única forma de sair desse atoleiro de culpa, ódio e recriminação é se colocar acima dele e tratar com decoro a nova situação.

Não foi culpa das crianças que isso tudo tenha acontecido, e, pelo bem delas, não deve ser culpa de ninguém. Não importa o que aconteceu com os adultos; neste momento você precisa ser maior do que jamais se supôs capaz e aguentar o tranco, no interesse da família.

O que aconteceu ao casal só diz respeito a vocês dois. As crianças não são sua melhor amiga ou suas confidentes. Elas são apenas seus filhos. Em ocasiões como esta você precisa de suas colegas bittergirls para desabafar, para enlouquecer com elas, para falar dos planos de vingança que elaborou (aqui a palavra operacional é *falar...*)

Você precisa reunir a seu redor suas melhores amigas bittergirls e se apoiar nelas. Se precisar se queixar, queixe-se com elas. Se precisar chorar às três horas da manhã, ligue para uma delas. E se precisar sair para fazer loucuras, contrate uma babá e caia na farra com suas melhores amigas bittergirls, pois é para isso que elas estão aqui.

Seus filhos, ao contrário, não estão aqui para isso. Eles ainda precisam amar o pai e devem fazê-lo. Naturalmente, o abuso físico e mental é uma outra questão, e se é isso o que está acontecendo em sua casa, então, querida, as regras são diferentes e você não deveria estar lendo este livro e sim registrando uma queixa na delegacia local. Mas se suas lesões não forem físicas, mas antes psicológicas, o abalo com o teor inesperado da partida dele ou de sua imbecilidade, não partilhe essa informação com as crianças.

Libere a loucura com seu time e aja como adolescente o quanto sentir que tem de agir ou *precisa* agir, para sua própria sanidade mental, e depois volte para casa e ponha as crianças para dormir dizendo a elas que tudo vai dar certo. Porque assim será. Porque você lhes tem amor e cuidará de que no mundo delas tudo prossiga em ordem na medida do que lhe for possível.

Eles são seus filhos e merecem ter infância. Portanto, repita conosco: "Eu sou a adulta, meus filhos são as crianças."

Assuma a culpa

Como se já não bastasse ter de lidar com a própria queda livre emocional, você ainda é obrigada a se lembrar da infinidade de sentimentos que a essa altura estará percorrendo a mente de seus filhos, assim como percorre a sua. Se você está encontrando dificuldade em se ajustar ao término da relação, imagine como será difícil para seus filhos entender a situação. Você precisa se lembrar de que sentimentos são fatos e não pode negar o que seu filho está sentindo. Precisa lidar com isso. E com o fato de que para uma criança de três anos a desintegração da relação de mamãe e papai é muito diferente do que é para um adolescente de 13 anos. As explicações dadas precisam ser adequadas à idade e formuladas em termos que a criança entenda. Em meio à confusão e à reestruturação do lar, você poderá acabar levando a culpa pela reviravolta que o mundo deles sofreu. Claro que não é justo, mas quem falou em justiça durante o curso preparatório do parto? Algum dia eles entenderão, mas no presente poderão precisar que você funcione como saco de pancadas psicológico.

O Instituto de Pesquisas Avançadas em Relações Desfeitas compilou uma lista de comentários e perguntas dolorosos que constantemente maltratam o coração das mães no mundo todo, e de que forma a mãe adulta poderá lidar melhor com eles:

O que as crianças dizem: "Por que papai foi embora?"

O que você tem vontade de dizer: "Porque papai é um babaca de 38 anos com uma cabeça de 10 e nunca me fez gozar em todos os anos que passamos juntos."

O que você realmente diz: "Embora a mamãe e o papai não se amem mais, nosso amor por você não vai terminar nunca. Às vezes os adultos só precisam ficar sozinhos e às vezes, mesmo que ame demais os filhos, o pai não pode viver com a família. Mas acima de tudo, o que está acontecendo entre a mamãe e o papai não tem nada a ver com o amor deles por você, porque esta é uma espécie diferente de amor e um amor que nunca deixa de ser forte."

O que as crianças dizem: "Eu quero ir morar com o papai."

O que você tem vontade de dizer: "O papai e a secretária de 21 anos que ele engravidou não têm espaço no apartamento onde estão morando, em cima da garagem dos pais dela."

O que você, a adulta, realmente diz: "Sabe, seu pai e eu passamos muito tempo conversando sobre isso e decidimos que seria melhor para você viver comigo em nossa casa de sempre. Mas acima de qualquer coisa no mundo o papai ama você. E o difícil que ele fez na vida foi ir embora da casa onde todos vivíamos juntos. Porque o que ele mais gosta na vida é acordar no quarto ao lado do seu."

O que as crianças dizem: "Por que o papai não veio me buscar quando prometeu?"

O que você tem vontade de dizer: "Porque o papai é um bundão, que tem o discernimento de um mosquito, e não consegue cumprir compromissos no trabalho ou na relação, que dirá numa festinha infantil no McDonald's."

O que você, a adulta, realmente diz: "O papai telefonou e pediu desculpas por não ver você hoje, mas ele estava muito ocupado procurando comida e abrigo para um barco de refugiados e rasgando a própria roupa para fazer curativos nas feridas deles! Ele telefonará para você depois de aterrissar com um helicóptero cheio de crianças famintas na cobertura de um multimilionário que se interessa por filantropia. Seu pai é muito valente."

O que as crianças dizem: "Papai foi embora por sua culpa."

O que você tem vontade de dizer: "Tá certo. Papai foi embora porque ele não gostava de ter uma pessoa para cozinhar e lavar para ele, criar seus filhos, dividir as responsabilidades financeiras, lembrar o aniversário da mãe dele, deixá-lo vencer a partida de Banco Imobiliário para crianças e me foder a alma sem nem tirar as meias pretas!"

O que você, a adulta, realmente diz: "Quer saber? Quando seu pai me disse que já não podia viver aqui, fiquei maluca, porque queria que ele continuasse vivendo conosco. É terrível os adultos fazerem isso com as crianças, virar o mundo delas de cabeça para baixo, mas não quer dizer que você não tem pai e não quer dizer que seu pai ame você menos do que amava antes disso. Mas, tudo bem — pode ficar zangado comigo por isso. Você tem permissão. Algum dia você vai ver que não foi culpa de ninguém."

Agora, por muito que queira dizer aos filhos que os peitos de silicone da nova amiga do papai custaram US$20.000 e que o cabelo dela não é loiro de verdade, e que o papai não mora mais com você porque ele é um imbecil invertebrado que queria mais um novo carro esportivo do que uma família, não faça isso! Uma bittergirl sabe que as crianças só precisam dos fatos mais simples. Portanto, diga-lhes o que elas precisam ouvir. Então, depois que elas estiverem na cama para dormir ou estiverem fora para passear no novo e brilhante carro dele, você pode enfiar a cabeça no freezer e soltar a mãe de todos os gritos silenciosos, porque, querida, você está na pista de alta velocidade da martirização.

Depois de ser deixada pelo ex-marido com os filhos, Jean começou a fazer consigo um joguinho. Toda vez que dizia aos filhos "seu pai", dizia mentalmente "o babaca".

A espiã que me ama

Agora é domingo à noite e as crianças acabaram de voltar do fim de semana na casa do pai. Você os coloca na cadeira mais dura da casa e lhes acende nos olhos a lâmpada do interrogatório.

"O que vocês fizeram lá no papai? Como assim, coisas? Que tipo de coisas? Onde vocês foram? Vocês comeram? O que comeram? E quantos legumes verdes havia em seu prato? Ele já pintou a cozinha? Que tonalidade de amarelo? 'Não sei' não é uma tonalidade. Quem estava lá? Ela estava lá? Ele falou no meu nome? O que ele disse de mim? Você lembrou a ele o cheque? Era seu dever moral voltar para casa com um cheque! Você esqueceu as botas? Ótimo. Agora nossa manobra foi toda escancarada. Nosso disfarce se estragou porque você esqueceu as botas."

Ah, bitter-mãe, seja o que for, não mande seus filhos para a casa do pai como se estivessem sendo mandados a uma missão ultrassecreta pelo FBI. Se estiver desesperada por informação, use um detetive particular que a mantenha informada do número de grupos alimentares recomendados que seu ex está dando às crianças. Não lhes atribua a função de informante, emissário ou delator. Ponha seu advogado para fazer o trabalho sujo e deixe que eles sejam crianças saindo para se divertir com o pai. Depois, quando eles quiserem entrar para o Serviço Secreto de Sua Majestade, pelo menos que sejam pagos para isso.

Todas as manhãs Petra e Rachel levavam os filhos a pé para a escola. No ano seguinte à separação, Petra ficava difamando o ex, Callum, e falando de suas frustrações. Quando Petra descobriu que Rachel e Callum estavam se encontrando, ficou furiosa e tirou as crianças da escola frequentada pelos filhos da outra.

papo de bittergirl

Ah, Petra, que vergonha! Deixe as brigas infantis para o pátio da escola. Embora o comportamento de Rachel seja antibittergirl, punir seus próprios filhos não justifica. Eles já tiveram problemas suficientes com a dissolução do casamento dos pais, e afastá-lo dos amigos deles só porque você está zangada com os seus é um comportamento absolutamente antibittergirl.

SIGA EM FRENTE

Numerosas bittergirls nos falaram sobre a questão de se colocar acima da situação e seguir em frente, ao mesmo tempo em que se preocupam com as consequências do fato para os filhos. O que eles aprenderão sobre as relações homem-mulher? Você não pode ficar se preocupando com isso. Pode ter amigos e parentes que cultivem laços fortes e positivos, relações nas quais os dois parceiros se tratem com respeito e dignidade, e poderá dizer a seus filhos em termos inequívocos que é assim que os homens e as mulheres devem se tratar mutuamente. Sempre haverá em seu mundo exemplos que possa mostrar aos filhos. Além disso, pode demonstrar a eles que mesmo estando separados, a mamãe e o papai ainda podem se comportar como seres humanos civilizados normais.

Na verdade, pode haver bate-boca e também frustração e ansiedade, além de puxões de cabelo e gritaria. Mas aqui está a questão central: *não na frente das crianças.* Elas não devem participar do conflito emocional e da argumentação e conceitos para os quais não estão mentalmente preparadas. Isso não quer dizer que você não esteja sendo honesta com elas; porém, só pode usar o grau de honestidade que elas tenham idade suficiente para suportar. Não procure dourar a pílula, não dê falsas esperanças de que o papai e a mamãe vão se acertar e viver felizes para sempre, mas procure expor da melhor forma possível. Mesmo que você fique na cama enrolada na Mitologia do Relacionamento, não compartilhe os mitos com seus filhos.

Tudo isso pode ser difícil de lidar e pedirá um pouco de reflexão, preparação e trabalho intenso, mas o conceito de que esta seja uma situação permanente deve partir dos dois parceiros. Lembre-se: você já chegou a essa altura da FRPT e pode continuar progredindo.

As Bittergirls sabem quem são os adultos. E não se esquecerão disso.

O CAMINHO CORRETO

Muitas bittergirls tiveram a sensação de cumprir o papel de "vilão", na família reconstituída. Se a mãe recebeu a guarda dos filhos, então quase sempre tem uma carreira a cuidar, ajuda a fazer os deveres de casa, faz todas as tarefas, comparece a entrevistas com os professores, faz bolinhos para a festa beneficente da escola, não tem tempo de ir ao cabeleireiro retocar as raízes e se apresenta na reunião de pais usando chinelos e uma camiseta ao avesso. O pai cai de paraquedas no fim de semana e é o "cara legal". Quem não ficaria ressentido com isso?

Claro, mimar as crianças pode parecer o jeito mais fácil de ganhar o amor delas — no curto prazo. Mas quem quer uma criança que ninguém suporta? As bittergirls adoram uma criança bem-educada e articulada — mas todas nós conseguimos distinguir a quilômetros de distância a criança que aprendeu a jogar os pais divorciados um contra o outro. Ensine seus filhos, por meio do exemplo, a serem sadios e fortes e cheios de autoconfiança. A forma como os educava antes do Incidente é a que deve continuar a adotar depois — eles precisam da coerência que só você pode dar.

Depois de um tempo, até a criança mais novinha se cansa de doces. Toda criança precisa de limites e de uma boa educação. Pelo mesmo princípio, todo mundo precisa de um pouco de normalidade na vida.

Exausta e atrasada para preparar o jantar numa noite de quinta-feira, depois de apanhar o Luigi na natação e deixar Jamesina na aula de balé, qualquer mãe fica irritada quando ouve dizer que é ótimo que "Papai vai nos levar a (a preencher com o nome de algum empreendimento caro e divertido em matéria de parque temático/centro de diversões eletrônicas/evento teatral importante)." Mas depois de vários fins de semana de constantes injeções de excitação, o que as crianças realmente querem é a genuína convivência caseira com o pai — o tipo de coisa que elas têm com você. E queira Deus que seu ex entenda isso, porque as crianças com certeza entenderão em algum momento. Alivie a pressão diante das crianças, e sua tiara de bittergirl ainda estará em forma muito depois que as jujubas tiverem se acabado.

Stuart abandonou Jill quando Leigh ainda era um bebê de três meses. Jill criou a filha sem dizer uma só palavra amarga sobre ele. Quando Leigh, já adulta, decidiu que queria encontrar o pai, Jill a encorajou e desejou-lhe boa sorte. A filha fez contato com o pai, que só sabia falar mal da mãe. Leigh cortou todo o contato. De volta a casa, disse a Jill que ela era a melhor mãe do mundo e lhe agradeceu por ter dado a ela uma infância na qual não precisou ser adulta.

papo de bittergirl

Puxa, Jill, esta é a conduta que condiz com uma bittergirl e que nós adoramos ver. Não estamos lhe propondo bancar a submissa, nem carregar sozinha o fardo da separação. Estamos avisando que não espere que seus filhos percorram a mesma estrada que você. Eles precisam ser uma espécie de Suíça e a única forma de fazê-lo será se você lhes permitir neutralidade. Siga sua FRPT e abra mão do remorso de se achar culpada de qualquer coisa que seus filhos estejam passando neste momento. Mergulhada em plena dor de cotovelo, você talvez não se ache atualmente a mãe perfeita — mas quem é perfeito? Você é a mãe perfeita para seus filhos — simplesmente pelo fato de ser a mãe deles. Eles não precisam da June Cleaver,* só precisam de você.

Naturalmente, não foi esta a família que planejou quando entrou no caminho da felicidade doméstica, mas você deve a si e a seus filhos a oportunidade de se saírem o melhor possível. Ele é o pai deles e, querendo ou não, é o único pai que eles têm. E você é a mãe deles e a única mãe que eles têm. É a vida em família; vejamos no que consegue transformá-la.

Pois o amor, a lealdade e a dedicação à família são também parte da filosofia da bittergirl.

tarefas para a bittergirl

1. Subcontrato para a bitter-mãe Para ser lido e assinado pela bitter-mãe recém-devolvida à solteirice.

SOB NENHUMA CIRCUNSTÂNCIA EU IREI usar as crianças como pretexto para vê-lo.

SOB NENHUMA CIRCUNSTÂNCIA EU IREI pressionar meus filhos para extrair informações sobre como ele está.

---

* Personagem de clássico seriado de tevê, estereótipo da mãe perfeita. (*N. da T.*)

SOB NENHUMA CIRCUNSTÂNCIA EU IREI deixar que ele faça menos que a obrigação pelos filhos.

PROMETO COM TODO O MEU CORAÇÃO manter em vista os interesses de meus filhos em todas as ocasiões.

PROMETO COM TODO O MEU CORAÇÃO pedir a ele o que é justo em termos de esforço físico e financeiro, porque não vou prejudicar meus filhos em consequência de um sentido equivocado de martirização.

PROMETO DE CORAÇÃO me lembrar, em todas as ocasiões, que meus filhos são seres humanos inteligentes e racionais capazes de virarem adultos e tirarem suas próprias conclusões sobre o acontecido com os pais.

PROMETO DE CORAÇÃO não tentar ser tudo para todas as pessoas, mas sim a melhor mãe possível diante das circunstâncias e com os recursos à mão.

PROMETO DE CORAÇÃO dizer diariamente o quanto amo meus filhos e demonstrá-lo ao cuidar deles acima de tudo.

PROMETO DE CORAÇÃO cuidar de mim mesma, porque meus filhos necessitam de mim e eu também.

2. Ver o Capítulo 11 "Doce vingança amarga". Descarregue seus instintos mais básicos nesses exercícios, e não no psiquismo de seus filhos.

3. Contabilize a maledicência Faça a contagem do número de vezes por dia em que você esquece e começa a falar mal de seu ex para as crianças. *Transforme esse exercício num jogo pessoal* e durante uma semana veja se consegue baixar o número para — sei lá, possivelmente... zero?

4. Nossa família agora Pendure um quadro de avisos ou reserve uma parte da parede da cozinha ou da porta da geladeira para colocar as imagens, os bilhetes, as fotos e as recordações que falam a você do amor que existe em sua família recentemente reconstituída. *Transforme isso num santuário, numa colagem amorosa* que lhe ajudará nos períodos difíceis. Escolha um local que possa visualizar com frequência.

nove

a antibittergirl

VOCÊ JÁ SE ENCONTROU COM ELA. Você a conhece. Ah, sim, há um momento em que toda bittergirl novata está começando a firmar os pés no chão, com os sapatos de salto agulha nos pés bem pedicurados, quando de repente esbarra naquela parede chamada A Antibittergirl. Apesar de todas as amigas fabulosas que você tem, o apoio e as dádivas maravilhosas que recebeu dessas mulheres e desses homens, sempre haverá uma mosca na sopa, um tubarão no mar.

Você pode estar em qualquer lugar: num jantar festivo, por exemplo, ouvirá que sua boa amiga Tasha — que um dia lhe disse, jogando verde para colher fofocas da separação, que ele era um canalha e devia pagar por suas más ações —, bem, aparentemente, na noite seguinte à conversa que vocês duas tiveram, Tasha ofereceu um jantar em casa ao canalha e à nova namorada. Enquanto você está tomando um drinque com os amigos, Martha lhe puxa de lado para dizer que a nova blusa sensacional que você se deu de presente não lhe favorece — que o amarelo realmente passa um ar de cansada. Francesca ri ao lhe encontrar na rua e diz: "Puxa, a maioria das pessoas perde peso quando se separa." Pode até acontecer na intimidade de seu próprio lar: a assistente dele na empresa, exageradamente solícita, telefona para você para pedir o número do telefone dos pais dele, pois precisa confirmar a presença do casal no jantar de família; não há mais ninguém a quem possa perguntar, já que neste momento ele está em uma viagem recreativa nas Bahamas, onde foi praticar mergulho e ela não consegue contato. Ou talvez seja quando seu filho lhe pergunta por que sua ex-confidente Margie estava sentada no colo do Papai no jantar de ontem à noite na casa dele?

Essas são as amigas de que nenhuma bittergirl precisa. Existe solidariedade no mundo, mas não são essas pessoas que a estão proporcionando. Chegou a hora de podar a árvore da amizade e expulsar do clube esse tipo de amiga.

E é também uma providência necessária. Uma das coisas que uma separação brutal pode oferecer é um mapa nítido de quem são os verdadeiros amigos de uma bittergirl. Seus atos de solicitude, solidariedade, paciência e bondade formam um triste contraste com o tipo de tratamento que não daríamos sequer ao menos querido peixinho dourado.

Famosas antibittergirls

Elizabeth Taylor

Marla Maples

Camilla Parker-Bowles

Winona Ryder

Julia Roberts

Monica Lewinsky

Trisha Yearwood

Scarlett O'Hara

Claire Danes

É claro que toda bittergirl já incorreu em conduta reprovável. De fato, em sua FRPT, toda bittergirl precisa sair de casa e se permitir algumas condutas de adolescente. Dados reunidos em vinte anos pelo Instituto de Pesquisas Avançadas em Relações Desfeitas são a prova indubitável de que tal conduta naquele estágio da FRPT é vital e absolutamente essencial para a saúde mental e geral. Formas de má conduta da bittergirl incluem ficar na rua até as quatro da manhã e acordar na frente do vaso sanitário, com a forma do assento marcada na testa em caráter semipermanente; enfiar alfinetes nos olhos da imagem dele numa foto outrora favorita; e até segui-lo a uma discreta distância enquanto ele cuida das obrigações da manhã de sábado; e planejar a violência que deseja lhe infligir. Todas essas atividades, desde que não fujam ao controle, são esperadas, ou melhor, necessárias, e, de fato, até recomendadas como parte da agenda crucial da FRPT.

No entanto, a antibittergirl é um fenômeno diferente. Há normas de conduta na vida, no amor e nas separações, e nenhuma bittergirl deveria jamais prejudicar intencionalmente a terceiros. As normas não valem para a antibittergirl. Ela vive para tirar partido de seus momentos de fraqueza. A antibittergirl já está de olho no seu homem antes mesmo de ocorrer a separação. Ela está de olho nas principais oportunidades e, se no momento em que atravessa dificuldades você está oferecendo oportunidades, tanto melhor: isso apenas aplaina o caminho para ela.

Nosso comportamento adolescente na FRPT em geral assume formas bastante inofensivas, embora dentro de um ano possamos corar ao nos lembrar do tempo e da energia investidos nessas atividades. Mas não há como impedi-las: cantarolar por 15 vezes na secretária eletrônica dele "I Honestly Love You"; cair no choro ao ver no supermercado local a marca predileta de tortilla dele... para mais conselhos sobre tais momentos procure o Capítulo 12 e estude sobre a Crise da Bittergirl. Nós estamos aqui para ouvir e concordar pacientemente até sentirmos que chegou a hora de você virar a página e seguir em frente.

Mas as antibittergirls irão se aproveitar. Elas escutarão você contar sua história de tristeza, segurando sua mão e concordando e depois, ao vê-la mais enfraquecida, elas se voltarão contra você. Usarão sua fragilidade no local de trabalho para sugerir que não está em condições de administrar aquela nova e fabulosa posição que você mesma criou em seu extensivo programa de cortes de despesas nos procedimentos do escritório. A antibittergirl é também aquela que ajudou na separação, seja por cortar você, seja por tomar seu homem, seja por dizer a você que devia dar o fora nele e depois avançar sobre ele, seja por dormir com ele antes ou imediatamente depois do término da relação.

Estas são as antibittergirls e nós, bittergirls, estamos aqui para lhe ensinar a enxotá-las para fora do clube, ao qual não pertencem.

Guia prático da subespécie antibittergirl

A Maluquinha

Você teve uma sensação, uma intuição. Sentiu que algo estava errado. Logo, protegeu os flancos e confrontou a Maluquinha com seus temores sobre o comportamento dela em relação a seu homem, só para ouvi-la dizer: "O Dag e eu? Que maluquice é essa?"

O Dag ouviu comentários e também disse que você devia estar maluca. Durante um ano inteiro você acreditou neles e duvidou de si mesma e até procurou um psicoterapeuta para lidar com seu comportamento obsessivo e "alucinado". E então o irmão notoriamente normal da Maluquinha perseguiu você na academia para lhe dizer que já não aguentava mais viver sem lhe contar que a irmã dele estava dormindo com o Dag.

A única loucura que você fez, amiga, foi ignorar seus instintos. Agora está na hora de enlouquecer de vez e dizer à Maluquinha que ela não tem a ver com o grupo: não é uma bittergirl, querida.

Lina podia jurar que Chantal estava tendo um caso com Gary, seu namorado. Nas festas Lina tinha a sensação de estar "segurando vela" enquanto Chantal ficava rodando em torno como uma diva, exigindo toda a atenção de Gary. Quando Lina falou a respeito, Chantal ficou horrorizada. "Cá para nós, Lina, você sabe que eu não gosto de nada de segunda mão. Além disso, o Gary sequer faz o meu tipo." Lina ficou desconcertada, achando que tinha agido como criança ciumenta. Quando Gary terminou com ela, veio à tona a verdade de que Chantal gostava mesmo de brechó: o tempo todo a Maluquinha tinha andado metida nos bolsos de Gary.

A Vadia do Escritório

Ela o paquerou na sala da xerox e dançou toda enroscada nele na festa de Natal do escritório, enquanto você ficou atolada com o cafona da contabilidade. Nenhum clichê é exagero quando aplicado à vadia do escritório. Ela manifestou a todos, na equipe deles na empresa, que estava a fim dele, que caiu na armadilha. O que uma bittergirl pode fazer? EXPULSÁ-LA DO CLUBE.

Skye ficou paralisada de choque no banheiro da empresa de Lewis no verão passado quando ouviu Candace descrever o que ela e Lewis poderiam fazer se a namorada dele não estivesse sempre por perto. Quando Candace ligou e convidou Skye e Lewis a entrarem para o time de vôlei que estava organizando no verão, Skye agradeceu pelo convite, mas alegou que estavam muito ocupados.

A Alpinista

— A senhora quer saber — ela vai soprar nos ouvidos de sua fabulosa e confiante supervisora, no intervalo do café, enquanto tomam um expresso duplo —, eu ando preocupada com a estabilidade da Bethânia neste momento. A senhora sabe que eu acho ótimo o trabalho dela, ela é fantástica, mas está passando por muita pressão neste momento, na — a voz se reduz a um sussurro e ela franze o nariz com desgosto para mostrar como está penalizada de precisar tocar num assunto tão delicado — vida pessoal. Talvez este não seja o melhor momento para ela...

Aqui a voz dela vai minguando até quase sumir, mas depois se recupera quando sugere alegremente:

— Por favor, diga-me se houver algo que eu possa fazer para ajudar. O RH sempre foi uma área que me interessou muito aqui na empresa...

E em um estalar de dedos o mal está feito. Desculpem, mas nenhuma bittergirl usará a dor alheia para subir de escalão dentro da empresa. Logo, a Alpinista está fora da jogada.

Bridget ficou presa no estágio inicial da sua FRPT, sem dar mostras de progresso. Já havia usado todo o tempo da licença de saúde e das férias, e estava perto de pedir prorrogação, quando sua assistente se apresentou à porta dela com uma caixa de arquivos e uma garrafa térmica de café. Ela contou a Bridget que tinha ouvido Elisa, uma amiga e colega desta, proclamar que não havia meio de Brigdet, em sua atual "condição", conseguir fazer uma apresentação importante para a diretoria. Com a ajuda da assistente, Bridget entrou escritório adentro na manhã seguinte com a apresentação enfiada debaixo do braço, decidida a não deixar que Elisa se aproveitasse dela.

Se você alcançá-la a tempo, talvez tenha realmente de agradecer à Alpinista por lhe trazer de volta à realidade com um choque necessário. Amor é amor, e ser abandonada é horrível, mas perder seu emprego por causa dele? Isso não faz o gênero da bittergirl.

A Futuróloga

Ela fazia parte da gangue. Era indispensável em todos os jantares festivos. Sempre parecia muito interessada na vida de todos. Lembrava-se de telefonar no aniversário ou perguntar como iam as coisas com aquele chefe chato.

Mas assim que se intera das notícias sobre sua separação começa a falar palavrões sobre ele dignos do filme *O exorcista*. Ela xinga tudo o que ele representava. Ela "não quis dizer nada, mas..." sempre o odiou, tinha a intuição de algo. Sabia que ele significava encrenca. Achava que você não conseguiria lidar com a verdade, por isso aceitava tudo sem fazer cara feia.

A Futoróloga é uma sabe-tudo, mas ela própria nunca se arrisca. Porque não tem vida própria, e é muito mais seguro para ela comentar as vidas alheias. Sua infelicidade lhe traz a sensação de superioridade, validando a escolha que fez de viver como uma espectadora da vida. Você precisa de amigas que estejam lá por você para o que der e vier. Portanto, lave a boca dela com sabão, ponha nela uma mordaça e mande a Futuróloga ir à luta.

Depois do Incidente, o último desejo de Sofia era defender o namorado diante de alguém. Portanto, quando sua amiga Hilary, uma eterna solteira, soube da separação e exclamou para uma sala cheia de gente: "Ora, isso não é nenhuma surpresa, eu só estava esperando ele sair do armário!", Sofia precisou de toda sua força para tranquilamente defender Nathan e sua sexualidade.

A Dramática

Há sempre algo acontecendo com Sandy. Ela sempre ajuda as pessoas — levando um cozido para Andrea quando estava recém-operada de apendicite, fantasiando-se de Shiva para o enterro de Zadie Goldblum e reorganizando o bufê no chá de panela de Louise para evitar que a comida ficasse exposta ao sol. Sandy tem emoções intensas, que estão sempre à flor da pele. Ela ri com você, ela chora com você. Ela está a seu lado no momento que a desgraça lhe atinge.

Portanto, quando ele larga você, Sandy é a primeira a tocar sua campainha, com uma caixa de lenços de papel numa das mãos e uma bandeja de sanduíches de salada de ovo (que ela estava levando para o velório da cunhada) na outra. Ela insiste em compartilhar sua tristeza. Quer lhe dar apoio. Ela chora com você enquanto escuta sua história. Parece muito compassiva e gentil; três meses depois ela ainda está chorando por sua separação. "Vocês eram um casal ideal. Isto é de arrasar. Que esperança eu posso ter?" E você acaba tendo de consolá-la.

Ah, a dramática. Também conhecida como lamentadora profissional, a dramática também capitaliza em cima de tudo de alegre ou de triste que acontece aos demais. O tempo todo ela se coloca no centro. Tudo vira drama, em tempo integral. Ela pega um acontecimento como o término dos outros e o transforma numa insaciável busca de atenção. Dê o fora na dramática. De tão egocêntrica que é a dramática provavelmente nem percebe.

Maddy se comoveu quando a amiga Shelly se preocupou tanto pelo bem-estar dela, depois da separação. Embora sempre tenham sido amigas, Maddy ficou surpresa com as visitas diárias de Shelly para trazer comida e telefonemas "só para ver como você está". Mas no decorrer do trajeto de sua FRPT, tinha a sensação de estar se recuperando do término mais rápido que Shelly. Esta ainda chorava ao ouvir a música favorita de Maddy e Tom e nas conversas, não importava o tema, Shelly sempre dava jeito de levar o assunto de volta ao término e da própria decepção quanto à esperança de eterna felicidade no amor. Por fim, Maddy começou a "filtrar" os telefonemas de Shelly, até que uma amiga comum lhe contou que a irmã do chefe de Shelly não só tinha sido abandonada, mas ainda por cima no altar. Antes que Maddy pudesse dizer "Shelly, vá salvá-la!", esta já estava ajudando o pessoal do bufê a embalar a comida e colocar no freezer os arranjos de flores.

A Traiçoeira

Denise era sua melhor amiga. Uma autêntica melhor amiga. Das que nos contam todos os seus segredos. A melhor amiga que ria com você e passava incontáveis noites de sábado com você e uma garrafa de vinho por companhia. A melhor amiga que deu gritinhos de alegria quando Dan (o bombeiro gato) surgiu na sua vida. A melhor amiga que franziu a testa quando os telefonemas de Dan se tornaram mais assíduos. A melhor amiga disposta a rir com vocês de tudo de engraçado que ele dizia e que fazia caretas e o imitava quando ele virava as costas. A melhor amiga que foi pouco a pouco plantando sementes de insatisfação em seus ouvidos, que não se cansava de insistir que ele não lhe merecia. A melhor amiga que segurou sua mão quando aconteceu o inevitável término e lhe garantiu que foi melhor assim. A melhor amiga que de repente sumiu de sua vida. Até seis meses depois quando você recebeu o convite de casamento de Dan e Denise.

A velha Denise, tão boazinha. Nós apagamos o nome dela do livro de ouro das Bittergirls Diplomadas.

Ou, após o Incidente ela lhe deu carona para casa, segurou sua mão e elogiou você por se mostrar forte. Quando você entrou, ela voltou para a casa do seu ex, para um pouco do carinho a que se habituou nos dois últimos meses da relação de vocês, os dois meses de que ele precisou para resolver declarar tudo acabado.

Não é preciso dar a esta antibittergirl a honra de revogar seu cartão do clube das bittergirls: ela nem passou perto de ser uma de nós.

Nicola trabalhava com Jeannie e Anthony. Depois da separação do casal, Nicola foi muito compreensiva. Toda noite, depois do expediente, Jeannie estava arrasada de passar o dia se segurando, no mesmo escritório com o ex; Nicola ia buscá-la em sua mesa de trabalho, colocá-la a seu lado no carro, deixá-la em segurança no apartamento dela e preparar-lhe o banho. Jeannie se sentiu em dívida com Nicola até descobrir que todos esses gestos se destinavam a abrandar a culpa que a outra sentia. Toda noite, enquanto Jeannie estava entrando em seu banho de tristeza, Nicola estava entrando na cama de Anthony. Expulsem esta antibittergirl!

A Bombardeira Silenciosa

É algo sutil, é pequeno, mas mesmo assim machuca. Com um impecável senso de oportunidade, esta antibittergirl escolhe o momento em que você está na pior. Ela detesta lhe dizer isso, mas... e então despeja bem no seu colo uma carga de napalm emocional. Ou, melhor ainda, escolhe o momento em que você está começando a se levantar e enfrentar de novo o mundo. Quando você faz a primeira aparição individual pós-término, a Bombardeira Silenciosa surge de repente e com delicado franzir de nariz lhe pergunta por que escolheu aquele vestido específico para usar hoje à noite — ah, não é por nada não, é que... bem, seus quadris... — e ela dá de ombros, ri e sai rapidamente, deixando um rastro de carnificina.

A Bombardeira se nutre da desgraça alheia; deriva grande prazer dos bombardeios maciços. Para você a única recompensa é o fato de que ela jamais entenderá o prazer da companhia de outras bittergirls, porque naturalmente ela jamais receberá o cartão de membro dessa irmandade planetária.

Giselle descobriu com surpresa que um grupo de suas amigas tinha sido convidado para a casa de campo de Mary, colega de todas. O grupo viajava regularmente. Giselle acreditou que Mary havia se esquecido de chamá-la ou que tinha presumido que ela já sabia, até telefonar para a amiga e descobrir o que acontecera. Mary ficou calada por um momento e depois disse:

— Ahn... olha só, Giselle, você me desculpa, mas era um lance de casal. Você entende, não é mesmo?

Antes de Giselle ter tempo de responder, Mary diz, jovial:

— Eu sabia que você ia entender! Legal e bom fim de semana pra você!

Como identificar a antibittergirl antes que ela ataque

Por vezes é muito fácil reconhecer uma antibittergirl. Ela é uma mulher que não tem amigas. Alega que é por achar os homens muito mais fáceis de se relacionar ou então que ela só "não tem nada em comum com as outras mulheres". Nada em comum? E os seios, o ciclo menstrual, o clima, o Johnny Depp? A antibittergirl tem uma nova melhor amiga por semana. Esta semana é alguém que enfrenta dificuldades no casamento, mas na semana que vem será substituída por outra que acaba de descobrir que seu decorador é daltônico. Ela lhe levará ao bar para afogar as mágoas com tragos de tequila, mas largará você vomitando no banheiro enquanto foge de táxi com o garçom gatinho. A antibittergirl não hesita em lhe informar quando seu ex arranja outra ou que ele não parece ter ficado triste com o fim do namoro. Ela ainda espera que, na semana depois do Incidente, você vá com ela comprar a roupa de madrinha de casamento; e não vê nenhum problema em brindar você com a descrição do patrimônio sexual do amante dela. Ela encara a separação de vocês como um projeto e os detalhes do término como uma senha de entrada no jantar festivo da semana. Quanto mais detalhes você lhe adiantar, mais munição estará fornecendo para validar as escolhas feitas por ela própria.

Quando uma amiga sua demonstrar um interesse um tanto excessivo em sua relação, confie na intuição. Todos desejamos ver os amigos felizes, mas, em geral, estamos envolvidos demais em nossas próprias vidas para mostrar tamanha preocupação. Se o cheiro é de antibittergirl e a aparência também, então com certeza se trata de uma antibittergirl.

Como se Livrar de uma Antibittergirl

Nem sempre a honestidade será a melhor política, com manipuladoras desse tipo. Lembre-se de que esta pessoa é alguém que se apropria dos traumas alheios — imagine então a produção que pode ser necessária para se livrar da antibittergirl. Se quiser dispensá-la, prepara-se para fazer o papel da vilã quando ela contar a história. Se estiver disposta a isso, então faça tudo com simplicidade.

> "Fico muito grata por seu interesse nos meus problemas do momento, mas acho que agora estou precisando lidar com isso sozinha."

ou

> "Fico muito grata por seu interesse nos meus problemas do momento, mas acabo de descobrir que você anda comendo o meu ex e o meu terapeuta, logo, não estou no clima para confidências com você."

Se a esta altura da FRPT você não consegue enfrentar mais uma confrontação emocional, então algumas meias verdades, para se poupar da ira da antibittergirl, podem facilitar um pouco sua vida.

"Fico muito grata por seu interesse nos meus problemas do momento, mas minha prima do Yukon acaba de ligar me convidando a garimpar ouro para distrair a cabeça. Eu ligo depois para você."

ou

"Fico muito grata por seu interesse nos meus problemas do momento, mas meu novo amante latino, o Ramone — eu não tinha falado dele para você?! — fica constrangido com o fato de minhas amigas saberem tudo sobre nossa vida sexual; já lhe contei que ele é um 'tanquinho', não contei? — eu, aliás, vou precisar ser um pouco mais discreta sobre o que está acontecendo comigo. Não é engraçado? Se você soubesse o que ele sabe fazer com a língua — e no entanto, é tão tímido!"

O que fazer se a antibittergirl virar uma grande filha da puta (e não se afastar)

Chame a polícia.

Quando você estiver curada, quando se recompuser, possivelmente vai olhar para trás, para essas pobres almas deformadas, e balançar a cabeça espantada. Como terão conseguido chegar tão longe na vida sem conhecer as alegrias que traz o sentimento de fraternidade feminina? Como personagens de um conto de fadas, elas nunca enxergam o mundo em toda a sua gloriosa beleza, porque ocupam a mente para planejar a destruição da felicidade alheia. Que pena — não são bittergirls. E provavelmente nunca serão. Elas só têm a perder. Esse clube é só para sócias. E todas sabemos quem somos.

tarefas para a bittergirl

1. O listão da vergonha Faça uma lista com as antibittergirls que você conhece. Que característica antibitter elas apresentam e por que estão em sua vida? Elabore um plano para dispensá-las e coloque-o em prática.

2. Módulo-Disfarce Mesmo que expulse de sua vida as antibittergirl, você talvez ainda precise lidar com elas: no local de trabalho, na academia, nas reuniões de família. Recrute seu time para ajudá-la a criar sua linha de ação do Capítulo 3, de modo a ter a perfeita resposta automática para silenciar essas antibittergirls e manter o ar puro no espaço de respiração a seu redor. O time precisa saber exatamente quem são elas para poder implementar as estratégias de jogo do Capítulo 3.

3. A torta/pizza da antibittergirl Desenhe um gráfico de torta/pizza. Transforme-o numa torta ou pizza. Ou em qualquer outro prato de sua preferência. Convide suas melhores amigas para jantar e faça como na infância: você se lembra de quando você não queria comer e sua mãe lhe fazia engolir, com a comida, as crianças de sua escola de quem você não gostava? (e aí vem o Gavin!). Corte a torta/pizza em fatias e divirtam-se mastigando todas aquelas forças desagradáveis que costumavam invadir sua vida. E se você vai transformá-las num gesto simbólico, elas podem se converter em algo bom de saborear.

dez

o enredo se complica

Ah, querida bittergirl, não é surpreendente? Olha só você, finalmente vivendo momentos em que não pensa nele. Os minutos já nem sempre parecem horas e as horas nem sempre parecem dias. A palavra *recuperação* na expressão 'fase de recuperação pós-término' está começando a adquirir um significado real. De fato, já se passaram meses desde O Incidente e você continua a respirar e a andar, não é verdade? Em alguns dias até consegue olhar-se no espelho e se achar atraente. Está vendo? Você não morreu. Ele não conseguiu lhe quebrar. Você provavelmente já se redescobriu de todo. Finalmente cortou os longos cabelos que ele sempre adorou e está extremamente sexy, com esse corte chanel um tanto rebelde e mechas acobreadas. Pela primeira vez na vida assinou o pacote completo da academia. O instrutor de boxe aeróbico abordou você e sugeriu que faça o treinamento para dar a aula de grupo um dia desses. Bjorn, seu massoterapeuta, afirma que ver você toda segunda-feira é para ele o ponto alto da semana. E quem diria que você tem mais tonalidades de esmalte do que você poderia usar em um ano?

Você já conseguiu mudar sozinha a mensagem de sua secretária eletrônica! Quando alguém lhe pergunta por ele você já consegue olhar o interlocutor nos olhos, sem se envergonhar e responder: "Nós não estamos mais juntos." Você já não chora nos comerciais do canal de compras. Há meses você não encomenda produtos anunciados nos comerciais institucionais. Ao ver as flores você se detém para aspirar o perfume, em vez de pensar: "Que sentido tem isso? Afinal, elas vão acabar murchando e morrendo." Já estão dizendo que você está ótima, completamente radiante, e você começa a acreditar. Vê com satisfação o novo interesse que desperta, os novos olhares, rápidos ou demorados, que os estranhos lhe dão. Talvez já comece a achar que está recuperando sua essência.

Parabéns a você, MAS tenha cuidado.

Sim, você cortou os cabelos. Sim, você mudou a tonalidade deles. Perdeu quase 8 quilos. Seu orgulho está começando a se recompor. Você fez os pés e as mãos no salão de beleza, fez massagens e está saindo nas terças à noite para tomar uns drinques com as garotas. De vez em quando se surpreende com o som da própria risada. Está começando a sentir que em algum lugar de seu íntimo está emergindo novamente a pessoa que amava em você. E esta é a ocasião especial para as garras diabólicas da tentação se cravarem em você. Admita. Você tem planejado conquistá-lo de volta. Seja o minúsculo pensamento de esbarrar nele por acaso, vestida num espetacular vestido novo superajustado, ou a encenação completa de uma operação com risco de vida, você está excitada ante a perspectiva de atraí-lo de novo para sua vida.

Lembre-se: as bittergirls não acreditam em fazer julgamentos — nós também passamos por isso. Conhecemos esses sentimentos, que são inevitáveis. Sua autoestima está tão centrada nele que no momento em que a recupera acha que ele poderá mudar de ideia a seu respeito.

A questão é que quem mudou foi você. Você cresceu. Lembra-se de todos aqueles clichês sobre ficar de luto pela relação acabada, sobre lidar com isso? Pois bem, você o fez. Ninguém arranca de si todo aquele sofrimento sem se tornar ligeiramente diferente, ligeiramente mais sensato. Talvez você esteja um pouco mais cínica; talvez seu senso de humor tenha adquirido um pouco mais de mordacidade e um pouco menos de magia; talvez você esteja um pouco mais resistente ou talvez apenas mais realista. De qualquer forma, essa jornada em que se encontra é uma conquista sua. Você foi a pessoa que atravessou a FRPT. E que se pode dizer dele? Você acha que ele mudou? Que ele fez o mesmo tipo de análise existencial, que se indagou das alternativas hipotéticas ou do que teria feito diferente?

No dia em que Franca e Jamie se separaram, ela reuniu suas três melhores bitter-amigas para uma noite de exames de consciência, lágrimas e solidariedade em torno da mesa da cozinha e de diversas garrafas de vinho tinto. Jamie saiu para uma noitada com os rapazes. Quando ele apareceu na manhã seguinte para buscar seus pertences, Franca lhe perguntou de que os rapazes tinham falado, consciente da intimidade e do apoio que compartilhara na noite anterior com as garotas. Jamie deu de ombros e disse: "Nós tomamos umas cervejas, assistimos ao jogo e depois saímos para bater uma bola. Foi legal." Então, a resposta é não — provavelmente ele não tem procurado explorar o âmago da própria alma.

Há muitas razões pelas quais nós, as mulheres, planejamos conquistá-lo de volta. Todas elas já foram ditas e ouvidas pelas bittergirls. A atividade sexual nunca será melhor com nenhum outro homem. Ninguém nunca mais me entenderá como ele me entendia. Nenhuma outra família poderia jamais ser tão receptiva e maravilhosa quanto a dele. Nenhum outro homem conseguirá encontrar meu ponto G. Nenhum outro homem poderia achar "fofo" o calombo em cima do meu nariz. Nenhum outro homem vai querer passar o réveillon jogando Scrabble e tomando suco de goiaba. Nenhum outro homem vai jogar pétalas de rosas sobre a cama no aniversário de namoro. Nenhum outro homem vai mandar entregar todos os meses uma barra do meu chocolate suíço favorito, na véspera da TPM. Nenhum outro homem vai querer ler meus livros de história da escola pública. Nenhum outro homem vai gostar da minha coleção de discos de vinil.

Querida, sempre haverá coisas sobre ele que você considera especial na relação de vocês, mas precisaremos lhe recordar os perigos da Mitologia do Relacionamento? Você não pode, de jeito nenhum, ficar presa a esse jogo mental o tempo todo.

À medida que você vai evoluindo na FRPT, terá por vezes a plena consciência de estar montando uma trama para trazê-lo de volta. Mas em outras vezes, trata-se de um desejo subconsciente manifestado em alguns comportamentos sutis e em outros nem tanto. Depois de consultar os dados reunidos pelo Instituto de Pesquisas Avançadas em Relações Desfeitas, conseguimos traçar um perfil das típicas armadilhas fantasiosas em que costumamos cair. Mesmo que você tenha consciência de estar fantasiando um jeito de fazê-lo voltar, talvez não perceba até onde você é capaz de chegar com isso.

Armadilhas fantasiosas

A Poderosa

Você está obcecada por sua aparência pessoal. As unhas das mãos e dos pés estão imaculadas, graças a visitas semanais à manicure. Os cabelos estão perfeitos, em matéria de corte e de coloração (as mechas ficaram espetaculares!). Você descobriu a maravilha da limpeza de pele e investiu numa nova linha de produtos de maquiagem (agora todas combinam!). Está frequentando a academia, fazendo musculação, usando o nome dele para contar os movimentos repetidos — Charlie 1, Charlie 2, Charlie 3, Charlie 4. Entre a academia, o treinamento para a maratona e as aulas de ioga duas vezes por semana, perdeu vários quilos, adquiriu uma figura esbelta e forte, de músculos deliciosamente definidos. Esteve fazendo compras e se presenteou com um fantástico guarda-roupa novo e adequado a seu novo corpo aerodinâmico. Você se olha no espelho e pensa que está com um visual fabuloso. Como ele seria capaz de não desejá-la de volta?

papo de bittergirl

Humm, se ele ama você só por causa da aparência, temos um sério problema. O que lhe acontecerá aos 80 anos, quando estiver babando? Ou você vai gastar a poupança de uma vida inteira fazendo as cirurgias cosméticas e serviços mais recentes, só para ficar bonita para ele? Nós achamos fantástico você estar tão bonita. Portanto, fique bonita para si mesma!

Janine sempre achou que precisava perder um pouco de peso. Logo, quando Damien a deixou, ela perdeu uns quilinhos, foi às lojas e comprou roupas novas, além de mudar a cor do cabelo. Estava absolutamente linda quando Damien telefonou e disse que precisava encontrá-la "para conversar". Algumas cabeças se viraram quando ela se encaminhou à mesa do restaurante — mesa para três? Damien estava acompanhado de uma mulher que poderia ter sido uma xerox da antiga Janine: figura agradável, um pouco acima do peso, num típico modelito corporativo, com os cabelos cortados ao antigo estilo de Janine. Damien apresentou-a como sua noiva Diana. Declarou que não se sentia bem em deixar Janine saber do noivado pelo jornal e foi por isso que os dois quiseram encontrá-la.

Depois que percebeu que sua perda de peso visara a fazer Damien voltar, Janine se acalmou um pouco. Conservou as roupas e o penteado novo e aprendeu a valorizar o corpo esbelto para si mesma. Hoje, ela diz que se não tivesse levado o fora, teria ficado com as mesmas roupas feias e o mesmo corpo. Está feliz com sua aparência — feliz com ela mesma.

A Sonhadora

Você não tem saído de casa, há semanas não lava os cabelos nem sai de dentro do pijama, mas passa os dias imaginando a noite em que vai encontrá-lo por acaso em seu bar preferido. Ele lhe dirá que você está maravilhosa e que ele cometeu o maior erro de sua vida, e deseja voltar. Manda servir uma garrafa de Veuve Clicquot e diz ao barman que vocês têm algo importante para celebrar — o resto da vida lado a lado. Os fregueses do bar começam a aplaudir, porque ele passou as últimas 32 noites de quinta-feira chorando dentro do copo de cerveja por sua causa. A garçonete se aproxima e lhe abraça. Diz ter a sensação de lhe conhecer, de tanto que ele falava de você, de sua generosidade, de seu jeitinho com as pessoas. Ele a interrompe e, agarrando sua mão, segura na outra um deslumbrante anel de platina com um diamante do tamanho de uma rocha: aceita casar comigo?

papo de bittergirl

Querida, se você não tem saído de casa, nem lavado os cabelos, nem trocado o pijama, não é provável que vá deixá-lo encantado quando entrar no bar. Ele poderá talvez tapar o nariz e chorar dentro da cerveja por uma razão inteiramente diferente. Aqui está um devaneio, no qual você deve se concentrar: tire a roupa, tome uma chuveirada, faça uma escova no cabelo, aplique um pouco de maquiagem e vá dar uma volta ao ar livre. Garantimos que este é um devaneio em cima do qual vale a pena construir o resto de sua vida. E Veuve Clicquot? Quer apostar quanto que ele acha que isso fica em algum lugar perto de seu ponto G?

Coincidência? Acho que não

No caminho de volta do trabalho para casa você fica vagando pelas alas do mercado local onde ele faz as compras, fingindo interesse nos produtos orgânicos da estação. Você faz amizade com um dos atendentes de meio expediente, ao qual oferece 20 paus para lhe bipar se seu ex entrar ali quando você não estiver. Ou então se arruma toda com seu único terninho Chanel e fica andando entre as prateleiras da biblioteca local que ele prefere, extremamente concentrada em achar um livro que parou de ser publicado. Ou então convence uma de suas melhores amigas bittergirls a trocar de carro com você durante uma semana, para poder ficar sentada dentro do carro na porta da casa dele, sem que ele saiba de sua presença. Quando encontra com ele finge que foi uma grande coincidência encontrá-lo naquele lugar. Coincidência? Acho que não. Deve ser destino.

papo de bittergirl

Diga três vezes para si mesma: eu o estou seguindo, eu o estou seguindo, eu o estou seguindo. E se você não parar de segui-lo, vai acabar talvez sendo objeto de uma medida cautelar. Por que não começa a sair com o atendente do supermercado ou não leva um papo com um dos bibliotecários, em vez de ficar desperdiçando tempo com ele? Se fizer questão de espioná-lo a noite inteira, vá tirar uma licença de detetive particular para, pelo menos, ser paga pelo esforço!

Barganhas com o melhor amigo

Você telefona para o melhor amigo dele só para dar um alô e saber como ele vai. Você diz ao amigo que sente falta do convívio dele. Oferece a ele ingressos para assistir de camarote os jogos do brasileirão neste fim de semana. Você tem uma amiga sensacional com quem acha que ele se daria bem e seria uma boa chance de se conhecerem. E então você sugere ao amigo que também leve seu ex — que adora futebol, como ele sabe tão bem. E por que ele iria dispensar as entradas gratuitas?

papo de bittergirl

Você realmente quer deixar o amigo dele ver o quanto você está desesperada? E que tal se ele passar adiante as entradas gratuitas — não será humilhante? Aí vai uma ideia. Por que você não se oferece para lavar o carro do melhor amigo dele todo fim de semana até conseguir agarrá-lo de volta? Ou poderá lavar a roupa de seu melhor amigo. Se isso não ocupar muito de seu tempo, você poderia se oferecer para levar o cachorro do melhor amigo dele para passear durante o seu intervalo de almoço ou entregar um belo almoço todas as manhãs na casa do amigo. Dessa forma você poderá conseguir que ele volte e vai sair mais barato que entradas para os jogos de campeonato. Tenham dignidade, meninas — usem isso como lema.

Relação de trabalho

Você consegue uma entrevista com o chefe dele para: a) falar sobre a possibilidade de algum contrato de trabalho; b) oferecer de graça uma palestra de resolução de conflitos com participação obrigatória para a equipe dele; c) abrir uma conta na empresa e exigir que ele seja o executivo encarregado de cuidar de seu negócio; d) ver se consegue ser convidada para a festa de Natal da empresa. Como ele poderá dizer não ao chefe?

papo de bittergirl

Lembre-se de que você precisa continuar a trabalhar nesta cidade. Deseja mesmo que falem de você como a louca da ex-mulher que não largava o pé dele? Você sabe o quanto este mundo é pequeno. Proteja sua reputação e não destrua sua carreira, muito menos sua autoestima. Vá à locadora e alugue *Moça solteira procura.* Olhe-se no espelho.

A cartada do filho

Você telefona para dizer a ele que o Patrick vai precisar de uma carona para a escolinha de futebol. Algumas das meninas estão vindo à sua casa para uma reunião de vendas de roupas íntimas e você não pode levar o Patrick à aula, porque precisa esperar o entregador da confecção. Quando ele chega para buscar o filho, você está justamente experimentando as mercadorias e atende à porta vestida num modelo cheio de babadinhos de renda vermelha. E o Patrick? Ah, sim, o Finbar, o filho do vizinho de rua acaba de entrar para o time e a mãe dele se ofereceu gentilmente a levar os dois. Você tentou ligar, mas o celular dele não dava sinal. Será que ele não quer entrar e conversar sobre educação infantil?

papo de bittergirl

Leia o Capítulo 8 — Bitter-mãe. NUNCA, JAMAIS, em tempo algum use as crianças como desculpa para atrair a atenção dele. Você sabe o que aconteceu em todas as histórias infantis e o pequeno Patrick não é obrigado a pagar pela conduta dos pais.

Troca de objetos

Toda semana você consegue encontrar dentro da casa algo que ele deixou para trás e sem o qual não consegue viver. Você desenterrou um par de meias pretas que devem ser dele e sabe o quanto ele fica frustrado quando encontra um solitário pé de meia na gaveta. Você decide entregar a ele a meia no ato e aparece em sua porta com a peça na mão. Você descobre a velha camisa do time que ele usava quando ia ver o jogo de decisão de campeonato com o avô. É pleno verão, mas não faz mal, porque você sabe, já que o seguiu, que ele está jogando num time de verão nas noites de segunda-feira com os caras da universidade. Ao ver a meia ou a camisa de futebol ele vai perceber que também deixou com você metade de sua vida sentimental, não é?

papo de bittergirl

Ele não tem objetos seus? Tem feito algum esforço para deixá-los em sua casa? Se ele precisasse tão desesperadamente da meia preta teria telefonado para perguntar se estava aí. Mas aqui vai uma sugestão: você não prefere ter a satisfação de queimar as coisas dele ou fazer com elas um bazar de garagem e ganhar algum dinheiro à custa dele? Você poderia até divulgar o evento como "Liquidação das porcarias do verme".

Alerta sanitário

Você pesquisa doenças raras na internet e na biblioteca. Está lendo sobre cirurgia do baço e sobre doenças crônicas incomuns de que poderia ser diagnosticada como portadora. Você planeja uma operação de um dia. Vai receber apoio e amor dele nesse momento terrível. Quando ele se oferece para levar você de carro ao hospital você diz que não precisa, que está tudo bem, já que suas melhores amigas bittergirls cuidaram de tudo. Seu filho também foi informado do plano e você contratou um maquiador pelo dia inteiro, para fazê-la parecer abatida. Você imprimiu uma agenda dos procedimentos do dia, e a coloca convenientemente ao lado de sua cama quando chega em casa — fraca, pálida e exausta. Como ele poderia deixar de se apaixonar de novo por uma mulher que está morrendo?

papo de bittergirls

Vamos pensar a longo prazo. Como você vai sustentar a mentira sobre sua doença crônica? Vai contratar uma trupe de atores para interpretar o médico, a enfermeira, o orientador homeopático ou o consultor de quimioterapia? Você está planejando uma recuperação miraculosa? Uma sobrevida de mentiras, e mentira não é uma opção atraente para nenhuma bittergirl. Além disso, você quer ficar com uma cicatriz desnecessária durante a estação de se usar biquíni?

Justin e Emily estavam separados há algum tempo quando ela mentiu para ele, dizendo que recebera um diagnóstico de câncer. Conforme planejara, conseguiu trazê-lo de volta a sua vida, disposto a apoiá-la e estar a seu lado no hospital enquanto ela se submetia a uma série de exames importantes. Emily interpretou a mártir e disse a ele que desejava passar por tudo isso com suas verdadeiras amigas, as mulheres. Justin respeitou o seu desejo, mas ficava à espera no apartamento dela todas as noites quando Emily voltava do hospital para casa. Ela desfrutava o calor do amor recém-encontrado, ao voltar de sua excursão diurna ao spa. Um dia ela supostamente iria se submeter a um exame de ressonância magnética para determinar o diagnóstico final e, apanhada nos detalhes de sua história elaborada, disse a Justin que o setor de RM ficava ao lado da enfermaria mais triste do hospital, a de pacientes infantis. Emily capitalizava a solidariedade dele, que a abraçava. Chegou a derramar algumas lágrimas quando a amiga Brandy veio buscá-la de carro. Justin ficou tão preocupado com ela que telefonou ao hospital e pediu o ramal da unidade de RM, no segundo andar. A recepcionista lhe informou que não havia nenhuma unidade de RM no segundo andar, que era inteiramente dedicado à Geriatria. Emily foi desmascarada.

Eu só queria transar

A vida sexual de vocês era muito boa. Você sabe que não vai conseguir nada melhor em outro lugar. Portanto, telefona para dizer a ele que acha que vocês ainda deviam continuar transando. Sem compromisso — apenas sexo entre amigos, pois você sabe que ele não quer nada além disso. Você lhe diz ter descoberto essa nova liberdade sexual que exclui vínculos emocionais e se concentra apenas no prazer físico. No fundo, você de fato sabe que o sexo é o caminho para o coração dele e que, quando estiverem transando, ele vai olhar você nos olhos e tudo vai entrar de novo nos eixos.

papo de bittergirl

Isto é o mais perto que você já chegou de se sentir uma prostituta. Você já se afundou no abismo, sentiu no coração aquele vazio devorador. O sexo talvez pareça uma espécie de resposta, mas com certeza vai fazê-la cair um degrau mais abaixo, na escadaria da indignidade. Ele não está usando o cérebro para transar com você; e não é este o mais importante de todos os órgãos sexuais? Ele pode estar debaixo de você, em cima de você e dentro de você, mas ainda não quer dizer que você merece sua atenção.

Marina realmente achou que dava conta da situação. Genuinamente acreditava que podia ter uma transa fabulosa com Ed e continuar se recuperando e se esquecendo dele — até que uma noite, seis meses depois do término inicial, ele disse a ela, baixinho, enquanto estavam na cama e mergulhados na bem-aventurança do depois, que precisava ir embora. A esposa dele o estava esperando em casa.

Eddie havia esquecido de lhe comunicar que tinha se casado depois da separação deles. Ele imaginou que, como estavam só fazendo sexo sem compromissos, ela não precisava saber que tinha se tornado amante dele e agora estava enganando uma mulher de cuja existência sequer tinha sido informada. Obrigada pelas lembranças, Eddie Ligeirinho.

Acidente involuntário

Enquanto está esquiando com Bobby e Carla, você tem o desejo secreto de levar um tombo e fraturar a perna em três lugares e de que ele se torne seu motorista particular, já que ficou com o carro na separação. Seria bom algum tipo de acidente inesperado (nada que vá deixá-la desfigurada para sempre) que lhe obrigue a ficar hospitalizada. Você fica parada no meio do quintal, durante uma tempestade elétrica, segurando uma haste metálica de seis metros de altura. Cada carro que vem na sua direção, o andaime oscilante do canteiro de obras do escritório, aquele degrau solto em sua escadaria, tudo isso se transforma em oportunidades para agarrá-lo de volta. Se você fizer papel de donzela em perigo, como ele poderia deixar de ser seu príncipe encantado?

papo de bittergirl

Será que ele valeria o sofrimento de implantar um pino me tálico de cinco centímetros no fêmur? Você realmente prefere fritar as vísceras com eletricidade a ficar sozinha? Você já é uma donzela em perigo POR CAUSA DELE. Não peça a ele que venha salvá-la. Além disso, é muito possível QUE NÃO O FAÇA. Ele já lhe deu o fora, lembra-se?

L.J. aprendeu da pior maneira. Claro, ela preguiçosamente imaginou uma terrível lesão e como ele viria correndo para o lado dela. Mas a realidade entrou em cena quando uma coluna de alto-falantes caiu sobre a cabeça dela na assembleia geral anual, deixando-a em casa, de licença médica, durante um mês, com uma séria concussão. Quem ficou ao lado de sua cama, para ajudá-la? Suas melhores amigas bittergirls, naturalmente. Dele não se ouviu um pio. Ah, sim, ela ouviu dizer que ele soube do que acontecera e que aparentemente havia dito: "Puxa, deve ter sido horrível", e depois de uma pausa: "Tomara que ela esteja bem." Mas em seguida serviu mais uma dose de sangria para Sierra, a instrutora de Pilates de 18 anos de idade pela qual tinha abandonado L.J., e perguntou se ela queria que passasse mais protetor solar em suas costas.

Ooh, Baby, Baby

Você resolve achar que sua menstruação parece atrasada e telefona para ele para dizer que talvez esteja grávida. Você quer apenas lhe comunicar que vai permitir que se envolva na vida da criança. Ou então você já comprou o teste de gravidez antes e já localizou quais produtos químicos acrescentar à urina para que o teste diga "Sim, você vai ter um bebê!" Ele sempre quis ter filhos. Naturalmente voltará para ser o pai da pequena Ângela. Então, quando ele volta, você trata rapidamente de engravidar para selar o acordo.

papo de bittergirl

A quem você está enganando?! Quando a pequena Ângela completar seis meses e ele resolver que é incapaz de assumir a responsabilidade de ser pai e lhe abandonar outra vez, acha que será mais fácil do que agora? É melhor atravessar a angústia de ser deixada sozinha que a de ser deixada sozinha como mãe solteira. O tempo que você passa monitorando sua fertilidade estaria mais bem empregado na monitoração de sua sanidade mental.

Sinais

Os sinais estão em toda parte e você não pode ignorá-los! O horóscopo dele diz que em breve ele ficará consciente de algo que está faltando em sua vida. Ou você ganha toda vez em que joga o jogo do "Se eu chegar ao cruzamento antes de o sinal mudar, ele voltará para mim!" Ou então, toda vez que você passou de carro na frente da casa dele estava tocando a "música de vocês". E todos os sinais estão lhe dizendo que vocês vão voltar a ficar juntos!

papo de bittergirl

O horóscopo dele está falando sobre a camisa de futebol dele que ainda está em sua casa e sobre o novo fundo de ações de empresas asiáticas que integram a carteira dele. O jogo do cruzamento teria o mesmo resultado se você jogasse "se eu chegar ao cruzamento antes de o sinal mudar, ele nunca mais voltará para mim". E a "música de vocês", está tocando toda vez que você passa de carro na frente da casa dele porque você programa a repetição no equipamento de som de seu carro. Leia os sinais tais como são e não como você desejaria que fossem. Eis aqui o maior de todos os sinais: Ele largou você! Ainda precisa ver isso escrito no placar eletrônico?

Um sujeito ciumento

Está chegando o dia de um grande evento e você sabe que ele irá comparecer. De repente, Ralph, seu colega de escritório, já não lhe causa tanta repulsa. De fato, se não abrir a boca, Ralph é muito gostoso. Ver você conversando ou azarando outros homens era a única coisa que o enlouquecia na relação de vocês. Ralph parece confuso com a atenção que você está dando a ele, mas imediatamente aceita seu convite. Você usa seu vestido pretinho sensual, os sapatos de salto agulha e, com Ralph ao seu lado, faz uma elegante entrada tardia. Ele vai ficar tão enciumado que não conseguirá aguentar.

papo de bittergirl

Ah, bom... Ele vê você acompanhada do Ralph e pensa que é ótimo que finalmente esteja esquecendo tudo, esquecendo o que rolou com ele. Sente que por fim poderá compartilhar com você a eletrizante notícia de que ele e Yvonne ficaram noivos recentemente. E, oba! Você poderá levar o Ralph para casa no final da noite. Isso parece uma estratégia brilhante. Esperemos que o Ralph lhe conte mais sobre sua coleção de lagartas e o novo programa de computador que lhe permite acompanhar os hábitos de acasalamento delas. Você não poderia ter planejado melhor.

Apenas bons amigos

Você resolve que cultivar uma amizade duradoura com ele é muito mais importante do que ficar pensando na mágoa e no sofrimento que ele lhe causou. Quem se importa se ele mentiu para você, quem se importa que seja um completo babaca, quem se importa se a fez sentir-se tão rebaixada e sem valor que você já não sabia mais quem era? Quando ele terminou com você, disse que lhe adora e queria que fossem amigos. Naquela amizade, bem no meio de seu relacionamento, vocês tinham algo realmente especial. Como poderiam simplesmente jogar fora tudo aquilo só porque ele já não lhe ama? A amizade é a essência da vida, correto? E você fica achando que talvez, quem sabe, aquela amizade algum dia irá florescer de novo, transformando-se em algo maior, mais profundo.

papo de bittergirl

Quando alguém diz "Quero ser apenas seu amigo" pode querer dizer uma de três frases: "Estou dizendo que quero ser apenas seu amigo porque sou covarde demais para lhe dizer que já não estou apaixonado por você" ou "Estou dizendo que quero ser apenas seu amigo porque é o único jeito de você me deixar sair dessa mesa e me afastar de sua cara inchada de tanto chorar" ou "Estou dizendo que quero ser apenas seu amigo porque embora eu já não a ame, não quero que você nem ninguém sinta ódio por mim ou me considere um canalha."

Jo descobriu que ficarem amigos não era afinal o que ela queria, quando o ex-namorado, Ben, lhe confidenciou o amor que sentia pela mulher que conhecera um dia na fila da caixa do supermercado. Enquanto ficava sentada ouvindo Ben descrever com crescente entusiasmo as numerosas (numerosas!) virtudes da garota do supermercado, ela descobriu que estava enterrando as unhas na palma da mão para não desmaiar. A respiração se tornou difícil — aparentemente não conseguia encher os pulmões de oxigênio. Por fim acordou do seu sonho de "Vamos ser amigos", e foi para casa e mandou uma mensagem de texto a ele dizendo que tinha sido convidada para uma viagem de negócios à Noruega e que não voltaria por muitos meses, e que ele não se incomodasse em ligar de novo até que ela lhe telefonasse dizendo que estava de volta à cidade. A questão é que a amizade com um ex não é possível até que você o tenha superado completamente. Isso não acontece até o fim deste livro.

Chega de conspirar!

Portanto...PARE DE CONSPIRAR AGORA MESMO! Se qualquer uma dessas tramas parece remotamente com um pensamento ou padrão de comportamento em que você se reconheça, chame suas melhores amigas bittergirls, agarre o vibrador ou vá fazer uma caminhada longa! Esta é mais uma ocasião em que você precisa aplicar as medidas de segurança emergenciais, pegar o conteúdo de seu kit de emergência, ler de novo seu contrato e reconhecer que precisa de um pouco de ajuda.

Sabemos que é constrangedor admiti-lo. Chega a ser vergonhoso. Mas, querida, essas estratégias para atraí-lo de volta aparecem na FRPT de qualquer bittergirl. E você pode aprender com a experiência coletiva das bittergirls de toda parte que NÃO, NADA DISSO FUNCIONARÁ!

O primeiro passo para se afastar dessa trajetória de desgraça — e desgraça é uma palavra graciosa para isso — é admitir que você está montando esquemas para atraí-lo de volta. Quanto mais tempo ficar negando o fato, mais doloroso ele será no longo prazo.

Veja bem, você poderia mudar em você cada coisinha que considera ter causado o término; mas, querida, VOCÊ não é a razão pela qual vocês se separaram. ELE é a razão. Conspirar para conquistá-lo de volta pode ser divertido, pode ajudar a passar as horas, pode lhe proporcionar devaneios de felicidade e de um futuro potencial. No entanto, faça a si mesma esta pergunta: você realmente quer conspirar para conseguir a volta de alguém?

Bittergirls que não armaram esquemas (e veja onde estão agora)

Alanis Morissette

Um jeito de conseguir vingança e também um álbum que vende zilhões! Alanis nunca deu nome aos bois em *Jagged Little Pill*, então ninguém saiu magoado, foi tudo muito classudo e ela se tornou o hino extraoficial de muitas separações.

Hillary Rodham Clinton

Ah, sim, ela tinha razão de sobra para conspirar e se enfurecer, mas se limitou a se ajustar aos fatos e se candidatar a senadora. Nem é preciso dizer mais nada.

Nicole Kidman

Você não está imaginando coisas: ela nunca teria recebido o Oscar se ainda estivesse arrastando por aí os sapatos sem salto, tentando aparentar ser mais baixa que Tom.

Nora Ephron

Esta é uma mulher que nos agrada: seja traída e use o material para escrever um romance fabuloso e depois veja sua carreira de roteirista e diretora decolar, fazendo os filmes românticos pelos quais todas nós desmaiamos. *Sintonia de amor* é um dos favoritos das bittergirls.

SERÁ MESMO QUE ELE É UM GRANDE PRÊMIO?

A esta altura gostaríamos de examinar uma certa expressão que hoje muita gente parece estar transformando em marca registrada. "Nove estratégias para *ganhar de volta* o amor de sua vida." "*Ganhe de volta* seu namorado em 90 dias ou menos." "Como usar tudo o que aprendi na universidade de elite para *ganhá-lo de volta*."

GANHAR DE VOLTA? Será que ele é mesmo um prêmio? Se fosse, para começar, não teria lhe jogado fora! E, francamente, se ele voltar mesmo, é você quem está ganhando?

Tudo bem, digamos que uma de suas tramas funcionou e você conseguiu fazê-lo voltar. Ele se mudou de novo para sua casa, as coisas dele estão fora das caixas, os nomes de vocês reunidos no visor do identificador de chamadas. E agora? Você acha que se alterou subitamente "a parte de você que ele odiava quando ele voltou? Será que o Período Probatório do noivado se transformará em Probatório da Lua de Mel, Probatório da Gravidez, Probatório do Segundo Filho — ou você acabou por aceitar o fato de que está em Período Probatório Permanente?

Todos os problemas que você teve antes do final do relacionamento não vão desaparecer. Eles são como uma contusão decorrente de uma corrida. Se você fizer repouso e parar de praticar corrida, a lesão irá desaparecer miraculosamente, e talvez você acabe não sentindo mais dor. Mas se não tratar do problema que causou a lesão em primeiro lugar, no momento em que recomeçar a correr tornará a se contundir, e a contusão será pior. Por que seria diferente nos relacionamentos?

Vejamos o caso de Eva, que fingiu sua própria cirurgia do baço. Afinal, quem poderia dizer se ela tinha ou não o baço? Eva achou realmente que o tinha enganado. O ex-namorado foi muito solidário e cuidou dela até vê-la recuperada. Ele passava dias pesquisando sobre a operação e de que modo esta afetaria Eva e a vida dela. E quando a julgou suficientemente forte para ouvir a novidade, explicou-lhe que havia criado uma "amizade especial" por uma mulher que conheceu ao frequentar o grupo de apoio às famílias dos operados do baço.

Pense na realidade de sua situação. Se em vez de ficar tramando conquistá-lo de volta você dissesse a ele nesse momento a verdade nua e crua — que você ainda o amava e que gostaria de vê-lo voltar —, será que ele voltaria? Qual seria a resposta dele? Seja honesta consigo mesma. Se a resposta seria não, você realmente quer vê-la mudar por motivo de culpa, de pena ou de obrigação?

Uma bittergirl não precisa se diminuir. Além do mais, se ele voltasse em consequência de seus truques, você acha que ele seria capaz de relaxar e voltar a ter uma relação carinhosa e feliz? Como você se sentiria sabendo que ele estava em sua companhia pelas razões erradas? E será que você precisaria continuar a conspirar para mantê-lo a seu lado? Onde tudo isso iria terminar? Lembre-se do velho ditado: relações construídas sobre mentiras são como castelos construídos na areia.

Tudo se remete ao respeito próprio e ao que você merece. Conserve sua dignidade — envolva-se nela, usando-a como se fosse um manto. Você é uma bittergirl em treinamento e embora atraí-lo de volta à sua vida traga uma sensação agradável momentânea, no fim das contas só você será enganada.

tarefas para a bittergirl

1. Use a tristeza com uma roupa Vista a roupa que estava usando na noite em que ele terminou com você. E não minta, é claro que você se recorda da roupa que usou. Evoque a sensação daquela noite. Você acha que algo mudará se você conseguir "ganhá-lo" de novo?

2. Mude o enredo Escreva um enredo para voltar para si mesma. A questão principal é onde você coloca sua energia.

3. Procure blindar seu plano infalível Você sabe, e nós também, que o plano infalível não existe. MAS se você insiste em prosseguir com qualquer um daqueles esquemas delirantes, cuide de ter certeza, nos menores detalhes, de que modo isso vai funcionar. Assista a filmes de assaltos de bancos, histórias de mistério, trocas de identidade e dramas médicos. Em todos esses filmes o herói sempre tem um parceiro oculto de confiança que é um perito no campo. Quem vai ser seu parceiro oculto? Esperemos que na altura em que sua pesquisa estiver pronta, você já tenha se acalmado o suficiente para, mais adiante, poder divertir suas melhores amigas bittergirls com sua história alucinada. Ou isso ou então você tem uma nova carreira como roteirista.

onze

doce vingança amarga

"Eu gostaria que ele estivesse morto". Pois é, querida e nós também gostaríamos. Mas o fato é que ele não está morto. Na verdade, está vivo e passa bem, e talvez até esteja levando o pinto para uma excursão de férias.

Ah, nossa fabulosa bittergirl novata! Você passou por muita coisa num intervalo curto. Puxaram o tapete de debaixo de seus pés e você chorou, sofreu o luto, ficou muito ocupada recolhendo os pedaços de sua alma ferida. Mas no presente você já não está mais tão triste, nem tão atordoada e imobilizada; uma nova emoção começa a se infiltrar em suas veias. O que é isso — nós não a reconhecemos —, seria... raiva? Claro que sim, nós acreditamos que seja. E com a raiva uma outra coisa parece estar borbulhando, um pensamento impossível de ser afastado, de ser repelido. Espera aí... ela está se formando devagar, assumindo forma em meio às brumas de seu ser consciente, ela é... vingança.

Depois de cada separação surge um momento em que nada agradaria tanto a uma bittergirl quanto se vingar de quem a magoou. Mas, na prática, como é que a gente se vinga da morte de uma relação? Que meios utilizar para obter uma retaliação depois de um humilhante fora levado em público e dado por um homem para o qual você estava começando a se abrir? Que castigo suficientemente severo poderia ser imposto depois da dissolução de um casamento?

As histórias de vingança são engraçadas, irresistivelmente engraçadas, à maneira de desastres ferroviários que nos hipnotizassem o olhar. São contos de humor negro. Todo mundo sabe história da prima de um amigo que conseguiu persuadir alguém a lhe emprestar um uniforme de serviçal, para seguir o ex-namorado em uma celebração de *bat mitzvah* da família dele. Ou a história da colega de academia que deixou suas roupas íntimas de seda sob o travesseiro dele, para a outra mulher encontrar. Da moça que caiu da escada de incêndio da casa do ex, na tentativa de arrombar a janela para entrar, e passou três dias no hospital. As bittergirls até conhecem uma mulher sensacional cujo ex-namorado tinha notório orgulho da exuberante cabeleira. Quando ela descobriu que ele a estava traindo, começou a diluir o xampu dele com produto depilatório líquido, até que ele acabou no consultório médico, preocupado com a calvície precipitada.

Enfim, as bittergirls não são adeptas a situações dramáticas — elas foram atiradas sobre nós. É claro que todo mundo gosta de estímulo em sua vida, mas a maioria de nós gostaria de viver feliz para sempre. Em geral preferimos o drama quando trata-se dos romances e dos filmes estrelados por Colin Fith e Cary Grant. Portanto, se nossa bittergirl novata tem vivido em função da vingança, se suas horas de vigília estão começando a ser consumidas pela ideia de colocá-la em prática, então vale fazer uma pausa para reflexão.

As bittergirls também não são malévolas. Todos precisamos, em algum momento da vida, descarregar a amargura de nosso sistema e a fantasia é um meio fabuloso de fazê-lo. Mas quando a fantasia começa a dominar a realidade e você se surpreende totalmente envolvida nos detalhes de sua vingança, isso significa que você está quase passando dos limites. A irmandade bittergirl está aqui para lhe dizer: largue essa chave e se afaste da pintura do carro zero dele.

Aí está você, tentando conversar educadamente com o Steve sobre quem terá os direitos sobre a deliciosa poltrona de couro. Sim, é isso mesmo, aquela que vocês compraram juntos há um ano, numa ensolarada tarde de sábado, em sua loja de móveis favorita no centro da cidade. Vocês estavam tão felizes! Tomando café com creme, os braços amorosamente entrelaçados ao redor um do outro... Steve saca do bolso a calculadora e de repente você retorna ao presente. Enquanto ele trata de calcular a depreciação de valor da poltrona de couro, depois de um ano de uso no domicílio compartilhado de vocês, você fica olhando para a estalactite de meio metro que pende e oscila acima da cabeça dele, como a espada de Dâmocles. E uma parte de você realmente acredita que se aquele pedaço de gelo caísse súbita e convenientemente e perfurasse ele enquanto seus lábios continuassem a murmurar idiotices e os dedos continuassem a batucar na calculadora, você seria de fato uma pessoa mais feliz. Mas você não seria. E muito em breve será capaz de falar com ele sobre os móveis que já foram propriedade comum do casal sem querer dar marcha à ré e atropelá-lo com a picape de transporte que ele alugou com seu cartão de crédito.

Dito isso, há lugar para um pouco de fantasia vingativa em todos os términos e todas as fases de recuperação. Você foi maltratada por uma pessoa a quem amava ou por alguém que esperava amar e isso merece alguns pensamentos malévolos sem culpa. Aqui as duas palavras-chave são "alguns" e "pensamentos".

As três estratégias de vingança mais populares

Retaliação fatal

Sim, você deseja saber tudo o que ele anda fazendo. E não é fácil entender por que o homem que lhe telefonava quatro vezes ao dia no escritório "só para conferir" subitamente perdeu a vontade de lhe proporcionar bons momentos. Claro, você pode se sentir tentada a instalar câmeras de segurança pela casa dele toda, infiltrar seu time de squash ou mandar um vírus para dar pane no seu celular.

Resista ao impulso. Nada disso irá fazê-la se sentir melhor. Se ligar as câmeras, só descobrirá que ele continua a viver a vida como sempre. Ou pior — que está vivendo momentos melhores ainda. É possível que você tenha imaginado que ele ficou maluco; que de alguma forma tenha perdido o juízo e que depois de um tempo voltará à posse das faculdades mentais. No instante em que você vê-lo vagando pelas ruas da cidade de pijama e com uma capa de chuva imunda, você correrá para ele e o resgatará, e ele cairá em seus braços, chorando de alívio e gritando "Ai, graças a Deus! Eu achava que tinha perdido você para sempre — não sei o que deu em mim, por favor, por favor, me aceite de volta, eu lhe imploro, meu amor..." Querida, isto não vai acontecer.

Holly era uma retaliadora fatal. Dia e noite ela seguia o ex. Quando o encontrou abraçado com uma linda mulher no restaurante que ela e Robin sempre frequentaram juntos, puxou o alarme de incêndio. Ficou chocada ao ser banida do restaurante para o resto da vida e processada por perturbação da ordem pública. Resista ao impulso. Telefone para suas melhores amigas bittergirls e deixe-as dissuadi-la de sua intenção. Um bom restaurante é difícil de achar.

Danos à propriedade dele

Humm, esta é uma medida perigosa. Uma coisa é incinerar em lugar seguro, como a lareira ou a churrasqueira, os pequenos objetos que ele deixou para trás: existe um certo componente simbólico neste ato e pode ser tangivelmente satisfatório. Entretanto, cometer vandalismo contra a casa ou o carro dele é ir muito além dos limites e pode levar a registros de queixas criminais. Os carros são estranhamente importantes para muitos garotos; em consequência disso, sabe-se de casos em que veículos, mesmo em ponto morto, rolaram misteriosamente e para dentro do valão. Alguns ex-namorados malcomportados já tentaram dar partida no carro, pela manhã, só para descobrir que havia açúcar no tanque de gasolina. Vidros de para-brisa partidos, a pintura destruída, as antenas quebradas... Você já pegou o espírito da coisa. Ser flagrada em algumas dessas atividades poderia levar você ao juiz local. E não seria muito mais gratificante passar a tarde fazendo as unhas na companhia da melhor amiga do que defendendo sua causa para um bando de advogados? Nem todos eles são tão simpáticos nem bons de papo quanto Sam Waterston.*

Magda descobriu que o marido a estava traindo com a Vadia do Escritório, a que havia feito todos os preparativos da

---

* Ator principal do seriado televisivo *Lei e Ordem.* (*N. da T.*)

viagem deles em lua de mel, tinha compartilhado com eles o agente imobiliário, tinha até ido buscar, de vez em quando, os filhos deles na escolinha de futebol. Magda imaginou que o ex-marido poderia precisar de algumas de suas coisas para o novo condomínio onde morava, portanto embalou em duas grandes caixas de papelão tudo o que lhe pareceu potencialmente útil, colocou as caixas na entrada do acesso à garagem da casa deles e com um grande marcador preto escreveu sobre as caixas, de fora a fora, a palavra ADÚLTERO. Telefonou então ao casal para avisar que as coisas dele estavam prontas e que poderia pegá-las quando quisesse. Infelizmente, ele afirmou, só poderia mais tarde, naquela noite. Magda respondeu que não havia problemas. A questão é que ele só veio na manhã seguinte, de modo que todos no bairro deles tiveram a oportunidade de ver quem ele realmente era.

Magda está vivendo feliz na mesma casa com os dois filhos. Ela faz seus próprios arranjos de viagem e toda noite busca os meninos no futebol. Magda e as colegas bittergirls do bairro tomam juntas o café da manhã toda quinta-feira.

Destruindo a reputação dele

Enquanto bebíamos mojitos, Allegra nos contou que escolheu algumas fotos ousadas do ex-namorado, retiradas do álbum pessoal, e colocou-as em vários sites de pornografia... Na teoria é engraçado, porém, extrapola os limites para uma digna bittergirl O mesmo vale em relação à mulher que conseguiu vídeos do ex fazendo sexo anal com a nova namorada e mostrou as cenas no telão, numa partida do campeonato nacional de basquete, como diversão antes do jogo. Espalhar cartazes com o número do telefone dele e a inscrição "para passar bons momentos chame..., 24 horas, 7 dias por semana!" é um esforço grande para um passatempo ilegal. E querem saber? Telefonar para a Receita Federal e fazer uma denúncia anônima de sonegação é um tanto cruel demais. Conhecemos uma bittergirl que trabalha para o governo e colocou na malha fina a declaração de Imposto de Renda do ex. A vida dele nunca mais foi a mesma: ela já o esqueceu há anos, mas ele está vivenciando neste exato momento o inferno da terceira auditoria.

Regra cardeal a ser observada: não procure a mãe dele. Não procure difamá-lo para a mãe dele. Não desabafe com a mãe dele. Ela pode ter sido a sogra mais amorosa do mundo; pode ter recebido você no coração e na casa dela; pode ter reconhecido você como a filha que nunca teve. Mas, no fundo e acima de tudo, ELA É A MÃE DELE. Ela o deu à luz. Ela o criou. Ela ama ao filho mais que a você. Ainda que concorde com você quanto as atitudes horríveis do filho, adivinha o quê? Ele é o fruto do ventre dela. Ele ganha a parada. E sempre ganhará a disputa pelo afeto dela. E não procure ficar amiga da irmã dele, do tio dele, de qualquer outra pessoa da família dele. Vocês podem ter trocado líquidos corporais, você pode até ter dado à luz os filhos dele, mas eles são consanguíneos e você não é. Eles estão no lado dele da cerca. Chega de veneno. Na companhia de suas melhores amigas bittergirls você pode desancar a reputação do ex em segurança, dar boas risadas à custa dele e ainda sair disso tudo com uma relação cordial com os familiares dele, aos quais pode ter amado, embora eles tenham criado esse filho problemático.

Estabelecendo o alto padrão moral

De drinques em punho numa mesa de canto no barzinho da esquina, todas podem achar muito engraçadas as histórias de como Sarah Jane retalhou a faca as obras de arte da casa do ex. Mas depois de uma noitada divertida de cogitações, qualquer bittergirls de bons princípios irá balançar a cabeça e reconhecer que, pelo menos, foi por pouco. Dará graças a Deus por nunca ter feito nada desse nível.

Agora, em matéria de discernimento, toda bittergirl já deu seu esporádico lapso de julgamento. Mas, examinando bem a questão, agir de acordo com o instinto de vingança não é bom. As pessoas se referem a "fantasias vingativas" por uma razão: elas são e devem continuar sendo fantasias. Nenhuma bittergirl deseja acordar em uma cela de delegacia. A experiência pode fornecer material para o próximo capítulo de seu romance autobiográfico, mas no contexto geral nenhuma bittergirl considera a cadeia como uma opção ideal de acomodação para pernoite. E, francamente, antecedentes criminais são normalmente considerados uma mancha no currículo da vida.

vinganças práticas

1. Devolva a escova de dente que ele deixou em sua casa, mas depois de usá-la para lavar a privada.
2. Devolva aquele livro de suspense que ele deixou ao lado de sua cama, mas antes de devolver arranque as três páginas finais.

3. Vá imediatamente ao banco encerrar a conta conjunta. Consulte um advogado.

4. Esvazie as gavetas e reúna todos os pertences dele. Leve os objetos para uma loja de vendas em consignação. Ele ainda não veio buscar o violão? Leve o instrumento para uma loja de penhores. Pelo menos você poderá lucrar com a situação.

5. Não se preocupe em devolver sua fabulosa máquina de capuccino. Se até agora ele não veio buscá-la, achamos que você merece uma xícara de seu expresso favorito pela manhã. São os termos de guerra, querida.

6. Não reencaminhe a correspondência que chegar para ele, que já está bem crescidinho e logo dará um jeito de alterar o próprio endereço quando o telefone for cortado por falta de pagamento. Neste meio-tempo, não é problema seu.

7. Mande derreter seu anel de noivado e fazer um par de brincos elegantes para você, com um novo desenho. Ou, melhor ainda: dê os brincos à sua mãe, no aniversário dela.

8. Peça um aumento de salário e compre o carro que vocês nunca puderam comprar. Faça com que todos os amigos dele a vejam no carro.

9. Ele sempre detestou seus amigos Marj e Benedict. Presenteie o casal com ingressos para o teatro, nas poltronas vizinhas a dele.

10. Esqueça-o.

Dignidade, sempre

São muitas as histórias que as bittergirls têm ouvido. Lisa recorreu à velha fórmula de fazer um milhão de assinaturas de revistas com o endereço dele. Cat espalhou panfletos nos para-brisas de todos os carros no estacionamento do escritório e do apartamento dele, detalhando-lhe as qualidades negativas. Outra abordagem é mandar e-mail para todos os nomes do catálogo de endereços de vocês dois com sua réplica ao término ou simplesmente encaminhar ao mundo inteiro a cópia do fora que ele deu em você por e-mail, ou colocar uma nota no quadro de avisos do escritório dele. Ah, quantos e-mails dessa natureza recebemos! É rápido e eficaz. Mas tais medidas também podem anunciar ao mundo sua dor e instabilidade momentânea — e será que você deseja realmente ser percebida assim pelo mundo?

Tilley, uma bittergirl de carteirinha, passou vários meses planejando um modo de entrar sorrateiramente no apartamento dele e causar um curto-circuito em seu precioso home theater com som estereofônico. Até que teve um deslumbrante momento de clareza mental, ou seja, percebeu que não queria olhar para trás na velhice e ler no diário um ano de anotações sobre ele e as formas como se vingaria dele. Portanto, coloque sua vida em perspectiva de novo: dentro de três anos você deseja lembrar, envergonhada, a noite em que jogou ovos na casa dele como uma adolescente? Não preferiria se lembrar desse momento porque descobriu em Cristina uma excelente amiga e planejou a primeira de uma série de viagens com as meninas?

Como o comportamento criminoso e sua correspondente falta de decoro não são nossa especialidade, preferimos a reação restrita, porém imaginativa, ao término. Essas constam de vinganças satisfatórias e criativas que não machucam ninguém e restauram um pouco de seu orgulho ferido. Jenet, por exemplo, limitou-se a desfiar o suéter dele de lã caxemira que custou US$300 e esperar calmamente que o tricô se desmanchasse.

As bittergirls não se cansam de insistir: há um momento e um lugar para descontar sua raiva, mas na maior parte das vezes essas histórias engraçadas de vingança são mais bem apreciadas como exemplos do que não fazer. A vantagem que uma bittergirl tem nesta vida é sua dignidade: use-a como escudo, pelo tempo que durar sua fase de recuperação pós-término.

Este também pode ser o momento de se perguntar se você não está mais viciada em lances dramáticos do que no seu ex, afinal. E o que isso diz a seu respeito? Será que sua vida é tão ociosa que você pode se dar ao luxo de desperdiçá-la com alguém como ele? Porque ninguém — creia-nos —, ninguém vale tamanho emprego de tempo e energia. Esta é sua vida e você nunca mais irá recuperar este momento. Se você tivesse investido a mesma quantidade de esforço na sua carreira já seria presidente de uma multinacional. Isso não seria uma vingança mais doce que qualquer outra atitude mesquinha que você pudesse tomar contra ele ou sua propriedade?

Negue o tempo todo

Vamos ficar insistindo com você, querida, que não faça isso — não ponha em prática a vingança. Ainda assim, precisamos admitir que, por vezes, ela dá à gente uma sensação muito gratificante. Portanto, digamos que você tenha posto em prática sua vingança. Que tenha feito aquilo que quis fazer em seus piores pensamentos. Após ouvir os casos que contamos sobre comportamentos abusivos, considerou-os irrelevantes. Pois bem, o que você fez está feito. As bittergirls estão aqui para lhe dizer *que não se prenda à culpa*. Se você se vingou, abra mão da culpa e siga em frente. E você sabe que o que dizemos procede, pois se funda na nossa experiência.

Ocasionamente, uma bittergirl perde a cabeça; por vezes, ela adota comportamentos que sabe que mais tarde parecerão horríveis; por vezes, acaba ficando na festa além da conta e a situação fica feia. Portanto, se alguém lhe perguntar se você estava lá, se teve participação naquilo, se você sabe o que aconteceu, aceite o conselho das bittergirls. Olhe a pessoa bem nos olhos, jogue os cabelos por cima do ombro, faça uma cara levemente surpresa e repita conosco: "Ah, não, eu não estava lá. Não, eu saí cedo. Não, fui direto pra casa..." Não recomendamos que reaja assim quando interrogada por autoridades, mas para as infrações menores desta vida a negação pode efetivamente calar a boca dos fofoqueiros. E algum dia você poderá admitir que estava presente no jogo de pôquer, quando o striptease chegou às vias de fato, quando a polícia apareceu, quando as garrafas de bebida se esvaziaram e o vinho de uso culinário foi servido, quando todo mundo ficou pelado e mergulhou na piscina do vizinho... mas não agora. Portanto, sorria e balance ligeiramente a cabeça dizendo: "Não, eu saí às oito da noite — por quê? o que foi que aconteceu?"

As bittergirls sabem quando parar

Imagine como estará bonita na próxima vez que o encontrar. Imagine como se sentirá bem, sentada à janela daquele restaurante que ele sempre detestou e você sempre adorou, quando ele for passando justamente na hora em que você estiver rindo de algo engraçado que sua melhor bitter-amiga acabou de dizer. Ele está fora da jogada, fora de seu mundo, que é um mundo que você ama e no qual se sente à vontade. E com o tempo poderá até encontrá-lo por acaso, quando você estiver vestida em trajes de corrida, em um sábado à noite, a caminho da lavanderia para buscar suas roupas. Ainda assim ele olhará para você e pensará: "Puxa, o que eu perdi quando a deixei?" Porque se você cuidar bem de si mesma e colocar sua alma sob seu controle, devolverá ordem a sua vida. Isso transparece em seus olhos, sua voz, sua maneira de caminhar e em todos os aspectos de sua vida.

As bittergirls sabem. No primeiro mês que as bittergirls se encontraram e formaram laços, elas organizaram para si um jantar do Dia dos Namorados. Vítimas de numerosos términos, todas elas estavam solteiras na época e cuidando de egos machucados; portanto, resolveram celebrar a si mesmas com uma ótima refeição e muito vinho tinto. Não há melhor companhia para o Dia dos Namorados que as pessoas que amam você — isso deve incluir seu próprio e delicado eu. Por vezes você precisa cuidar da pessoa mais importante de sua vida, pessoa que frequentemente se perde na confusão. Trate bem a si mesma. Trate bem seus amigos.

É claro que um comportamento vingativo e insensato pode trazer gratificação instantânea, porém as bittergirls advertem que isso é como bebida alcoólica — no primeiro gole tudo parece leve e aconchegante, mas ao acordar com dor de cabeça e um gosto estranho na boca você aprende que não deve beber a garrafa inteira. As bittergirls sabem o momento de parar.

Quando você estiver se sentindo inteira e forte novamente (e esse dia chegará — acredite), olhe para trás e busque no diário uma anotação da época em que estava mais magoada. Entre em uma sala de discussão na internet e leia as mensagens de mulheres decididas a se vingar: você vai balançar a cabeça, não em reconhecimento, mas em descrença. Como lhe dirá qualquer mulher que tenha passado por um parto, a natureza nos protege das dores por meio do esquecimento.

Além disso, depois de certo tempo, essas deformações colocam pressão sobre os laços fraternos das bittergirls. "Puxa, se não fossem aqueles martínis ia ser duro de aguentar o 14º chamado à ação da Mitzi na quinta-feira passada", uma bittergirl talvez diga à outra. "O quê? Ela ainda está levantando a planta baixa do edifício do Rolf, para planejar a rota de fuga depois de realizar A Grande Humilhação?" E três bittergirls concordam silenciosamente, disfarçam uns bocejos e a conversa muda para assuntos mais fascinantes, como a dominação do mundo pelas bittergirls e a opinião das demais sobre o novo Cabernet australiano.

Separações são dolorosas — mas, pensando bem, a *vida* é dolorosa. Você é uma mulher forte e corajosa: basta lembrar tudo que suportou pela vida afora. Você superou aquele corte de pessoal na empresa; sobreviveu a todos os jantares de Natal com a tia Agnes e as crianças; encarou aquele infindável jantar da Páscoa judaica na casa do tio Lou. Fala sério, você conseguiu sobreviver à escola secundária! Tem plena capacidade de superar um término sem precisar recorrer a golpes baixos.

A mais doce vingança da bittergirl

Nada o fará desejá-la mais do que ver você saudável, forte e independente dele. No começo ele tentou lhe conquistar

— você esperava aquilo. Depois, por alguma razão, a parceria mudou, a relação terminou e ele deixou de lhe querer. Aquilo foi horrível — ah, meu Deus, como machucou. Mas agora você o deixou para trás e se vingou do término de milhares de formas, as quais ele provavelmente não conseguiria entender. Você comprou um cartão de sócia daquele clube e tem a satisfação de usá-lo quando lhe dá vontade e não porque ele disse "é, você vai desperdiçar dinheiro em mais uma academia, que nunca usará *novamente* depois do primeiro mês?" Ou então você foi ao shopping e comprou aquela centrífuga fabulosamente cara e pouco prática que ele disse que vocês nunca teriam dinheiro para comprar. Ou ficou acordada até as quatro da manhã, em sua própria cama confortável, lendo até o final o sensacional novo romance de Helen Fielding, enquanto comia biscoito com queijo, sem precisar ouvi-lo suspirar e se remexer, e dizer: "Será que você nunca vai apagar essa luz?" Ou finalmente começou seu próprio negócio, que ele considerava arriscado demais. Ou fez aquele curso de literatura russa que ele sempre deu a entender (carinhosamente!) que escapava à compreensão de sua linda cabecinha.

Portanto, quando ele vir você na rua, com sapatos novos e sensacionais correndo para pegar o táxi, depois de sua aula noturna de ioga das quintas-feiras, a caminho de uma reunião com suas novas amigas do grupo de degustação gastronômica — adivinha o quê? Você precisará ser verdadeiramente amável e distante e desinteressada, porque está progredindo na vida. Você cultivou mais respeito próprio do que teria obtido ao correr de volta para alguém que já lhe rejeitou. Porque você merece mais do que isso — você é especial. Você é única. E deveria estar com pessoas que lhe valorizam tanto quanto você as valoriza. É parceria, amiga, e ele deu o fora. Portanto, em última análise, ele lhe fez um favor, pois você merece algo melhor. Toda bittergirl sabe disso.

tarefas para a Bittergirl

1. A suprema vingança Imagine a pior coisa que você poderia fazer a ele: a suprema vingança. Agora descreva-a nos menores detalhes — anote a descrição e guarde as anotações. Pelo menos duas horas depois, convide sua melhor bitter-amiga para vir a sua casa e peça-lhe que leia a anotação para você em voz alta, como se fosse a história dela. Então, peça-lhe que leia novamente. Quando pararem de rir, reflita longamente. Como você a convenceria a não cometer esse ato hediondo? O que ele provocará na vida dela? Uns momentos de satisfação em troca de uma sentença de prisão perpétua ou uma má reputação para o resto da vida? O que você diria a ela? Procure convencê-la a não agir assim e depois se detenha um momento a ouvir seu próprio conselho.

Então abra uma garrafa de sua bebida favorita, encha uma tigela com suas guloseimas prediletas e, juntas, deixem a imaginação correr solta. Conversem até não conseguirem imaginar nada mais, desejem-se uma boa noite e você irá dormir livre da amargura que tem carregado consigo.

A exemplo de seu psicoterapeuta preferido, as bittergirls advertem que não há nada pior que não falar sobre alguma coisa — aquilo se inflama no cérebro e vai explodir nos momentos mais inconvenientes. Você precisa verbalizar a amargura e se permitir vivenciá-la. Não é preciso colocá-la em prática — basta colocá-la em palavras. Só então você poderá rir à custa dela e seguir adiante.

2. Desconte sua raiva Você se sente violenta? Não tem como evitá-lo e não tem como dar vazão? Dê porrada no saco de pancadas. Você sabe qual é, aquele onde colou a foto dele. Entre para um curso de kickboxe.

3. Estabeleça um ritual Tudo bem, você não consegue controlar o ímpeto de fazer algo pouco razoável e descontrolado. Portanto, crie um ritual e restrinja isso a um nível mínimo de violência real. Convide uma amiga para vir a sua casa e transforme a ocasião numa cerimônia de purificação. Pegue sua foto favorita de vocês dois; recorte a cabeça dele, queime-a e erga um brinde à sua liberdade recuperada. Procure algum objeto que ele tenha deixado para trás e realize o ato de violência contra o objeto. Diga a sua amiga como você está se sentindo. E para recompensá-la pela paciência, leve-a a algum lugar agradável naquela noite. Pode ser um restaurante sofisticado, um café acolhedor ou um jantar em casa à luz de velas — mas faça algo por si e pela sua amiga para celebrar sua vitória paranormal.

4. Seja seu próprio hobby O que você fazia por ele todos os dias? Procure fazer por si mesma um pouco daquilo. Encontre alguns exemplos concretos e faça diariamente um ou dois deles em seu próprio benefício. De que modo você contribuiu para a vida pessoal e profissional dele? Você o estimulava e tentava fazer com que se sentisse melhor com ele mesmo? Que tal fazer o mesmo por si? Se ficar complicado dar tapinhas de aprovação nas próprias costas, reúna-se com seus amigos mais encorajadores e obtenha um pouco dos cuidados carinhosos que você tinha com ele. Quanto tempo você dedicava a ele e à relação de vocês? Dedique um tempo para sua relação consigo mesma. Uma bittergirl declarou que no final do casamento ela se lamentava do fato de a carreira dele ser muito mais sólida que a dela, até perceber que gastou os últimos sete anos se concentrando nele. Ela concedeu os sete anos seguintes para se apoiar emocional e psicologicamente e — quem diria — sete anos depois sua carreira estava decolando, como a dele ao deixá-la. Sete anos pode parecer muito tempo, mas você pode contar as vitórias de curto prazo ao longo do caminho — e celebrá-las com as bittergirls.

5. Idealize a si mesma Imagine a melhor aparência que você poderia ter, a melhor atitude que poderia tomar, de que forma poderia agir ao encontrá-lo da próxima vez. Imagine três enredos diferentes. Faça-os tão detalhados quanto possível e escreva seus favoritos. Guarde-os num envelope lacrado e coloque-o na gaveta. Na próxima vez que realmente encontrá-lo, anote exatamente suas sensações ou telefone para outra bittergirl e desabafe com ela. Continue a fazer isso até chegar o dia em que, Eureka! Você já não precisará mais fazê-lo. Porque você o encontrou e de fato não se importou com o que sentiu nem com o que ele pensou. Este será o dia em que ele chamará seu melhor amigo para contar que você estava maravilhosa quando ele a encontrou. Este será o dia em que verdadeiramente terá se libertado dele.

doze

a crise da bittergirl

VOCÊ FANTASIOU SOBRE A VINGANÇA e talvez tenha chegado a colocá-la parcialmente em prática; limpou seu apartamento das coisas dele, recortou a cara dele das fotos de vocês, apagou a presença dele de sua vida. Você está começando a ter controle da situação e está novamente parecendo um ser humano mentalmente estável. O plano está funcionando. Você está se sentindo como uma bittergirl. Até assina seu nome como "uma das bittergirls". Suas melhores bitter-amigas são sua família agora e você está sempre concentrada em MAA. Chega a se sentir confiante em sair sozinha sem o time. Veja que enorme progresso! Está inteira e sabe que está melhor sem ele. Aceitou os Sinais de Perigo que não tinha enxergado e agora está tocando a vida para a frente. Você se sente sexy, confiante e cheia de possibilidades.

E aí então, BANG! De repente você se vê montada nele, gritando palavras obscenas que nunca tinha ouvido, cavalgando-o como se ele fosse um touro mecânico. Como terei chegado a esse ponto? — você se pergunta. Atingida por um momento de fraqueza você perdeu a cabeça e agiu mal. Bem-vinda à Crise da Bittergirl.

Você estava se saindo tão bem. Conseguiu dividir a mobília com ele e sair ilesa. Ele comprou sua metade do carro e você ficou tranquila. Não houve lágrimas quando dividiram as fotografias. No dia mais quente do ano, seu time lhe ajudou a se mudar para um apartamento em um velho prédio industrial, o elevador de carga quebrou e você ficou bem. Você tapou os buracos das paredes com massa corrida, matou ratos, ligou o aparelho de DVD e não fez nenhum drama.

Até a noite em que foi à loja de bricolagem aberta 24 horas. Lá está você, às três da manhã, percorrendo as alas; no carrinho, montes de chaves de parafusos e brocas de furadeira e lâmpadas de baixa voltagem, porque agora você está aprendendo sobre tudo isso. Você chega à sessão das tintas. Examina as amostras, mas depois de algum tempo todas as nuances de azul começam a parecer uma só. Você está perguntando ao rapaz do balcão que tom ele considera mais próximo do cobalto e, de repente, a realidade de sua vida se manifesta. Você está perguntando a cor que deve usar para pintar a cozinha ao adolescente de rosto marcado de acne. Vocês não estão formando um lar, você e o jovem Zach não estão cavalgando rumo ao sol poente. No entanto, aqui está você precisando desse estranho, dessa criança, desse punk skatista, para lhe dar um pouco de orientação, um pouco de força, um pouco de "a senhora me desculpe, eu sei que sua vida nem sempre foi assim", um pouco de "não senhora, é comum a gente ver mulheres chorando aqui na loja às três da manhã", um pouco de "não, a senhora não está maluca", um pouco de "basta me dizer qual é a droga de tonalidade deste azul!!!"

Ele mistura a tinta no tom que vocês dois acham que é cobalto. Ele tem 18 anos. Devia estar em casa, na cama, provavelmente vai à escola amanhã. Em vez disso, joga a bicicleta de dez marchas na mala de seu carro e você transa com ele em sua cozinha futuramente azul cobalto.

A primeira vez em que falamos sobre momentos de fraqueza foi no Capítulo 4. Esses momentos são um rito de passagem para cada bittergirl: as súplicas desesperadas por uma segunda chance, a ânsia de entender porque isso está acontecendo, a corrida frenética para juntar os pedaços e remendá-los. Você descobriu suas técnicas de sobrevivência (com uma pequena ajuda das bittergirls). O Kit de Emergência, as Medidas de Segurança e o Contrato se tornaram suas medidas de sobrevivência, enquanto você dava os primeiros passos para se afastar do Incidente. Além disso, encarou os demônios representados por ele, enquanto você mitificava a relação e se iludia com a ideia de atraí-lo de volta.

Você passou por tudo isso e manteve vivo seu orgulho de bittergirl. Então, fica difícil não se sentir infalível. Mas depois de triunfar por esses territórios escuros, não caia na armadilha de se acreditar capaz de contornar os procedimentos da FRPT. Essa falsa sensação de segurança é justamente o que leva a momentâneos erros de avaliação. No minuto em que você relaxa a vigilância, o touro mecânico entra na arena.

dez sinais de uma Crise da Bittergirl

1. Hoje de manhã você deixou 28 mensagens na caixa postal do celular dele e está cogitando deixar mais uma.

2. Você cismou que decorar os diálogos de *Quem tem medo de Virginia Woolf?* irá lhe ajudar em suas questões sentimentais.

3. Você está terminando a sexta sessão de *step*, só fazendo pausas para verificar suas mensagens.
4. Você está no computador e acabou de programar o MSN com o texto "Estou a fim e pronta para a ação".
5. Você está num bar (sem suas melhores bitter-amigas) tomando um drinque e contando sua história para o time local de bocha.
6. Você se convidou para o jantar de domingo na casa dos pais dele, na esperança de que ele apareça por lá.
7. Você passou oito horas no karaokê do bar local cantando sem parar a música do Cheap Trick "I want you to want me".
8. Você pagou ao controlador do placar eletrônico para exibir a frase "Jeff, não posso viver sem você".
9. Você vai ao casamento do primo dele com seu sobrinho de 10 anos.
10. Você está criando um álbum de colagens da relação de vocês, para marcar o que teria sido o quinto aniversário.

Não se deprima, amiga. Você talvez ache que enfrentar a Crise da Bittergirl é algo que não faria por dinheiro algum, mas o Instituto de Pesquisas Avançadas em Relações Desfeitas constatou que 98% das bittergirls, em algum momento, foram vítimas da Crise. Se você faz parte dos restantes 2%, confira seus batimentos cardíacos e se ainda estiver viva, pode se felicitar pela força e vá direto para o próximo capítulo. Mas, pensando bem, talvez você deva ler este também, caso venha a precisar.

Para os restantes 98% das bittergirls, a estrada do inferno está calçada de boas intenções, porém, aquela fissura quase invisível de vulnerabilidade, de que falamos no Capítulo 4, acaba de se transformar num abismo sem fundo de sentimentos reprimidos de solidão, carência sexual, raiva, infelicidade, frustração e desejo.

Agora, há algo que você deveria saber sobre a Crise da Bittergirl. ELA SURGE DO NADA. Quando a crise acontece, em geral você já ultrapassou o estágio da Conspiração para Ganhar de Volta Seu Ex. É provável que já esteja rindo da tolice de todos aqueles esquemas mentais. "Como pude me rebaixar tanto?", você talvez se pergunte. Você desdenha a ideia de vingança. "Por que eu iria perder tempo com isso?"

papo de bittergirl

A Crise da Bittergirl chega de surpresa, pegando-a desprevenida, prejudicando seu discernimento e depois, no dia seguinte, deixando-a atordoada, sem saber quem você é, nem como chegou a esse ponto. Humm, isto não lembra um pouco a sensação que teve após o Incidente? De certa forma, sim, mas o aspecto positivo da Crise da Bittergirl é que você já dispõe do equipamento completo para lidar com a situação e está no controle. Lembrete de bittergirl: com certeza você sabe quem é e de que forma chegou a esse ponto.

Uma Crise da Bittergirl é realmente um grande e estúpido momento de fraqueza. A palavra-chave na qual se concentrar aqui é MOMENTO. Veja bem, o momento passou, a crise ocorreu. De que modo ocorreu é algo que nada significa nessa altura dos acontecimentos. Significativo de fato é seu modo de reagir a ela.

Tipos mais comuns de crises da Bittergirl

A transa do reencontro

Esta é a mais comum das Crises da Bittergirl. Você encontra com ele por acaso nos lugares mais estranhos (e já faz tempo que parou de segui-lo na rua) e ambos parecem genuinamente contentes em se ver. Conversam um pouco e decidem tomar um chá, um café, um drinque. Em seguida, já estão rindo como nos velhos tempos, terminando as frases um do outro e se olhando demoradamente nos olhos. Todas essas emoções estão surgindo em você, que percebe nele os mesmos sentimentos. E aí... bem, uma coisa leva a outra e vocês acabam transando na cama dele, na bancada da cozinha, num banco de jardim, no banco traseiro do Saab novinho dele ("Cuidado para não manchar o assento de couro!")

Durante o sexo do reencontro você pode ser apanhada pelo tesão de toda a situação, a paixão despertada pela oitava dose de gim tônica, o jeito como a clavícula dele faz uma curva para se encaixar no ombro, o conforto da voz dele, o fato de lhe conhecer a forma do corpo. Você talvez tenha a sensação de que está tudo certo, de que é invencível. Mas faça uma pergunta a si mesma: *como irei me sentir em 24 horas?* Esta é uma boa regra de orientação quando se trata da Crise da Bittergirl.

Melissa tropeçou em Grant num bar certa noite depois do expediente (uma verdadeira coincidência — nenhum dos dois jamais estivera ali). Ele estava sensacional, ela estava sensacional, tomaram umas e outras e começaram as reminiscências. Ele disse a ela que já não estava mais com a filha do vizinho, que sabia que o caso nunca daria certo. Comprou uma rosa para Melissa ("pela primeira vez NA VIDA ele me comprou uma flor", ela confessou) e em breve estavam num táxi a caminho de casa, mal conseguindo manter as mãos quietas. Enquanto faziam o sexo mais espetacular da vida deles, Grant ficava dizendo: "O que está fazendo? Isto não tem nada a ver com você." Melissa ficou fora de si de alegria. "Tem sim, meu bem. É assim que eu sou. Poderosa e por cima. A FILHA DO VIZINHO fazia desse jeito?" Pelo visto Grant não gostou daquele jeito, porque duas semanas depois ainda não tinha retornado o telefonema de Melissa.

A transa do reencontro é um território familiar para muitas bittergirls. Descobrimos que é melhor lidar com a questão, se recompor, retocar a maquiagem dos olhos, escovar os cabelos bagunçados e tocar para a frente. Comemore o fato de ter feito sexo. Não se prenda ao fato de ter feito sexo com ele, a pessoa que você está tentando esquecer.

A questão crucial aqui é SER REALISTA A RESPEITO DO FATO. Se você se agarrou a esperança de voltar com ele depois desta noite de paixão, deixe as bittergirls lhe lembrarem com quem você dormiu. Qual foi mesmo o nome que você tinha dado a ele? *O Covarde*? *O Surfista*? *O Desaparecido*? *O Mago*? Pois fique sabendo que ele ainda é aquele cara. E agora é o cara que não resistiu a dormir com você de novo. Ele explicou por que dormiu com você? Foi só porque podia?

Conforme descobriu Susan, uma bittergirl diplomada, Rick transou com ela mais uma vez só para ter certeza de que sua nova namorada era "a mulher de sua vida". No dia seguinte, enquanto ela fazia planos para voltarem a morar juntos, ele pediu a nova namorada em casamento.

Rebecca teve um caso espetacular de sexo de recaída com Joe, que lhe confessou, após o ato, a repugnância que sentia pelo corpo dela. Rebecca ficou arrasada; sentiu que ficou ainda pior do que estava quando ele a deixou na primeira vez. Ela achou que jamais fosse conseguir superar o episódio e que estava condenada ao ciclo do abandono de Joe.

Ou veja Andréia, que estava sonhando acordada com o encontro que marcara com Tom, seu ex, para a noite seguinte, quando a secretária dele entregou para ela um envelope da FedEx. Dentro estava a caixinha de pílulas anticoncepcionais que ela deixara por acidente no banheiro dele e um bilhete de Tom que dizia: "Espero que você esteja bem. Não quero atrapalhar seu processo. Só achei que ontem à noite você estava realmente precisando de mim. Viajo amanhã à Índia, onde passarei algum tempo." Andréia batizou a transa de "foda de misericórdia", e aquela foi a última vez na vida em que viu Tom.

Depois há o caso de Meredith, cujo horóscopo previu que algo maravilhoso iria acontecer. Quando ela dormiu de novo com Raymond, pensou que a coisa maravilhosa fosse ele. Até a noite seguinte, quando ele se sentou sobre o celular e acionou por acidente o número dela na discagem automática. Ela ficou ouvindo horrorizada enquanto Raymond contava ao amigo Joey a ardente noite de sexo que tivera com a ex. Seu horóscopo daquele dia lhe recomendava reavaliar sua posição em relação a tudo e decididamente foi o que ela fez.

Surto em família

É um lindo dia de primavera. Você está fazendo compras, curtindo o sol, banhando-se na luz de seu novo e fabuloso eu, quando alguém toca em seu ombro. Você dá a volta e, não, não pode ser! Mas, é. É a mãe dele. Vocês não se veem desde o Incidente. Ela sente sua falta. Vocês eram uma parte muito importante da família. Todos eles queriam ter tido a oportunidade de dizer adeus. Ela lhe dá um grande abraço. A próxima coisa que você percebe é uma torrente saindo de seus canais lacrimais, você está chorando de escorrer o nariz, parece incapaz de juntar duas palavras. "E... eu... eu... ten... tenho... tan... tan... taanta saudade dele" (soluços e mais soluços). Ela pega você pela mão e a leva até o carro mais próximo; senta-a sobre o capô e lhe faz companhia até que esteja mais calma, uns 45 minutos depois. Ela oferece uma carona até sua casa, que você recusa, dizendo que em dez minutos tem um encontro com uma amiga na rua ao lado. Ela lhe dá um abraço de despedida. Você se arrasta até o beco vizinho e desmorona entre as sacolas de compras.

Como isto foi acontecer? Você achou que estava indo tão bem. Querida, este foi um daqueles golpes que nos deixam sem fôlego, dos quais estivemos falando. Dê a si própria um pouco de crédito. Se fosse possível prever o golpe, você teria se protegido.

As bittergirls querem lembrar a você que isto é o que é: um MOMENTO de fraqueza. O momento passou, graças a Deus, e já ficou para trás. Nunca mais você precisará passar de novo pelo mesmo exato roteiro. Ufa! Você poderia passar as próximas 24 horas se preocupando se ela contará a ele e o quão idiota você parece, mas por que se preocupar? Se ela for contar a ele, azar —

e daí? Você sofreu um minissurto, mas isto é só matéria adicional para as histórias engraçadas que irá contar dentro de uns anos. A questão é: esqueça isso agora mesmo. Você não pode fazer nada em relação aos atos da mãe dele. Você *pode* fazer algo em relação a seus próprios atos. Ligue para suas melhores bitter-amigas e conte sua história entre risos e lágrimas.

Mônica encontrou os pais dele por acaso num evento beneficente que ajudou a organizar. Os Nicholson sempre pareceram elegantes e sofisticados; ela se sentiu malvestida e deslocada. Achava que eles nunca haviam gostado dela e ficou surpresa ao ser paparicada pelo casal na frente dos amigos esnobes. Insistiram em que viesse à mesa deles depois do jantar. Para acalmar-lhe os nervos, a amiga Ellie ficava reabastecendo o copo de vinho à frente dela. Três horas depois, Mônica estava derramada sobre a mesa, língua enrolada, elogiando o casal por ter criado um filho tão egoísta, horrendo e desalmado. Na manhã seguinte, Ellie telefonou para ver se ela se lembrava de algo. Mônica não sabia do que a amiga estava falando. Esta manteve a informação em segredo por meses a fio (isso sim é ser uma melhor bitter-amiga).

Fazer contato

Essa crise é frequentemente causada por ocasiões especiais. Você já percebeu como um aniversário, um feriado nacional, qualquer evento comemorativo costuma trazer à tona emoções que você acreditava estarem enterradas há tempos? Sua amiga Amanda telefona para lhe lembrar o chá de bebê a que ambas devem comparecer. Você percebe de repente que amanhã é o aniversário de casamento do melhor amigo dele, que falta menos de um mês para a festa de celebração da aposentadoria da mãe dele, que hoje à tarde será o vernissage da exposição de seu irmão caçula. O bebê de seu chefe está para nascer dentro de três semanas. Você é inundada pelos cheiros, sons, visões que lhe trazem a lembrança dele; sentimentos nostálgicos lhe dominam. Sua sanidade mental vai se dissipando enquanto você começa a dançar pela ladeira da memória abaixo. E você se apanha em um dos seguintes enredos:

A carta Você observa a caixa de correio engolir uma carta para ele. Entre as declarações de amor eterno e súplicas para ele voltar, você colou citações de seu diário no dia em que pela primeira vez ele disse que a amava.

Hoje é o dia que vocês sempre viajavam de férias para a Flórida. Você escreve à mãe dele uma carta manchada de lágrimas: "Oi (soluços), como vai a senhora? O que vocês vão fazer na festa de Chanucá? (soluços) Vocês vão viajar para a Flórida? Ah... (choro convulsivo)... eu adoro a Flórida..."

O telefonema Você pode sequestrá-lo ao telefone, ameaçando se atirar da janela de seu quarto, se ele não voltar para você. Ele lhe lembra que você mora no primeiro andar.

Você telefona para ele às quatro da manhã, dizendo que agora pode ser um excelente momento de experimentar o sexo pelo telefone.

Mensagem enviada Você acorda de ressaca depois da festa de noivado de seu chefe e, quando confere suas mensagens eletrônicas, constata que mandou a ele uma mensagem marcada urgente às duas e meia da madrugada. O título da mensagem era "Esta é a semana sadomasoquista. Que tal um pouco de dominação, benzinho?" AI, MEU DEUS!

Eu estou aqui! Você está no fundo da igreja e a moça do cerimonial lhe pergunta em que grupo você está — no da noiva ou no do noivo? Você não está em nenhum dos dois. É a festa de casamento do primo dele, e você não foi convidada.

Esta crise é em geral motivada por seu desejo avassalador de se encaixar de volta na antiga vida. No entanto, precisamos lembrar que: é sua *antiga* vida. Como você sabe perfeitamente agora, as regras de separação causaram uma mudança em todos e às suas fronteiras. Elas se aplicam à atual situação. Mesmo que vocês tenham ido juntos à festa de noivado do melhor amigo dele, você não pode ir à festa de casamento. Você pode ter ajudado a planejar a festa comemorativa da aposentadoria da mãe dele, mas teve que entregar o itinerário a outra pessoa. No lapso de avaliação que leva a essa Crise da Bittergirl, você se convence de que se iniciar contato com ele ou com a família dele poderá mostrar a si mesma que o esqueceu. Mas, querida, você está delirante. Você ainda não chegou exatamente lá.

Veja o exemplo de Imogen, que sofreu de um caso grave de Crise da Bittergirl: "Foi a noite de autógrafos do lançamento do novo guia turístico da Espanha, de nosso amigo Mark; esperava-se a presença de todos nós, o que incluía a mim e a meu ex, Matthew. Passei o dia inteiro com a porta de casa aberta e vendo todos os nossos vizinhos e amigos passarem pela rua até a livraria do bairro onde o evento estava sendo realizado. Finalmente, sem poder aguentar mais, eu me vesti e fui para lá. O Matthew estaria no local, mas e daí? Eu era uma adulta. Daria conta da situação. A primeira pessoa que vi foi ele. Estava conversando com a esposa do Mark. Extremamente desconcertada, virei uns dois copos da sangria que estavam servindo e depois tomei mais alguns. Tenho a vaga lembrança de ter interrompido a leitura pública de Mark com a história daquela vez em Madri em que Matthew teve problemas de ereção. Pelo visto eles me enfiaram uma empanada na boca para eu me calar. O pai dele me levou até a minha casa e eu acordei às quatro da manhã sentada na cadeira de piscina, na varanda da frente." Ai, essa doeu!

Quando Stacey chamou o ex-namorado para um drinque tranquilo natalino, mais de um ano depois da separação dos dois, acreditava que estava completamente segura. Ela sentia que estava evoluindo na nova vida. Era o período de festas, e a ocasião perfeita para fazer contato com Stefan. Enquanto bebiam, discutiram os livros que andaram lendo e os shows que andaram vendo recentemente. Atualizaram as novidades de amigos e familiares. Cada um pôs o outro em dia quanto à própria vida e fez o outro rir, como se tivessem se encontrado ontem e não no ano anterior. No momento em que Stefan parecia totalmente relaxado, Stacey ouviu a própria voz perguntar se ele era feliz sem ela. Antes que ele pudesse responder, Stacey lhe perguntou se a nova vida dele compensava o fato de tê-la perdido. Ela sabia que tinha tocado no nervo exposto, porém não conseguiu parar. Foi um desastre total. Ele saiu do restaurante em lágrimas. Stacey percebeu que fazê-lo chorar como ela havia chorado no ano anterior não a fez se sentir nem um pouco melhor. Para citar as palavras dela: "É obvio que eu ainda não tinha resolvido certas questões."

A negação

Pois bem, este caso não corresponde exatamente a um momento de fraqueza. É mais como um colapso profundo que pode perdurar por algum tempo. Você estava se saindo bem; de repente foi atingida na cabeça por um grande carimbo de borracha, que em imensas letras vermelhas dizia NEGAÇÃO. Infelizmente, este episódio tem todas as características de uma Crise Pública da Bittergirl.

Ele telefona para perguntar se poderia pintar a nova sala de estar com os restos de tinta que você guarda no porão de casa. Você planeja levar o material para ele assim que terminar de malhar na academia. Você está movendo os lábios para acompanhar a canção "I will love again", quando vê uma integrante do time de Frisbee dele se aproximar da esteira ao lado da sua. Você crava o olhar nos olhos dela, que hesita um momento, antes de subir no aparelho. Você grita um "oi". Ela diz algo que você não consegue ouvir. Baixando o volume da música, você pede que ela repita. Ela diz que ficou triste com a separação. Você lhe garante que está tudo bem:

— Acho que hoje à noite nós vamos estudar a cartela de cores para a nova casa dele. Você devia ver o que nós estamos pensando em fazer na sala de estar, na verdade estamos pensando em encomendar uma mobília nova para o quarto de hóspedes, estamos empolgados com o projeto do paisagista para o gramado do jardim! Tem tanto para fazer, e graças a Deus o verão está chegando, porque vamos poder dedicar muito tempo à reforma do deck dos fundos! Você devia aparecer uma hora dessas e nós podemos fazer um churr...

Ela corta suas palavras:

— Olha, na verdade, o time todo esteve lá ontem à noite. E não tem nenhum deck nos fundos da casa dele.

— Ah, mas claro, pois é, nós estamos planejando construir um deck para o verão. Você sabe como isso realmente liga as pessoas... — Bem devagar ela desce da esteira e vai recuando. Faz um aceno de cabeça, hesitante, e sai correndo para o vestiário.

Agora, esta foi complicada. O que deflagrou essa crise, seja lá o que for, deve ser IMEDIATAMENTE administrada. Quer você tenha esquecido de tomar a medicação ou somente viajado para o mundo da lua pelo dia, a semana, o mês, nós recomendamos que aterrisse urgentemente.

Veja o caso de Jackie. Ela e Allan estão separados há milênios. Ela estava se comportando com força e estoicismo, dignificada diante da adversidade. Ainda ia ao mesmo bar que ele frequentava, e ele ainda morava na casa que era DELA. Eles ainda tinham conta conjunta porque ele precisava da documentação para continuar no país. Ela tinha saído com alguns caras, estava trabalhando muito, parecia realmente estar deixando para trás o término deles, quando um dia entrou no bar com algumas sacolas de mantimentos. Os colegas de Allan lhe perguntaram aonde ela ia com toda aquela comida.

— Pra casa — ela suspirou. — Nas terças à noite o Allan e eu gostamos de ficar curtindo em casa; a gente faz jantar e fica vendo televisão. É um lance que a gente tem.

Os colegas dele caíram na risada e mandaram lhe servir uma bebida, com o comentário debochado:

— Tá legal, Jackie ... toma mais uma...

Coitada da Jackie. A situação aponta para muitos problemas, mas o principal é que ela se convenceu de que eles dois estão construindo uma vida juntos novamente. Um dia ela acordou e decidiu que já que estavam vivendo sob o mesmo teto, compartilhavam o extrato bancário, gostavam dos programas de tevê da terça à noite e faziam pipi no mesmo banheiro, aquilo devia significar algo. Bem, não, de fato ele só mora na casa dela porque não precisa pagar aluguel; se a conta conjunta fosse cancelada ele seria deportado de volta para Portugal; ele gosta de televisão às terças porque pode assistir ao programa que quiser e comer comida caseira quentinha enquanto vê televisão. Jackie fabricou uma vida para eles onde já não existe vida nenhuma. Sua crise se tornou pública e para se recuperar Jackie vai precisar de muito tempo.

Sabotagem

Quando falamos de vingança no Capítulo 11, nem mesmo seu time foi capaz de inventar algo assim. Não há premeditação: um demônio se apossa completamente de seu corpo e lhe lança numa missão para destruir o novo relacionamento dele. Quando você finalmente recupera seu ser racional, a humilhação e o constrangimento vêm disparados em sua direção, como um carro cujos freios foram esquecidos na oficina. Entretanto, durante o episódio, você está convencida de que se levar a cabo suas ações, irá estragar o que ele tem com esta outra mulher e ele voltará correndo para você. Pense duas vezes, amiga.

No momento em que Sharina ouviu dizer que Brock estava saindo com Chrissy, uma das amigas mais antigas do casal, partiu para a casa dele, tocou a campainha, seduziu-o na soleira da porta e o arrastou para o banheiro. Transaram como loucos. Antes de ir embora, Sharina fez questão de esquecer de propósito um dos brincos de marcassita de desenho exclusivo, presente de aniversário dado a ela por Chrissy no ano anterior. Não poderia haver dúvidas sobre quem o esquecera ali.

Talia viu Harry sentado com a nova namorada num bar da área local. Resolveu que era claro o fato de não estarem se divertindo. Sentou-se no bar, tomou oito cosmopolitans e encenou um striptease diante da mesa deles. A nova namorada de Harry saiu correndo do bar e ele foi correndo atrás dela.

O melhor a fazer depois de um ato de sabotagem é bloqueá-lo por completo da memória. Vá direto ver um filme de ação, tome um porre com seu time, vá praticar canoagem com um amigo que gosta da vida ao ar livre. Afaste-se do cenário tanto quanto possível. Na altura em que você voltar, o caso possivelmente vai parecer um sonho, um filme B de baixa categoria ou um boato bobo que foi exagerado. Evite o contato com todas as partes envolvidas e procure se isolar ao máximo do episódio.

As consequências

Embora os efeitos colaterais do sexo do reencontro, do telefonema no meio da noite ou das súplicas desesperadas à família dele possam lhe parecer a pior ressaca que já teve, você não deve se prender a este momento.

Talvez lhe traga um certo constrangimento ter bancado a piranha atrevida na noite anterior; talvez se encolha ao pensar no pai dele lendo o espantoso cartão de aniversário que você mandou mencionando as belas qualidades que Jacob herdou do pai; e você pode até se arrepiar com a lembrança de ter sido vista pelo bar inteiro tirando a camiseta pela cabeça, mas a Crise da Bittergirl é um marco importante na trajetória de uma ex.

Conforme Cheryl nos relatou: "Nós tínhamos dormido juntos outra vez. No dia seguinte eu estava deitada na cama, esperando que Connor telefonasse e me sentindo muito humilhada e superdeprimida. Fiquei furiosa comigo mesma por querer desesperadamente que ele ligasse, e ao mesmo tempo eu só queria parar de sofrer por causa dele. Estava sofrendo pela ideia dele. Nada poderia sequer se aproximar da dor que senti quando ele terminou comigo pela primeira vez. E se eu tinha conseguido administrar aquilo, então conseguiria administrar isto também. Saí da cama, me vesti e fui dar uma volta. Ele não telefonou, mas pelo menos eu não fiquei esperando sentada o telefone tocar."

O que Cheryl descobriu é que depois de passar pelo Incidente não se pode voltar nunca mais. Dá para imaginar sensação pior que a daquela ocasião? Pode parecer que você está no caminho de volta ao tormento da dor de cotovelo, mas uma Crise da Bittergirl pode lhe fornecer um precioso insight. Em geral, o efeito da crise é deixar mais claro que você já progrediu além do esperado. Você talvez se sentirá sombria e trágica por um tempo, mas tais sentimentos já começaram a lhe parecer velhos e cansativos.

Talvez seja o momento de revisitar o Capítulo 4 e reescrever seu Contrato. Temos certeza de que, ao fazê-lo, perceberá que não está se saindo tão mal, no final das contas. Você já não precisa de todos os itens do kit de emergência, não é obrigada a telefonar para o trabalho dizendo que está doente, já percebeu que o disque-horóscopo não vai lhe ajudar e que agora só precisa da companhia de duas pessoas do seu time, em vez de seis.

O momento de maior sensatez da Crise da Bittergirl é aquele em que falamos com alguém a respeito. Enquanto você vai narrando seu comportamento para o time, suas melhores bitter-amigas podem balançar a cabeça, reconhecendo a ocasião em que sucumbiram a destino semelhante. Elas talvez recriminem você por não ter avaliado com clareza suficiente e convocado reforços, mas irão compreender e ver na crise exatamente o que ela é. Será que se estivesse cercada pelo time você teria agido daquela forma? É improvável e elas o sabem.

É importante lembrar que uma Crise da Bittergirl tem curta duração e é vital você continuar a pensar nela assim. A sensação pode ser a de ter recuado um passo na jornada de esquecer seu ex, mas o retrocesso não será permanente. Este é o momento de se apoiar em seu orgulho bittergirl. Agarre na mesinha de cabeceira seu senso de humor e ponha a experiência na conta da exploração de sua nova personalidade.

E reflita seriamente sobre a separação. Quer dizer, procure decompor o episódio. Seja honesta. A atividade sexual era realmente tão boa assim? Talvez ele não seja lá essas coisas na cama. Talvez seu jeito de grunhir durante o ato sexual já não seja cativante e sim assustador. Talvez a carinha engraçadinha que ele faz durante o orgasmo lhe leve a pensar num chihuahua se espremendo para fazer cocô. Talvez quando ele apoia o rosto na curva de seu pescoço você veja que a careca dele está crescendo exponencialmente.

O jeito da mãe dele ao falar com vocês talvez não seja terno e sim condescendente. Você realmente queria ir para a Flórida de novo? Ficar numa casa de praia com setuagenários de calção olímpico de lycra e solidéu na cabeça? Passar as férias com a família dele não é mesmo uma droga?

Enquanto estava abaixando a alça do sutiã você percebeu que as sobrancelhas dele são monocelhas?

A Crise da Bittergirl passou. A esperança é que nunca mais volte a acontecer. De vez em quando uma bittergirl deixa a tiara escorregar. Isto é permitido. Só não se deixe ficar parada ali. Porque, querida, o amor está morto e não há quantidade suficiente de sexo do reencontro ou telefonemas para a família que possam alterar esse fato. Você foi autorizada a ter esse momento de fraqueza. É hora de dar uma boa sacudida na cabeça, voltar às Aparências e tocar sua vida adiante. Como dissemos no Capítulo 1, a questão não é de atribuir culpa e sim de seguir em frente. Basta aprumar sua tiara, centrá-la com firmeza na cabeça, pegar seu time e prometer que isso se transformará em mais uma marca, no cinto da bittergirl. Agora, se você está em negação e a crise ainda não terminou, aí já é outra história. Você precisará dedicar uns momentos de atenção ao Capítulo 13: A UltraBittergirl.

tarefas para a bittergirl

1. Reescreva o contrato Para ter certeza que superou a crise, pegue o Contrato que assinou no Capítulo 4. Você sabe qual é — aquele papel que costumava deixar grudado no telefone, na geladeira, no meio da testa, até sentir que não precisava mais dele.

Com base em certas experiências desde aquela ocasião, você talvez queira revisar o contrato ou acrescentar algumas cláusulas:

"Não irei, em circunstância alguma, montar nele e dizer que sou a estrela de seu rodeio pessoal."

"Não irei, em circunstância alguma, telefonar para ele e cantar 'reunited and it feels so good'."

"Não irei, em circunstância alguma, mandar um arranjo floral à mãe dele e um cartão escrito: 'Se nós dois ainda estivéssemos juntos, eu ainda estaria lhe chamando de minha sogra. Sinto falta da senhora'."

"Não irei, em circunstância alguma, enviar a ele uma colagem de todos os nossos momentos mais amorosos e dar-lhe o título 'O amor que nunca morrerá'."

2. As crises do time Elabore uma lista das crises de todas as outras pessoas (inclusive do time!) de que ouviu falar.

treze

a ultrabittergirl

VOCÊ VÊ UM CONVITE DE CASAMENTO E PENSA: "Só quero ver quanto tempo *eles* vão durar?" Você vê um garotinho recém-nascido e diz "Quanto tempo vai levar para ele partir o coração de alguém"? Há um ano e meio o vibrador é seu melhor amigo. Você recusa um encontro com um médico de quase 1,90m de altura e frios olhos azuis, porque não quer perder o capítulo final da temporada da série *Plantão Médico*? Tenta convencer seu chefe de que pode fazer sua tarefa trabalhando em casa? (Você é advogada especializada em Direito Criminal.) As camisinhas guardadas em sua mesinha de cabeceira são do tempo do governo Reagan? Você consegue dizer quantas vezes Monica, Chandler, Joey e Rachel aparecem na tevê todos os dias, mas não tem ideia do que está acontecendo com seu próprio grupo de amigos? Quando eles convidam para sair à noite (se é que não lhe abandonaram por completo), sua lista habitual de desculpas faz lembrar a seguinte? Que sentido tem? Todos nós morremos um dia — é melhor já ir me acostumando. Nada dura para sempre. Por que eu deveria dar a outra pessoa alguns dos melhores anos de minha vida? Não tenho mais nada para dizer.

Querida, você está ultra-amargurada. Pode até estar confinada ao lar. Para você não houve recuperação na Fase de Recuperação Pós-término. Para você só aconteceu a separação e ponto final.

É muito mais fácil ficar em casa sexta-feira à noite, aconchegada com um bom livro, que se aventurar pelo mundo grande e cruel da mágoa, da decepção e das péssimas relações. De toda forma, tudo termina, não é verdade? Todos os homens já têm dona ou são gays. Mais cedo ou mais tarde todo mundo é substituído — seja por outra mulher ou por um homem ou por um animal de estimação ou por uma carreira. As pessoas crescem naturalmente em direções opostas. Nada é permanente.

Quer dizer, pelo menos você sabe que quando chegar em casa do trabalho tudo vai estar exatamente como você deixou. Não precisa lavar a louça se não tiver vontade. Pode tirar o pijama de manhã e deixá-lo já na posição de vestir de novo quando chegar em casa. Não precisa se preocupar se irá passar o Natal com a família dele ou com a sua. Nunca precisa depilar as pernas. Pode deixar as unhas dos pés crescerem tanto quanto queira, pois não tem ninguém para arranhar com elas. Pode tomar o leite direto da caixa. Não precisa sair atrás dele arrumando a bagunça que faz. Não precisa infernizá-lo para cumprir a sua parte da faxina. Pode comer seu jantar onde Deus quis — diante da televisão com seus melhores amigos, *Will & Grace.*

Quer esteja presa numa bolha do tempo, instalada firmemente na negação, vivendo no medo constante, sobrevivendo na apatia ou culpando todos os membros do sexo oposto, a ultrabittergirl está vivendo num completo estado de vácuo.

Se você observar qualquer edifício de apartamentos no sábado à noite poderá presumir com segurança que pelo menos um oitavo das janelas acesas pertence a uma ultrabittergirl. Da mesma forma, se der uma volta de carro pela zona rural depois do anoitecer, verá espalhadas nas encostas dos morros as luzes cintilantes de muitas residências onde vivem ultrabittergirls. O Instituto de Pesquisas Avançadas em Relações Desfeitas localizou quatro tipos de ultrabittergirls.

Ultrabittergirls

Parada no Tempo

Acorde, Ms. Havisham!* Seu relógio provavelmente está marcando exatamente a hora, o minuto e o segundo em que ele lhe deu o fora. A casa está exatamente como no dia em que ele partiu. Você não tocou num só retrato do casal. O espaço do guarda-roupa onde costumavam ficar penduradas as roupas dele continua vazio, como se à espera do retorno daquelas roupas.

Com o punhado de pertences que ele deixou, você criou um relicário em sua memória. Sempre há incenso queimando. Sob a foto dele na moldura de jacarandá oscila constantemente a chama de uma vela.

Você fala dele como se tivesse acabado de sair para comprar leite. Quando sua colega Gillian chora em seu ombro, você fala sobre o modo como você e Ron lidam com as divergências. Só esquece de mencionar que Ron agora está casado e é pai de três filhos. Não existe essa história de você e Ron.

Se você não tomar cuidado, seu coração vai endurecer como pedra. Alternativa que você talvez considere boa, mas sejamos

* Desatinada pela deserção do noivo na noite de núpcias, Miss Havisham é personagem essencial de *Grandes expectativas* (C. Dickens, 1860). (*N. da T.*)

honestas — por que juntar teias de aranha na alma, quando o resto do mundo continua a viver? Você não precisa presidir um comitê social do bairro, mas empurrar seus cabides para dentro da área dele no closet já é um bom começo.

Você realmente deseja que no futuro os netos de seu irmão lhe visitem e perguntem por que a tia-avó Evelyn ainda está usando um velho vestido de casamento todo sujo e poído?

A Descrente

Você poderia perfeitamente estar usando uma placa que dissesse MANTENHA 5 METROS DE DISTÂNCIA. Você já entendeu tudo; e tudo se resume a uma mesma pergunta: "De que adianta?"

De que adianta sair? Na verdade, você pode conhecer alguém. Daí, talvez goste dele. E ele talvez goste de você. Talvez lhe convide para sair, lhe dê um beijo e então, antes que você perceba, estarão namorando. Vai ser preciso fazer seu cachorro gostar dele. Será preciso apresentá-lo a seus filhos, a seus amigos, a sua família. Você precisará passar pelo processo de saber se eles gostam uns dos outros. Precisará se habituar a um círculo social inteiramente novo. Precisará conhecer a família dele, se acostumar com todos os gracejos personalizados do grupo. Precisará comprar mais uma droga de escova de dente para sua casa e para a dele. Precisará mostrar a ele a sua vida. Vocês precisarão se acostumar um com outro na cama — isto sem mencionar as pernas depiladas e um corpo em boa forma para namorar. Você precisará conseguir dizer a ele suas preferências na cama. Os dois precisarão criar uma nova taquigrafia sexual. Você vai ter que comparecer à primeira grande celebração em família. Então você vai ter a premonição de mais um término dilacerante para o coração e devastador para a alma e por isso precisará terminar com ele para não lhe dar a satisfação de terminar com você primeiro. Logo, de que adianta? Querida, você adotou a *Desculpa Fatalista.*

Por que se dar o trabalho? É o mesmo bar, a mesma conversa, a mesma música, os mesmos babacas, as mesmas cantadas cafonas, o mesmo papo de "onde você trabalha, meu amigo acha você uma graça", a mesma lista de coquetéis, os mesmos canapés de noite de estreia, os mesmos beijinhos no ar, o mesmo interesse fingido em sua conversa, as mesmas propostas. E o mesmo e velho papo de "Posso levar você em casa? Pra gente ficar juntos e se apaixonar loucamente para depois eu poder lhe dar o fora sem aviso, porque preciso de mais adrenalina." Então, de que adianta? Ah, sim, trata-se da *Desculpa Repetitiva.*

Tudo finalmente está de volta a uma vida que simula normalidade. Você colocou de novo em ação uma certa rotina, da qual não poderia abrir mão. Não seria correto trazer outra pessoa para jantar — de todo modo, as crianças não iriam gostar dele. Você não poderia privá-las de sua atenção. Não seria justo. Elas precisam de você. De todo modo, você não pode apresentar seus filhos a alguém que vai acabar por abandoná-la. E você então precisará explicar por que mais uma pessoa foi embora. Logo, de que adianta? Valeu a tentativa, querida, mas essa é a *Desculpa do Dever Materno.*

SEMPRE haverá como inventar desculpas. Procure admitir: você tem medo. Medo de se machucar de novo. Medo de ficar vulnerável. Mas na vida sempre haverá o que nos assuste. Se não houvesse, seria chato. Você imagina o que seria saber de antemão o desfecho de cada dia até o fim da vida? UM SACO! Pois bem, no ritmo em que você está indo, não vai mudar muito. Você se lembra do tempo em que estava aprendendo a andar de bicicleta? Você caiu, se machucou. Voltou a subir na bicicleta. Caiu de novo. Chorou um pouquinho, depois voltou a montar. Não ficou sentada no meio-fio, dizendo que não adiantava voltar a subir em coisas de duas rodas porque isso só terminaria em dor e angústia, ficou? Aprenda consigo uma lição: suba de novo na bicicleta. Não quer dizer que você tem que ficar montada por muito tempo. Mas pelo menos leve a bicicleta para dar uma voltinha experimental.

A Apática

Você recusa convites para eventos em que a maioria são casais. Quando reserva pacotes de férias, usa a agência de viagens "Solo Tur". Afirma ao agente que prefere rodar de bicicleta 140 quilômetros que se meter num ônibus de excursão lotado de famílias em férias.

Você recusa, peremptória, o convite para jantares em que lhe darão alguém por companhia para formar um número par à mesa. Você evita qualquer celebração do amor: festas de casamento, chá de bebê, festa de noivado e de bodas. Você se encolhe ante a ideia de um encontro às cegas. Mostra impaciência à menção de flores e situações românticas; considera um jantar com vinho uma atividade individual. Argumenta que sua história de relacionamento já diz tudo. De jeito nenhum investirá tempo em sequer pensar na possibilidade de ligação emocional com alguém do sexo oposto.

A Apatia do Relacionamento pode atingir até a melhor das bittergirls. Foi excessiva a quota de términos, decepções e encontros às cegas que não deram certo. Tudo isso pode deixar um gosto amargo na boca da bittergirl e um prazo de validade expirado em sua testa.

Ainda que você abra o coração à proposta de estar no mesmo ambiente com um homem solteiro ou — Deus nos livre — cogitar a ideia de voltar a namorar, nós, as bittergirls, sabemos que nem mesmo algum Adônis deste mundo poderia alimentar esperanças. Como você sabe, a Apática mora lá no alto de uma impenetrável torre de aço de dez andares. Se, e trata-se de um grande SE, ela algum dia voltar a namorar, ele terá de ser perfeito. Terá de compensá-la por todas as decepções que já teve na vida e precisará ser dono de todas as qualidades desejadas por ela. Deverá ser canceriano, ter cabelos castanhos cendrados, usar o modelo certo de sapatos, medir entre 1,78m e 1,81m de altura, conhecer o arquipélago de Galápagos, gostar de gatos siameses, saber preparar sushi, ter lido Dostoievski; ser vegetariano, fazer a própria declaração de renda, amarrar o cordão dos sapatos pelo método transpassado; tem de... isso, aquilo, aquilo outro e por aí afora.

Ah, querida Apática, quando o homem perfeito aparecer nós certamente vamos fazer um clone dele e avisá-la. Até lá, VOCÊ PRECISARÁ VIVER NA REALIDADE. Experimente descer as escadas de sua torre e sair novamente pelo mundo. Permita a si mesma rir diante das imperfeições que tornam a vida tão maravilhosa. Não existe o homem perfeito e — puxa, que surpresa! — você própria talvez não seja assim tão perfeita. Portanto, tire a poeira dos sapatos de grife, faça uma bela produção e se aventure a ir à festa que talvez termine com um número par de casais. Não estamos pedindo que se prostitua em seu círculo social, mas você pode acabar se envolvendo em alguns diálogos interessantes e talvez até azarando um pouco durante o papo. Você se lembra do tempo em que azarar era divertido? Porque não flerta um pouquinho de novo, para ver como se sente? Você ainda terá de se levar para casa no final da noite e ainda estará no controle dos próprios sentimentos. E, de quebra, talvez até chegue a ter um pouco de diversão boa e sadia.

Decorrido mais de um ano de sua última separação, Cristiana — hoje uma ultrabittergirl reformada — ainda se recusava totalmente a aceitar convites para ocasiões sociais frequentadas por casais. Isso lhe limitava enormemente as opções; os amigos, cansando-se de seu comportamento adolescente, pararam de convidá-la. Três anos depois, Cristiana, agora vivendo uma relação sadia e feliz, está noiva e vai se casar. Ao enviar os convites para o chá de panela percebeu que por agir com tanta amargura tinha condenado ao ostracismo algumas das pessoas mais importantes de sua vida. Querida bittergirl, não deixe que o mesmo lhe aconteça.

A Ressentida

Caramba, ninguém duvida de que você esteja amargurada. Por onde passa você procura deixar isso evidente. O homem que cruzar seu caminho que se cuide. Se ele não tomar cuidado, será inundado pela demanda reprimida de ódio que se acumulou em seu coração. E depois de você descontar no pobre coitado, seu poço de desencanto ficará de novo repleto até o próximo encontro que tiver com um incauto representante da espécie masculina.

Você formou um grupo, que se reúne todos os meses com mulheres igualmente amargas. Você se identifica com todas que tenham uma história dolorosa, e torna-se obcecada por ela. Você se compraz na tristeza que todas vivenciaram. O nome do jogo é condenação. Vocês recitam poemas que expressam puro ódio e compartilham piadas maliciosas à custa dos ex e das novas namoradas deles. Você gosta das narrativas virulentas e não se atribui a menor responsabilidade pelo fracasso da relação. Nunca mais quer voltar a sentir amor por um homem.

Bem, você talvez nunca mais volte a amar um homem, mas esta não é a questão principal. Ciente do fato ou não, você pode estar se fechando para muito mais que a possibilidade do amor. Mais cedo ou mais tarde as pessoas se cansam de conviver com tanta raiva e negatividade. A Ressentida é a Zangada que nunca se refez do desgosto. E estamos aqui para alertar: supere o ressentimento. Não estamos dizendo que deva ter pena dele, que seja preciso perdoá-lo, nem tampouco pensar nele; estamos dizendo que você não pode rotular todos os machos da raça humana como sendo iguais a ele.

Porque uma bittergirl pode ficar ressentida com o autor do término, mas no fim reconhecerá que foi ele quem saiu perdendo. Mesmo sem precisar de outro homem para preencher sua vida, a bittergirl é ousada e confiante e sabe que um dia talvez *escolha* convidar alguém a entrar em sua vida.

Arlene ficou desestruturada depois da dissolução de seu casamento. As circunstâncias só pioraram quando ele divulgou o novo relacionamento com a agente imobiliária do casal. Arlene trancou o coração de vez, jurando nunca mais se deixar magoar. Em vez de se limitar a odiá-lo, canalizou toda a energia para odiar todos os membros do sexo oposto. Mandava piadas e histórias pela internet para todas as mulheres de seu catálogo de endereços. No começo era engraçado, mas depois de algum tempo as amigas começaram a bloquear as mensagens e aos poucos pararam de atender aos telefonemas dela. Por fim, recebeu um ultimato das filhas — ou se tocava logo ou também perderia a amizade delas.

Filmes com mulheres amarguradas

Atração fatal

A mão que balança o berço

Mulher solteira procura

Assédio sexual

E o vento levou

Chicago

Ligações perigosas

A guerra dos Roses

Um dia desses as bittergirls estavam num transporte coletivo (a limusine estava na oficina) quando uma mulher mais idosa entrou na condução e se sentou. Ao olhar para cima fez contato visual com um jovem atraente e decidiu que ele estava, por algum motivo, flertando com ela. Começou a repreendê-lo, no princípio falando de um modo levemente inconveniente, pouco adequado a situações públicas, e sua voz foi se elevando cada vez mais até se transformar num bate-boca que invadiu o ônibus inteiro. Pelo visto ela tinha cismado de se vingar dele, em nome de si própria, de todos os seus romances fracassados e do sexo feminino inteiro.

papo de bittergirl

Isto sim é ser amargurada! Aquela passageira de ônibus, verdadeira megera aos gritos, não é uma bittergirl; é a antibittergirl, na qual, do fundo do coração, nós tememos nos transformar algum dia, se deixadas à mercê de nossos próprios recursos e da injustiça do amor. Não que ela não tenha o direito de expressar sua opinião — e certamente ela tivera sua dose de relacionamentos negativos —, mas nenhuma de nós deseja chegar a uma certa faixa etária e se ver reduzida à condição de se vingar das frustrações nos cansados passageiros do expresso da hora do rush.

O QUE FAZER SE VOCÊ VIROU A ULTRABITTERGIRL?

Nós já dissemos antes, mas nunca essa declaração foi tão verdadeira quanto neste caso: todo término tem um prazo de validade. Depois de uma certa altura a história começa a ficar velha e cansativa e os amigos perdem a paciência, e até os atendentes de telemarketing começam a desligar na sua cara.

E se você ainda insistir em se deixar definir pelo incidente da separação, estará apenas dando a outras pessoas a permissão de fazer o mesmo. Mesmo que seja difícil acreditar, a separação pode não ser importante para alguém que perdeu o emprego ou precisa sustentar a família ou está cuidando de um ser amado com uma doença terminal. A perspectiva é tudo. Confie em nós, coisas piores poderiam acontecer.

Passe uma tarde na sala de espera de um pronto-socorro para dar a si mesma um ponto de vista diferencial. Trabalhe como voluntária na enfermaria de aidéticos ou passe algumas horas em companhia de um bebê e poderá aprender um pouco.

Você poderia continuar repleta de ódio, raiva, tristeza, culpa, humilhação e medo ou poderia fazer a opção de abrir mão de todas essas emoções. Pense no quanto vai se sentir mais leve.

Toda essa energia investida em evitar a vida, em continuar isolada de qualquer interação social, em armar desculpas ou em ficar chateada, poderia ser colocada na construção de um novo lar para você, em uma mudança de carreira, em ajudar o outro, na formação de novas amizades duradouras, na criação de hobbies e na abertura de novos mundos para si.

Vamos repetir: *todo término tem prazo de validade.*

Ultrabittergirls

Courtney Love

Liza Minelli

Marlene Dietrich

Judy Garland

Sandra Bernhardt

Ms. Havisham

Rainha Elizabeth I

Loreena Bobbitt

Amy Fisher

ADVERTÊNCIA: As histórias a seguir contêm comportamentos tristes e deploráveis. Talvez não sejam adequadas a todo tipo de leitor.

Quando Sean terminou com Martina, ela ficou arrasada durante um ano. Um ano que se transformou em dois, que se transformaram em quatro, que acabaram virando sete. Martina, que antes era uma pessoa animada e extrovertida, de respostas rápidas e riso alto, agora começava a conversa perguntando: "Já soube a última do Sean?" Inicialmente solidários, os amigos acabaram se cansando da obsessão, ao passo que lidavam com os altos e baixos de suas próprias vidas. Quando Martina começou a espalhar boatos destrutivos sobre a vida profissional do ex-marido, este finalmente fez o que esperava não ser necessário fazer e conseguiu uma medida cautelar contra ela. Na tentativa de se explicar ela infringiu a proibição e foi presa. E agora, em sete anos desde o ocorrido, o que tem para mostrar? Um antecedente criminal.

Abandonada por Dominic, Sheila ficou tão abatida que o médico lhe prescreveu antidepressivos. Embora os remédios funcionassem, seus efeitos colaterais fizeram-na ganhar peso. Constrangida com sua aparência, ela parou de sair e deixou de encontrar muitos dos amigos. Mergulhou ainda mais na depressão, e o médico aumentou a dose. Por causa da queda de produtividade sofrida no trabalho, viu-se forçada a tirar uma misericordiosa licença de saúde, o que levou à separação também dos amigos do local de trabalho. Sheila tinha pouco contato com o mundo exterior e permaneceu por um período longo em total confinamento ao lar. Quando a empresa a pressionou a fazer uso do pacote de atendimento médico a que tinha direito como empregada, ela chamou o orientador pessoal para sua casa. Este lhe pediu que traçasse uma cronologia dos fatos que levaram àquele momento, e isso foi o que Sheila escreveu:

> Decepção amorosa → depressão → antidepressivos → aumento de peso → constrangimento em público → distanciamento dos amigos → mais depressão → mais medicação → afastamento do serviço em licença de saúde → mais isolamento → CONFINAMENTO EM CASA.

O orientador perguntou:

— E por quê? Tudo isso porque um babaca lhe deu o fora?

Analisando o esquema cronológico ela percebeu o quanto aquilo parecia ridículo. Com a ajuda do orientador e muita determinação bittergirl, ela foi aos poucos revertendo a sequência de acontecimentos até chegar ao ponto em que Dominic a abandonara. Então, reescreveu a cronologia para o ano seguinte. Sheila está agora vivendo feliz com seu cão terrier de Wheaton e um fantástico colega de apartamento. Também está estudando para se tornar uma orientadora pessoal. Esta, sim, é a atitude da verdadeira bittergirl.

Se você está lendo estas frases e dizendo consigo, horrorizada: "Nossa! Será que estou tão amargurada assim?" Não tema, bittergirl, nós ainda estamos aqui. Estamos anunciando um CHAMADO À AÇÃO. Os sinos de alarme estão soando e a linha telefônica de emergência bittergirl está em plena atividade. É hora de começar de novo, pois a ultrabittergirl se transforma em ultrachata! Ser ultrabittergirl é como ficar numa festa até passar da hora. No fundo você sabe que já deveria ter ido embora, mas por alguma razão você não foi. A anfitriã fica retorcendo as mãos, imaginando se você não tem para onde ir. Pois bem, o melhor é que nesse contexto você é a anfitriã e ao mesmo tempo a convidada renitente. Portanto, ponha-se daí para fora e veja onde acabará chegando. Nós lhe garantimos que será em um lugar melhor.

Volte aos Capítulos 3 e 4, refaça o time se for necessário e depois, com a tiara firme na cabeça, retome sua jornada de bittergirl. Veja bem, as bittergirls sabem por experiência que se você conseguir visualizar para si a vida mais sensacional possível, acabará achando um jeito de viver aquela vida. Mas primeiro precisa fazer a escolha de sair do Planeta Ultrabitter e unir-se de novo à espécie humana. Voltar para o convívio humano não quer dizer mergulhar na incerteza do relacionamento amoroso. Para sair não se precisa de um homem. De fato, não se precisa de nada — basta só viver a vida.

tarefas para a bittergirl

1. Criando Motivos para Celebrar Encontre um motivo para celebrar. Pode ser tão aleatório ou tão significativo quanto quiser. Convide todos os amigos (sim, homens e mulheres) e peça a eles que se juntem a você na comemoração. Chegue às ultimas consequências. Seja atrevida, ousada, criativa.

Aqui está uma ideia interessante para estimular sua veia criativa: Ilana resolveu celebrar o fim do Ano da Cabra. Mandou fazer uma piñata em forma de cabra e todos os convidados tinham de bater com um pau na cabra e anunciar aos gritos aquilo de que mais gostariam de se livrar no ano recém-terminado. Ela pediu que todos trouxessem um desejo de ano novo e, taça de champanhe na mão, todos liam seus pedidos e faziam um brinde ao futuro. Esta sim é uma verdadeira ação bittergirl. Mate seu passado a porrada e faça um brinde ao futuro.

2. Encaixote-o Se você ainda estiver obcecada por ele e tiver objetos de QUALQUER natureza que ele deixou para trás, trate de reuni-los. Essa lista pode incluir coisas que fazem você lembrar dele — grandes ou pequenas. E, sim, isso inclui de tudo; de chaveiros a cordões de sapato, até lençóis de algodão. Coloque os objetos numa caixa, guardando-a no porão, no sótão ou no último cantinho de um armário fundo. Melhor ainda seria se livrar da caixa doando-a à instituição de caridade mais próxima.

catorze

a conexão bittergirl

TUDO BEM, QUERIDA. Você já enfrentou o mundo, já está agindo, já voltou a viver.

Então, queremos fazer uma sugestão. Que tal promover uma pequena comemoração do que você alcançou até agora? Hoje você conseguiu chegar à estação de metrô sem entrar em crise? Quando ele mandou um e-mail perguntando por uma extensão elétrica que largou para trás, você deixou o objeto com o porteiro de seu prédio? E quando ele telefonou para saber da apólice de seguro, você levou três dias sem dar retorno por *estar* ocupada demais? Parabéns! Em nossa experiência isso vale por uma vitória, à qual achamos que você precisa erguer um copo gelado.

A criação de laços afetivos com as bittergirls é a parte mais divertida da FRPT. É um período para criar seus próprios rituais, estabelecer novas cerimônias e celebrar novos aniversários para si. Você precisa comemorar seu caráter fabuloso, juntamente com o de seu time e o de suas melhores bitter-amigas. Personalizem suas inesquecíveis noitadas, mimem a si mesmas e celebrem suas vidas plenas e extraordinárias.

A conexão das bittergirls é como um clube do livro, uma noite do pôquer das garotas, um clube de gastronomia, um grupo de fãs de *curling*, uma equipe de maratonistas, tudo isso junto. Essa conexão pode ser qualquer dessas coisas ou todas elas e muitas, muitas mais. Seu desejo é sua ordem. Seu prazer é o que você quiser que seja. Pode haver algo mais fantástico? Qualquer capricho que tenha? Procure criá-lo, realizá-lo e dar muita risada enquanto se parabeniza pelo fato de que sua imagem mental, no Capítulo 1, está agora quase inteiramente desenvolvida.

Se ainda não o fez, este é o momento perfeito para você retomar seu espaço ou estrear sua nova casa. Convide as melhores bitter-amigas para uma *noite das bittergirls*. Isso cumpre várias metas num golpe só. Você está no controle, pois a reunião acontece em seu próprio território. Aliás, talvez este seja o momento de dar uma arrumada no território. Jogue fora as caixas de pizza vazias e remova algumas camadas da massa cinzenta da pia do banheiro.

Vamos esclarecer: você não precisa se matar de arrumar tudo, ter um ataque de Martha Stewart. Repetimos, trata-se apenas de MAA e você pode mantê-las sem causar a si mesma um estresse desnecessário.

Arranje umas velas. São as melhores amigas de uma bittergirl. Com uma iluminação tão suave ninguém vai enxergar a poeira debaixo dos móveis. Feche a cortina do chuveiro. Dentro de alguns dias você terá vontade de esfregar a banheira, mas quem vai tomar banho de banheira aqui essa noite? Ninguém.

Escolha vários pares de havaianas coloridas na loja mais próxima. Suas amigas vão adorar ter um par de sandálias individuais e você não precisará se importar em esfregar o piso de madeira.

Louça suja? Ponha na lavadora. Roupa suja? Guarde no closet ou sob a cama. O closet existe por um motivo; logo, soque nele o que bem entender e feche a porta.

Limpe a bagunça visível e você vai se sentir muito melhor, mas deixe a faxina principal para quando estiver sentindo vontade de fazê-la. Se alguém criticar o estado de seu tapete, essa pessoa não é a melhor bitter-amiga para se ter em casa hoje à noite. Uma de nossas melhores bitter-amigas disse certa vez que se alguém reclamar da poeira do chão, do cabelo oleoso, dos canapés quase frios, sirva-lhe uma dose dupla e risque seu nome da lista de convidados na próxima vez.

E agora, qual é o menu?

Conforme comentamos em relação à limpeza da casa, essa noite está dedicada a você e à celebração de sua vida, e não ao estresse detalhista. Você pode pedir comida por telefone ou sair para comprá-la. Mas se tiver vontade de cozinhar, escolha algo que exija o menor esforço humanamente possível.

As bittergirls proclamam: viva o sistema do bufê. Uma das melhores refeições que você pode saborear com os amigos é uma garrafa de vinho branco geladinho e uma seleção de molhos cremosos, pão árabe, legumes cozidos e qualquer tipo de canapé que lhe agrade. Os salgadinhos não precisam ser salgadinhos de verdade: se você quiser pegar um pouco de sushi e servi-lo com salada de grão-de-bico e salada grega com ovas de peixe, fique à vontade. Sentar-se à mesa e comer a comida sem talheres na companhia dos melhores amigos e de um bom vinho é uma excelente forma de se alimentar de maneira saudável. Deixe guardanapos à mão e tenha uma ótima noitada bitter.

Aí vão duas receitas de pratos de cinco minutos de preparo, um de frango e outro de massa — compre um pão delicioso e um saquinho de alface lavada e algum molho pronto e você já tem uma refeição de orgulhar qualquer bittergirl, sem precisar suar (e você pode curtir a conversa com as amigas em vez de passar a noite suando na cozinha e tentando enrolar a droga de um peito de frango em torno de pedaços de kiwi, pinhões e gorgonzola). Pode crer, essas receitas foram testadas em nossa cozinha bitter e nas circunstâncias mais ingratas: uma bittergirl de coração partido resolveu beber o vinho culinário antes de começar a cozinhar; e os olhos de uma outra estavam tão inchados de chorar que ela pôs 4 colheres de sopa de pimenta caiena numa receita que pedia um 1/4 de colher de chá!

Receitas fáceis da bittergirl

Frango à moda de Moira

A primeira vez em que Moira preparou este prato foi quando o ex tinha se mandado, as crianças estavam famintas, a sogra alcoolizada estava chegando de visita e ela absolutamente TINHA DE se recompor. Desde então tem sido o prato de resistência na cozinha de Moira e na nossa. Enfeite-o com azeitonas, alcaparras e pimentão vermelho cortado em tiras bem fininhas no lugar dos legumes e ponha um pouco de vinho branco no caldo da galinha — você pode fazer o que for com a receita e ainda assim ficará deliciosa.

Coloque um frango cortado em pedaços na assadeira — use a quantidade necessária para alimentar suas melhores bitter-amigas.

Despeje sobre os pedaços de frango uma xícara de caldo de galinha. Corte em cubinhos 1 ou 2 cenouras, 1 talo de aipo (com as folhas) e 1 pastinaca (a escolha aqui será pelo mais fácil: não tem cenoura em casa? Corte em cubinhos um pouco de pimentão vermelho ou verde. Está sem aipo? Junte folhas de alface aos pedaços ou use as folhas das cenouras. Acabou a pastinaca? Dois cogumelos, 1 cebola ou o que for mais prático servirá. De toda forma estará acrescentando sabores).

Salpique por cima um punhado de mistura de ervas desidratadas: o que funciona melhor é um pouco de ervas da Provença, mas também pode usar uma mistura italiana ou experimentar qualquer outra combinação de sua autoria. Acrescente um pouco de vinho branco, sirva uma taça para si e relaxe. Cubra a assadeira com papel-alumínio e leve ao forno de 350° C por 45 minutos. Remova o papel alumínio e deixe cozinhar por mais 15 minutos ou até o frango ficar um pouco crocante na superfície. Sirva-o com arroz ou massas, ou batatas, talvez um pouco de feijão e salada de alface e pão. Viu só como é simples?

Massa ao pimentão

Ling-ling é vegetariana; portanto, adaptou essa receita do livro *All the Best Pasta Sauce* ("Os melhores molhos para massas"), de Joie Warner, quando cansou de comer sanduíche frio de bisnaga com queijo de soja, e acabou chorando na panela de cozinhar macarrão.

A parte mais complicada da receita é descaroçar e picar 20 azeitonas gregas. Portanto, comece por essa parte e reserve as azeitonas numa tigela, misturadas a 1/3 de xícara de alcaparras e um punhado de salsinha fresca picada. Depois corte em pedacinhos 1 pimentão vermelho, 1 pimentão amarelo e 1 pimentão laranja, 1 cebola roxa, 4 dentes de alho. Ferva a água e ponha a massa tipo penne para 4-6 pessoas.

Enquanto a massa cozinha, ponha os pimentões, a cebola e o alho numa frigideira e refogue por dez minutos. Acrescente meia xícara de pinhões e deixe tostar por mais cinco minutos ou até dourar. Salpique uma colher de sopa de manjericão desidratado. Misture e depois acrescente as azeitonas e pimentões, a cebola, a salsinha e sal e pimenta a gosto.

Misture com a massa escorrida (deve ter ficado pronta há alguns minutos), coloque tudo numa travessa de servir e leve para a mesa com pão e salada de alface e um pouco de queijo parmesão ralado na hora para os não vegetarianos. É superfácil.

E a sobremesa? Não há nada, repetimos, nada, tão fácil e saboroso quanto uma sobremesa descomplicada. Uma de nossas bittergirls faz bolos maravilhosos, mas com as incríveis confeitarias de nossa cidade e os minibrownies e as tortas congeladas em qualquer supermercado pelo mundo afora, não se justifica estresse por conta da sobremesa. Compre algumas frutas, sirva cortadas em pedaços. Leve à mesa dois de seus sabores prediletos de sorvete italiano comprado pronto, algumas tigelas e um prato de deliciosos brownies ou blondies. Ponha tudo sobre a mesa. Abra outra garrafa de vinho. A vida é uma beleza!

Quem aceita uma bebida?

Pois é, ouvimos falar que existem algumas pobres almas que não sabem preparar um martíni. Que vergonha! Como isso pôde acontecer? Só falta você me dizer que sua mãe não lhe deu uma faca de abrir ostras e um repositor de rolha de champanhe quando você saiu de casa.

Que saudade dos bons tempos de *The Thin Man,* quando Nick e Nora Charles agitavam uma coqueteleira a qualquer pretexto.

Martíni básico ultrasseco

Você vai precisar de gelo, um gim de boa qualidade e um pouco de vermute seco (sempre tivemos uma queda pelo Noilly Prat). Para guarnecer, umas boas azeitonas recheadas ou uma casquinha de limão, se preferir. Derrame em sua coqueteleira de martíni o conteúdo de uma tampinha de vermute seco e depois despeje fora. Coloque vários cubos de gelo na coqueteleira e 60mL de gim por pessoa. Tampe e agite bem. Despeje os martínis em copos bonitos. Decore os drinques a gosto.

Você não tem coqueteleira? Talvez siga a regra que manda "mexer, jamais agitar, para não machucar o gim". Prepare uma jarra de martínis e mexa cuidadosamente — segure o gelo ao mexer. Ou para prepará-los individualmente, faça como o barman e despeje um pouquinho de vermute num copo, girando-o para revestir as paredes, depois despeje fora. Acrescente o gim. Para o martíni verdadeiramente seco, suspenda de todo o vermute e acrescente uma gota de uísque ao fundo do copo. Não esqueça as azeitonas!

Variações

Martíni-vodca para mim! A mesma receita, mas usando vodca (gelada) de boa marca.

Martíni safado: Acrescente ao martíni básico um pouco do delicioso líquido em que as azeitonas estiveram flutuando antes de você agitar tudo. Humm, que gostoso — fibras em seu martíni. É o seu segredinho...

Classic Cosmo: Prepare-o com 60mL de vodca, 30mL de Cointreau, 15mL de suco de limão e um pouco de suco de arando. Jogue tudo na coqueteleira, querida. Coe antes de servir. É um favorito afeminado, portanto vamos chamá-lo o Covarde.

Lemon Martíni: Colocar uma medida e meia de vodca, 15mL de triple sec, 15mL de licor Amaretto e algumas gotas de uma fatia de limão, espremidas na hora; misture bem em sua valiosa coqueteleira com gelo. Esprema o restante da fatia de limão num cálice de martíni e então despeje a mistura no cálice. Enfeite com uma casquinha de limão. Nós gostamos de chamar essa receita o Cachorrão.

Arantini (ou antes, o Surfista): Misture 45mL de vodca, 15mL de triple sec, 15mL de vermute, 120mL de suco de arando e alguns cubos de gelo na coqueteleira. Agite e despeje numa taça de martíni, guarnecendo com um ou dois arandos (deixe as frutas de molho na vodca antes, se quiser arrojar).

Martíni ao chocolate: Metade de creme de cacau branco e metade de vodca. Agitar os ingredientes com gelo e depois despejar num copo de caipirinha. Branco e cremoso... Alô, Tigrão.

Manhattan: O pai de uma das bittergirls ensinou a filha desde cedo a misturar um bom Manhattan. Duas partes de uísque de cevada, 1 parte de vermute doce e umas gotinhas de bitter. Agitar com gelo e despejar num copo. Talvez você encontre o Desaparecido nesse Manhattan.

Kamikaze ou, como preferimos, *O Solista*: 45mL de vodca, 30mL de triple sec, 60 mL de suco de limão siciliano. Servir como um clássico drinque puro ou misturar todos os ingredientes com gelo; despeje numa jarra gelada e repleta de gelo e guarneça com uma casquinha de limão retorcida.

Ou uma jarra de batida que você pode misturar para suas amigas e batizar por conta própria: Ponha numa jarra cheia de gelo 90mL de aguardente de pêssego, 45mL de gim,

45mL de rum com leite de coco, 45mL de vodca e uma mistura de 1/3 de suco de abacaxi, 1/3 de suco de arando e 1/3 de suco de laranja. Misturar bem e servir. Use a imaginação. Ou compre uma bíblia de bartender e saia misturando bebidas — ou procure na internet as combinações de bebidas que preferir. Prepare seu drinque favorito e dê a ele um apelido de sua preferência. Convide suas melhores amigas a batizar os próprios drinques. Escreva a receita e torne-os imortais — então você poderá pedir que seu barman local os prepare para você quando sair à noite. E talvez algum dia tenha a satisfação de ver seu ex sentar-se em algum bar e pedir uma dose de seu próprio Cachorrão.

drinques favoritos da bittergirl

Nada de Sexo na Praia

Eu sempre Fingi Meu Orgasmo

Eu Odiava Fazer Boquete

Agitos das Bittergirls

Qual é seu plano de ataque para hoje à noite? Bem, isso depende do ponto em que você se encontra na FRPT.

Você ainda está contra ele? Então chegou a hora de mergulhar nos exercícios que lhe prescrevemos e transformá-los num evento.

A noite do dardo

Procure uma foto dele e prenda no alvo do jogo de dardos. Ou será que você prefere brincar de espetar um rabo no burro? O burro é ele...

Queimando o filme dele

Nada como o fogo para purificar. Falamos de bittergirls que queimaram aquele objeto especial; muitas de nós desfrutamos a depuração mediúnica de um abraço grupal junto à churrasqueira quando o combustível do churrasco é o entulho que ele abandonou para trás. Portanto, mandem ver, garotas.

O pau de chuva

Passem adiante o pau de chuva* e contem suas histórias. É uma catarse compartilhar e reconfortante saber que as mulheres sentadas a seu redor podem contar suas histórias com visão retrospectiva e bom humor. Você não tem um pau de chuva? Use qualquer outra forma fálica que tenha em casa: um rolo de abrir massa, uma mão de pilão, sua escova de cabelos cilíndrica... Um taco de beisebol? Vibrador? Deixe-se guiar pela imaginação — quanto mais ousadia, melhor.

O viravira

Cá entre nós, ninguém precisa de ajuda neste aqui! Foi você quem inventou o jogo favorito do dormitório estudantil, a Batida de Gelatina da Noviça Rebelde. Cada vez que disser o nome dele terá de tomar um trago do delicioso champanhe trazido pela Janine. Cada vez que pensar nele será obrigada a servir uma dose de creme de menta a cada uma.

---

* Chocalho propiciatório dos aborígenes, feito de tronco de palmeira oco cheio de conchinhas. (*N. da T.*)

Abra a janela e grite "Estou me livrando do meu ex!" Então todas juntas viram seus copos de bebida mentolada. Ou algo assim — você já pegou a ideia (estenda o conceito a sua vida diária e jogue fora um par de sapatos cada vez que começar a digitar o número dele — isto liquidará o vício em dois tempos).

Uma ajudinha das amigas

Em geral quem termina numa situação dessas é a Moderada: ele telefona e pede todas as fotos do álbum do casal nas quais aparece. Ele quer as fotos de volta — quer começar sua própria coleção de lembranças, sem a presença da Moderada. Ela moderadamente concorda, pois afinal não ia querer essas fotos... Chamem as bittergirls, urgentemente! Para sentar no chão com a Moderada e arrancar aquelas fotos, para reescrever a história deles e recompor para ela o álbum de fotos e a vida pessoal.

Para qualquer coisa desse gênero — qualquer pedido dele que seja demasiado ríspido para sua delicada alma receber neste momento — transforme-a num festejo de sua vida futura com suas bitter-amigas — porque é para isso que elas estão aqui.

O que nos conduz a nossa próxima modalidade de festejos: uma celebração de si própria.

Hoje eu...

Isso também envolve seu pau de chuva e laços afetivos genuínos. Passe adiante o símbolo fálico e conte para nós sua realização do dia de hoje.

Hoje eu achei a nuca de outro homem sensual.

Hoje eu acordei antes de soar o alarme do despertador.

Hoje eu percebi que não quero entender futebol.

Hoje eu comprei meu próprio espremedor de alho.

Hoje eu depilei as pernas.

Hoje eu tirei o número dele da discagem automática.

Hoje eu não passei de carro uma única vez na porta da casa dele!

Hoje eu li só o *meu* horóscopo.

Brechó de amigas

Faça uma limpeza em seu guarda-roupa e livre-se da presença dele. Ele gostava de que usasse *twinsets*? Passe-os adiante — Sara vai ficar maravilhosa quando usar o cardigã por cima de um bustiê e a blusinha interna com o macacão detonado. E agora que está grávida, ela nunca usa aquela blusa turquesa justinha, da qual você sempre gostou... Um jeito barato de revigorar seu guarda-roupa, de juntar as amigas e de remover as últimas teias de aranha de sua vida com ele.

Aulas de bricolagem

Convide um faz-tudo para organizar para vocês um workshop sobre como fazer pequenos consertos dentro de casa. Ofereça a ele uma grana extra se tirar a camisa. Armem um projeto e metam a mão na massa. Consertar coisas é uma grande metáfora para você neste momento. E todos nós sabemos como é bom dar uma boa apertada nos parafusos. Pense no quanto a Delirante do Capítulo 12 teria se sentido muito melhor se pudesse dizer à colega de time dele, na esteira ergométrica, o quanto se sentia bem e que este mês estava se concentrando na construção de seu próprio deck, em sua própria casa.

Bazar na garagem

Talvez não em sua casa, mas eis outra sensacional celebração que você pode ter com as bitter-amigas. Ganhe uns trocados por fora vendendo aqueles livros de autoajuda que comprou e dos quais já não precisa ou aquelas lâmpada de Lava que ele insistiu em colocar na sala de estar. Se vocês quiserem aumentar seu carma positivo, faça uma doação da renda arrecadada para o abrigo local de mulheres vítimas de violência doméstica.

Feirinha de sex toys em casa

Enfrentemos a realidade: você vai ter uso para eles. Afinal, perdeu a cara-metade, mas não a libido. E terá oportunidade de ver o que andou perdendo desde que se envolveu com a monogamia. Está rindo? Você ainda não viu nada, até se ver com oito de suas melhores amigas, várias garrafas de vinho e uma vendedora de *sex shop*, fazendo a demonstração de algo grande e rosado, movido a pilha, chamado The Twizzler.

Curso de striptease

Convide a "mulher que lhe ensina a fazer striptease por diversão" (e não estamos nos referindo à Talia do Capítulo 12). Como alguém poderá se levar a sério enquanto quatro de vocês fingem fazer um striptease para Bob, o boneco inflável? Ou enquanto você observa Mei, sua amiga eternamente grávida, tentando jogar os ombros para frente e se atrapalhando com o barrigão? E quem sabe esta não será uma habilidade que se revele útil algum dia no futuro?

Após o término Roxanne não podia suportar a ideia de passar as férias sozinha. Nas vésperas de seu aniversário resolveu começar uma tradição afetiva das bittergirls. Convidou todas as melhores bitter-amigas, para um fim de semana de relaxamento e diversão só para as garotas. Passaram o tempo todo se distraindo com jogos de tabuleiro, comendo, rindo, bebendo, dormindo, fazendo caminhadas, contando histórias, fazendo O QUE LHES DESSE VONTADE. E isto foi há dez anos. Algumas estão solteiras, algumas estão casadas e algumas tiveram outros filhos, mas todo mês de novembro esse grupo de mulheres se reúne para o fim de semana de comemoração da amiga maravilhosa e de convívio sem hora marcada.

"Meu nome está na lista de convidados"

Nos filmes a personagem principal, quando leva o fora, normalmente está cercada de um grupo de charmosas amigas solteiras de conversa sofisticada, empregos sensacionais e nomes como Kip, Saffy ou Arabella. Na vida real, quando você leva o fora, pode está cercada de amigas, mas Muriel ouvirá seu pranto em meio a frases como "Não, Zoe, você não pode comer a areia da caixinha do gato" ou "Querido, não sei onde estão as chaves do seu carro" ou "Pode esperar na linha? Preciso verificar o pagamento dessa apólice."

Talvez você não tenha um amigo gay urbano cheio de estilo e frases bem-humoradas, mas seu amigo Paul, o bombeiro hidráulico, talvez saiba exatamente o que dizer no momento certo, no jeitão desengonçado dele. Em vez de o time ficar a seu dispor o dia inteiro, a semana inteira, talvez seja preciso marcar com seus integrantes com três semanas de antecedência, porque estão ocupados com relatórios trimestrais e os torneios de basquete das crianças. Você talvez não consiga encontrá-los a sós como gostaria e acabe dividindo-os com os respectivos cônjuges. Logo, suas noites de convívio bittergirl poderão, de vez em quando, ser compartilhadas ou envolver três historinhas da hora de dormir e dois copos de suco.

Existem elementos positivos em tudo isso: o marido de sua melhor bitter-amiga pode vir a se tornar também uma das melhores bitter-amigas; você pode ganhar perspectiva sobre fatos que anteriormente não lhe ocorreram; e às vezes faz diferença ouvir alguém que não é sua melhor amiga lhe dizer que você está se saindo bem e está bonita. Embora talvez não lhe agrade a ideia de uma sessão de pedicure, com direito a champanhe, em companhia da metade do time de futebol do marido da amiga, você poderá ficar surpresa do quanto pode ser gostoso tomar um trago depois do jogo, comer pizza depois do teatro ou tomar coquetéis depois do show em companhia do casal. Lembra-se da ultrabittergirl que excluiu você porque já não fazia parte de um casal? Pois bem, não exclua suas MBAs só porque fazem parte de um casal.

Em vez de desprezar a obsessão de Harvey pelo rúgbi australiano, Shauna começou a assistir às partidas com Jennifer e o marido desta e aprendeu alguns dos aspectos mais específicos enquanto convivia com o casal de amigos. E os temas esportivos facilitam demais a conversa informal! Segundo ela descobriu, uma vez que a gente entenda de um esporte, tem chance de conversar com qualquer pessoa ao lado do bebedouro ou na copa da empresa ou junto a uma bandeja de canapés; daí passou a ter um relacionamento muito melhor com o chefe, quando descobriu que ele era um fã secreto de rúgbi. Aliás, na próxima quinta-feira a firma vai anunciar a promoção dela.

O caminho menos trilhado

Duas bittergirls vítimas de desilusão amorosa se sentiam presas no próprio círculo social porque esbarravam o tempo todo nos respectivos ex. Era verão e elas perceberam que estavam esperando sentadas que as coisas acontecessem. Então, alugaram um carro e puseram nele os artigos de acampar e outros luxos. Pegaram a dica de Thelma e Louise e partiram para uma viagem pelas rodovias. Não levaram mapa, foram só seguindo o instinto.

Acabaram vivendo aventuras engraçadíssimas, encontrando pessoas maravilhosas de quem são agora grandes amigas e, principalmente, fizeram isso em alto estilo. Em vez de saco de dormir, levaram seus edredons e travesseiros fofinhos. No fogão de acampamento prepararam refeições de gourmets, como fettuccini de espinafre com camarão e ervilha torta. Tomaram vinho tinto à luz das estrelas, em taças de cristal falso (de plástico), enquanto ouviam *Madame Butterfly* no rádio portátil.

Elas tiraram a blusa e curtiram sua nova liberdade bittergirl no conversível vermelho alugado por todo o fim de semana. Afinal, quem quer ficar com marcas de biquíni? Este é agora o novo ritual de verão que praticam e, todo ano, podem ser vistas fazendo *topless* ao volante, viajando para onde o instinto as levarem.

tarefas para a bittergirl

1. Coma e beba em memória dele De acordo com as festividades das bittergirls, elabore um cardápio em que planeje desde os aperitivos e as entradas, até os licores com café do término. Batize com criatividade cada bebida ou prato do cardápio, de acordo com sua trajetória de bittergirl, lembrando de encerrar a noite com um triunfal drinque comemorativo.

Algumas sugestões ousadas para degustação

Nhoque Canalha ou Tatziki Lacrimoso, Risoto Levei o Fora no Restaurante, Filé à Bittergirl, Hambúrguer Bebi Demais e Comi o Amigo Dele, Sopa de Beterraba Implorei a Volta Dele, Patê de Fígado Tapa na Cara Dele, Bolo Não Chore no Nosso Dia. E para encerrar a noite, uma rodada de licor Frangelico do Foda-se.

2. Viva o meu time! Escolha um dia do ano para declará-lo o Dia Internacional das Melhores Bitter-amigas. Comemore-o no melhor estilo bittergirl. Fique à vontade para usar qualquer uma das atividades de convívio afetuoso descritas neste capítulo ou reúna o time a seu redor para homenagear pelo menos uma das características de cada integrante da equipe, como fazia a Dorothy de *O mágico de Oz*. "E para minha Sentinela, por seu senso de humor e por descobrir que ele foi convidado para a festa na casa do Angus, e por ter me avisado a tempo." Para alguma das mães, você poderia ficar de babysitter dos filhos, enquanto para outras poderia ajudar a pintar o deque.

É um ato de gratidão pelas vivências, uma retribuição no espírito dos primeiros dias de sua FRPT, momentos de limpar-lhe o vômito do queixo antes de devolvê-la à festa.

quinze

o momento mágico

Faz um tempão. Ou talvez não. Talvez você possua uma espantosa capacidade de recuperação e tenha percebido rapidamente o tipo de cafajeste com que estava lidando. Ou talvez não. Talvez tenha levado tempo — talvez várias estações tenham decorrido ou você tenha celebrado mais de um ano-novo sem ele. Talvez você tenha chorado e de repente percebido que não tem mais vontade de comprar lenços de papel. Ou talvez tenha se contemplado atentamente ao espelho e percebido que tem mais do que ele.

A questão é que você está curada dele.

Este momento mágico por vezes surge num clarão de cegar. De outras vezes pode chegar sem percebermos. Nossas três bittergirls de carteirinha estavam um dia desses almoçando num restaurante, quando uma delas reparou que aquele era o lugar onde ele a levara no primeiro encontro. Então uma das outras reparou que tinha levado o fora na própria mesa onde estavam sentadas. Mas tudo dava na mesma. Elas riram, serviram-se de mais vinho e brindaram a suas experiências coletivas nesta vida.

Você vai esquecê-lo, foi o que afirmamos ao longo de todo este livro e agora veja! Você o esqueceu. Está de parabéns. Você completou sua FRPT. Como Winston Churchill expressou tão bem: "Chegou a hora de lançar um véu sobre os horrores do passado." Sim, querida, esta hora chegou.

Aquela imagem flagrante que lá no Capítulo 1 nós lhe pedimos que imaginasse — você se lembra como era a cena? Pedimos que visualizasse a vida mais fantástica que se possa imaginar. Se lhe pedíssemos que imaginasse aquela vida agora, o que iria incluir? Talvez a imagem encontrada seja ligeiramente diferente. Você pode haver conseguido concretizá-la parcial ou totalmente. No momento você está se concentrando em si mesma; e os atores podem ser diferentes, o cenário pode haver mudado, mas ali está você em todo o seu esplendor, e o céu é o limite.

Nunca é fácil consertar um coração partido. Uma sábia disse outrora que você nunca supera certos acontecimentos — apenas se acostuma a eles. Algumas coisas ficarão para sempre em sua memória, mas o tempo tem poder restaurador, e em algum momento até a ferida mais grave cicatriza.

E não importa o processo, não importa se o tempo será pouco ou muito: há um momento cristalino de clareza em que você percebe que o processo acabou e que já não tem realmente nada mais a ver com ele. Pode ser simples e comparativo: você já não chora mais quando ouve Neil Diamond na programação retrô do rádio. Ou pode ser complicado: você está num evento beneficente da organização humanitária para a qual ele trabalha e então: a) não se lembrou de que ele estaria ali; b) quando o avistou, não se importou de que ele estivesse no local; c) não teve tempo para falar com sua colega que lhe telefonou no dia seguinte para contar que ele, depois de ver você, sumiu para o bar, onde bebeu por sua causa até cair, dizendo sem parar:

— Fui um idiota, onde eu andava com a cabeça? — enquanto batia com o punho fechado na testa franzida. E nada disso lhe abalou.

Querida, meus parabéns. Você agora é oficialmente uma consumada bittergirl. É isso mesmo: uma bittergirl, não uma Mulher Amargurada. A condição de bittergirl não tem nada a ver com a idade e tem tudo a ver com a atitude. A Mulher Amargurada nunca aprendeu a pegar a tristeza e canalizá-la para alguma área que valesse a pena, a transformar a escória em ouro, digamos assim. A Mulher Amargurada está presa na trincheira da amargura, está se afogando num mar de infelicidade, incapaz de vir à tona em busca de ar, exceto para gritar com as pessoas a seu redor. A bittergirl sabe pedir um martíni, convocar suas melhores bitter-amigas e depurar tudo do próprio sistema. A bittergirl conhece o próprio valor e sabe que ele é inestimável.

As bittergirls compartilham o momento de consciência da superação

> "Dormimos juntos depois do casamento de um amigo em comum. No dia seguinte ao acordar dei com ele esparramado na cama, usando só um par de meias esportivas brancas."
>
> "Eu estava em reunião e ele mandou que me chamassem para saber se eu podia pagar a fiança e tirá-lo da prisão."
>
> "Ele disse na frente de nossos amigos: 'Não, em vez de pegar táxi, vamos a pé; você está precisando fazer exercício'."

"Minha mãe o encontrou na praia. Ele estava usando um calção de lycra vermelha."

"Quando veio buscar as coisas dele, perguntou se daria para a gente 'molhar o biscoito'."

"Finalmente me cansei dele usando meu cartão do banco para comprar minhocas para pescar e cigarros."

"Ele era terapeuta de casais, mas reparei que tinha dificuldade em assumir compromisso."

"Ele disse que me deixou porque precisava ficar sozinho. Pois é, sozinho com nossa antiga babá."

"Ele voltou para a casa da mãe."

"Eu o vi na representação teatral da escola do meu filho e de repente fiquei imaginando se o Joey vai ter a papada do pai."

"Finalmente me ofereceram o emprego dos meus sonhos e ele não foi a primeira pessoa a quem eu quis telefonar."

"... e hoje à noite vou usar meu anel de noivado que eu mesma paguei..."

Agora que o relacionamento acabou e que você o superou, pode olhar para trás e examinar o caso com certa objetividade. Pensar na questão já não dói tanto, portanto, agora se trata mais de avaliar os ganhos que as perdas. Pode ser algo tão simples quanto a lembrança de uma viagem que fizeram juntos. Agora quando olhar as imagens de seu álbum de fotografias poderá se lembrar do delicioso sabor do retsina, em vez de ficar pensando "Nunca mais vou poder voltar à Grécia — foi lá que ele revelou que me amava." Antes de conhecê-lo você não sabia andar de caiaque — agora é a campeã mundial. Ele era descrente e sempre lhe deu a impressão de que conseguir fazê-lo rir de suas piadas seria como tirar a sorte grande — então, a noite do público no clube de comédia, depois do término, foi um passeio. A incapacidade dele de assumir riscos lhe irritava tanto que pouco lhe importava assumi-los — e como você é cautelosa e sensata, o risco assumido continua a compensar. Logo, em vez de pensar "Eu o perdi", você pode pensar em termos positivos sobre o que ganhou.

Se você negasse totalmente todos os aspectos da relação, precisaria negar totalmente a si própria. Se ele era realmente um imbecil, por que diabos você ficou com ele durante cinco anos? Talvez ele não tenha se revelado o encantado dos seus sonhos, mas em algum lugar daquela relação houve uma valiosa experiência de vida. Marie teve um lamentável e prolongado término com o Covarde, mas na tentativa de mantê-lo feliz ela cultivou em sua vida profissional os talentos que lhe permitiram migrar para o topo de sua profissão quando ele foi embora. Stephanie sempre achou que era feliz em seu relacionamento de nove anos, até os últimos seis meses, quando o Surfista pirou de vez e a deixou. Mas depois que ele foi embora ela percebeu que tinha sublimado suas próprias escolhas de vida e percebeu claramente o que precisava fazer para progredir da forma que sempre havia desejado. E foi o que fez.

No fim das contas, o que você vai levar da relação? Agora que o esqueceu, agora que você está além da Mitologia do Relacionamento, pode se conceder a permissão de lembrar o bom e o mau na relação e talvez aprender algo a respeito de si mesma. Você aprendeu com ele a administrar um financiamento de casa própria, vocês criaram juntos dois lindos filhos, atravessaram juntos a casa dos 30.

Pense em tudo que aprendeu nos últimos tempos. Você sabe que consegue se recuperar de uma desilusão amorosa e sair dessa mais forte e melhor que antes. Você sabe quem são seus amigos. Sabe do que é capaz e sabe que optou por não fazer algumas das coisas mais bizarras que podia ter feito por vingança.

Você sobreviveu no trabalho. Enfrentou situações sociais que talvez não tenham lhe agradado, porém, ficou firme. Você se expôs, celebrou a si mesma, comemorou suas amizades. Aprendeu o poder da irmandade planetária das mulheres. Querida, nós achamos que melhor seria impossível.

E, por fim, aprendeu que é uma mulher capaz, competente, bem-sucedida. Você pode fazer isso. Outras fizeram. E agora você sabe que também pode.

Você se lembra na terceira série, quando sua amiga mais próxima se mudou para o outro lado do país? Ambas juraram eterna amizade e devoção. Depois disso, durante meses, o recreio parecia um purgatório, a hora do almoço, uma eternidade. Mas quando ela voltou para lhe visitar nas férias, algo havia mudado. Claro que você ficou emocionada ao vê-la, mas os jogos do tempo de escola já não tinham mais a mesma graça. Ela não sabia da ocasião em que o professor de ginástica derrubou o sanduíche de creme de amendoim da Elizabeth e todo mundo ficou rindo. Parecia que ela não se importava. Será que sempre tinha sido tão mandona? Ficou o tempo todo falando de garotos e da amiga Kelly, que é tão perfeita. A risada dela lhe irrita, e quando finalmente pegou o avião para ir embora você ficou quase aliviada por vê-la partir.

Avance a imagem para a semana que vem, quando você tropeça com ele no shopping. Ele segura uma sacola da Eddie Bauer — céus, comprou de novo uma daquelas camisas horrorosas. Quando se inclina para colocar as sacolas no chão, você observa, puxa vida, ele realmente perdeu cabelo no alto da cabeça. Ele estende a mão para tocar seu ombro e você nota que ele continua a roer as unhas — lembra-se de quando o barulho costumava interromper todos os vídeos que vocês estavam vendo? E então ele faz um comentário engraçado sobre a família dele e sobre sua nova camisa, e você se lembra por que ele sempre lhe fazia rir. Só que desta vez o pensamento não lhe dá saudade nem machuca o coração. Quando ele lhe pergunta se tem tempo para um cafezinho, você diz sinceramente que não tem e não passa sequer mais um minuto tentando definir uma data para o encontro. Você fica genuinamente alegre de ter encontrado com ele por acaso, como ficaria em rever um velho amigo, e você se alegra ainda mais em se despedir dele.

Quando você caminha por uma rua onde os dois costumavam passar juntos, tem a sensação fugaz de você no passado, da pessoa que você foi naquela relação. Você sorri como faria para alguém que acha que talvez reconheça, alguém vagamente familiar a quem deseja reconhecer, porém passa adiante e continua a seguir em frente, prossegue com o seu dia.

Este é o momento de lembrar o manifesto original da bittergirl que lá atrás, no começo deste livro, você pode ter passado por cima. É a Declaração de Independência da bittergirl, o pronunciamento que fizemos ao mundo.

O Manifesto da Bittergirl

Cada uma tem sua história.

Algumas têm muitas histórias.

Mas sempre haverá uma:

A que chamamos o término dos términos.

E cada uma acha que o seu doeu mais.

"Ninguém sofreu como eu sofri", dizemos todas.

Curtimos a dor, por meio dela criamos laços.

E se alguém nos roubar a glória,

Se a história de alguém

Ultrapassar em dor e mágoa nosso relato,

Nós a ignoramos.

Não a ignorem.

Todas fizemos por merecer nossas cicatrizes.

Quando toda a esperança estiver perdida,

E você achar que não haverá amanhã,

Quando andar na treva e se afogar na tristeza,

Lembre-se de que a dor de ontem

Será o riso da piada de amanhã.

Nós rimos e seguimos adiante

No que fazemos. É assim que avançamos.

Nós temos nossas histórias. Qual é a sua?

Porque é aí que mora o segredo: uma bittergirl não é realmente amarga. Ela se arrastou pelas trincheiras infernais da desilusão amorosa e ressurgiu dali temperada, experiente, mais sábia e mais engraçada. Ela pode assumir o mundo de novo com seu senso de humor intacto e boas histórias para contar.

tarefa para a bittergirl

Acabaram-se as tarefas. Sirva-se de um drinque, meu bem, e pernas pro ar — seu trabalho está pronto!

Este livro foi composto na tipologia Adobe Garamond (TT),
em corpo 11,5/15,5, impresso em papel off-white 80g/m²
no Sistema Cameron da Divisão Gráfica
da Distribuidora Record.